普通高等教育"十一五"国家级规划教材

"十二五"职业教育国家规划教材
经全国职业教育教材审定委员会审定

国际金融 (第4版)

Guoji Jinrong

李翠君 \ 主　编

谭寒冰　姬玉倩 \ 副主编

重庆大学出版社

内容提要

  本书从高职高专的教学要求出发,结合金融企业的业务实践编写而成。本书分为11章,内容包括:外汇和汇率、国际收支平衡表、外汇管制、国际货币体系、外汇业务和货币折算、外汇衍生交易、外汇风险管理、国际金融市场、对外贸易短期信贷、对外贸易中长期信贷、国际金融机构贷款。此外,为了方便教学,各章均设有学习目标、案例导入、资料链接、课堂练习、课后习题与技能训练等板块,以帮助学生加深对内容的理解、消化和吸收。

  本书得到了中国银行专家的指导,由从事职业教育教学一线的教师共同编写完成,理论和实践紧密结合,突出职业能力培养,内容广泛,实用性强,资料新颖,涵盖了近几年发生的人民币加入SDRs、英国脱欧、中国牵头成立亚投行、党的十九大关于资本项目的开放、新冠肺炎疫情下国际金融机构的作用、《2020年人民币国际化报告》等热点问题。

  本书不仅可以作为高职高专财经类专业教材使用,而且可以作为金融领域从事国际业务人士、外贸企业管理人员和业务人员的培训用书。

图书在版编目(CIP)数据

国际金融 / 李翠君主编. -- 4 版. -- 重庆:
重庆大学出版社,2021.10
高职高专财经类专业系列教材
ISBN 978-7-5624-8710-4

Ⅰ. ①国… Ⅱ. ①李… Ⅲ. ①国际金融—高等职业教
育—教材 Ⅳ. ①F831

中国版本图书馆 CIP 数据核字(2020)第 074479 号

高职高专财经类专业系列教材
国际金融
(第 4 版)

主 编 李翠君
副主编 谭寒冰 姬玉倩
参 编 张 卿 康会英 熊笑坤
任 颖 薛 园

责任编辑:沈 静 版式设计:沈 静
责任校对:万清菊 责任印制:张 策

*

重庆大学出版社出版发行
出版人:饶帮华
社址:重庆市沙坪坝区大学城西路 21 号
邮编:401331
电话:(023)88617190 88617185(中小学)
传真:(023)88617186 88617166
网址:http://www.cqup.com.cn
邮箱:fxk@cqup.com.cn(营销中心)
全国新华书店经销
重庆华林天美印务有限公司印刷

*

开本:787mm×1092mm 1/16 印张:18 字数:405 千
2004 年 8 月第 1 版 2021 年 10 月第 4 版 2021 年 10 月第 8 次印刷
印数:17 001—19 000
ISBN 978-7-5624-8710-4 定价:49.00 元

第4版前言

　　《国际金融(第3版)》出版发行后,我国金融业进入了实质性的对外开放阶段,党的十九大报告指出:"开放带来进步,封闭必然落后。中国开放的大门不会关闭,只会越开越大。"中国正逐步地、渐进地推动资本市场开放,中外金融机构之间的竞争与较量愈加激烈。同时,越来越多的企业融入了国际经济的大循环中,许多企业和个人面对琳琅满目的外汇金融产品无所适从,面对变幻莫测的国际金融风险束手无策,人们渴望学习国际金融的有关知识。与此同时,我国高等职业教育改革进行得如火如荼,新的教学模式和教学手段不断出现。教材应不断推陈出新,与时俱进,反映学科发展的前沿,适应新的教学要求。为满足这种需求,我们再次对本书进行修订,出版第4版。

　　本书具有以下特点:

　　1.内容新颖,与时俱进。

　　这几年,国际金融市场发生了很大的变化,为了更具有时代气息,我们对原有的内容、案例和数据进行了更新,教学内容增加了近年来发生的中国牵头成立亚投行、英国脱欧、上海国际金融中心建设行动计划(2018—2020年)、人民币加入SDR、新冠肺炎疫情下国际金融机构的作用、《2020年人民币国际化报告》等热点问题,同时把银行、企业和国际金融机构的最新做法融入教材。

　　2.体例新颖,针对性强。

　　我们对本书体例进行了精心设计,在各章开始设有"学习目标"和"案例导入"。"学习目标"任务具体,高职特色鲜明;"案例导入"生动有趣,循循善诱。每一章穿插的"资料链接",有助于读者增长知识,开阔眼界和思路。正文插有"课堂练习",章后有"课后习题""案例分析"和"技能训练",帮助学生加深对内容的理解、消化和吸收。全书语言表达生动,深入浅出,图文并茂。

3. 突出职业能力培养。

本书根据高职高专学生的认知特点,以典型工作任务为主线来设计教材内容。每章内容都有典型的、贴近实际的案例操作。每章最后设计了案例分析、技能训练来锻炼学生的职业能力。

4. 丰富的配套资源结合现代化的教学手段。

本书是石家庄职业技术学院校级网络开放精品课程国际金融的配套教材,平台资源丰富,包括 PPT、电子教案、微课视频、学习资料、案例分析、技能训练、视野拓展、课后习题、问题讨论等。学生可以通过线上平台的在线小测试检测课堂效果。

本书由石家庄职业技术学院李翠君担任主编,负责设计全书框架,拟订编写大纲,负责全书的统稿和部分章节的编写。石家庄职业技术学院谭寒冰、河北经济管理学校姬玉倩担任副主编,石家庄职业技术学院张卿、石家庄职业技术学院康会英、石家庄职业技术学院熊笑坤、石家庄职业技术学院任颖、石家庄信息工程职业学院薛园担任参编。具体内容编写分工如下:第1章、第5章、第10章和第11章由李翠君编写,第3章、第9章由谭寒冰编写,第7章由姬玉倩编写,第2章由张卿编写,第4章由康会英编写,第6章由熊笑坤编写,第8章由任颖和薛园共同编写。

在编写过程中,作者参阅了许多教材、专著和网站上的一些文章,这些材料已在主要参考资料中列出。由于本人从事国际金融的教学与研究已有25年的时间,参考的资料众多,编写工作也比较匆忙,可能会遗漏有关参考文献或标注不当,若有这种情况发生,敬请与本人联系,以便及时纠正,在此谨向有关的作者、编者致以谢意。

由于作者写作水平有限,书中难免有谬误之处,敬请广大读者批评指正。

编　者
2021 年 1 月

第3版前言

时光飞逝，自本书第 1 版出版发行至今，已经过去 10 年了。本书于 2004 年 8 月首次出版，教材发行后，各方面反映很好，于 2006 年成功入选普通高等教育"十一五"国家级规划教材。为了适应国际金融市场的变化，以及 2005 年我国人民币汇率形成机制改革后的新形势，根据高职高专的教学需要，我们于 2009 年 2 月对本书进行了修订再版，修订后的教材再次受到用书教师和学生的一致好评，于 2013 年获职业教育"十二五"国家规划教材立项，2014 年 7 月，本书正式经全国职业教育教材审定委员会审定，确定为"十二五"职业教育国家规划教材。

本书第 2 版出版后，国际金融领域一直动荡不安。2008 年 9 月爆发的美国次贷危机迅速演变成 20 世纪以来最严重的全球金融危机。紧接着 2009 年 10 月欧洲主权债务危机相继爆发并影响至今，经济复苏面临严峻挑战。与此同时，我国高等职业教育改革进行得如火如荼，广大高职高专院校积极推行工学交替、任务驱动、项目导向、教学做一体化等增强学生能力的教学模式。教材应不断推陈出新，与时俱进，反映学科发展的前沿，适应新的教学模式。为此，我们按教育部对"十二五"国家规划教材的编写要求，于 2014 年对教材再次进行修订，出版第 3 版。

本次修订对一些章节进行了整合，将全书由原来的 12 章缩减为 11 章，对大量的资料和案例进行了更新，增加了一些新的内容，也删去了一些内容，并对原书中的错漏之处进行了修正。同时,教材的形式也发生了很大变化,把各章前面原来的"内容提要"和"教学要求"更改为"学习目标"和"案例导入",在每个章节内容中均增设"资料链接"和"课堂练习",在课后习题中增加了"技能训练"和"实训项目"板块。修订后的教材具有以下特点:

1. 根据国际金融课程特点和高职培养目标设计教材体系

本书根据国际金融课程"难(有一定难度)""杂(有的问题包罗万象)""远(有的内容距离实际生活较远)""热(有些内容又是社会热点)"的特点和高职高专培养目标精心设计教材体系,总体设计既体现了科学性和逻辑性,又体现了很强的职业性。在各章设有学习目标,开头有案例导入,正文插入课堂练习、资料链接,章后有课后习题与技能训练。

2. 编写队伍由专职教师和中国银行专家组成

中国银行河北分行公司与金融市场部副总经理王战斌作为第一副主编参与了教材的编写,王战斌副总经理既有丰富的实践经验,又有一定的理论水平。其他编写人员都是来自教学一线的高职院校专业教师,有多年的国际金融教学经验。在教材的编写过程中,银行专家与任课教师进行了面对面的沟通,既能确保教材的内容更贴近企业岗位需求,又能保证教材符合教育教学实际和学生认知水平。

3. 相关章节有专门部分介绍我国做法

我国金融业务是国际金融的重要组成部分,所以本书在论述国际金融知识、国际金融市场和各种国际业务的同时,相关章节有专门部分论述我国的相关内容。这样读者不仅了解了国际惯例和国际化的要求,而且也熟悉了国内的相关状况和特点。

4. 内容新颖,实用性强

本书内容包括近年来发生的"国际金融危机""欧债危机""人民币汇率形成机制改革""外汇管理条例新变化"等热点问题,书中以"资料链接"的形式,将银行和企业的最新做法融入教材。除此之外,还在传授基本理论、基本知识和基本技能的基础上,增选来自实际的新案例供学生演练,以达到提前触摸实际、提高操作动手能力的目的。

本书由石家庄职业技术学院李翠君担任主编,中国银行河北分行王战斌、山东外贸职业学院冷静担任副主编。河北经贸大学经济管理学院院长任彪为本书主审。李翠君设计全书框架,拟订编写大纲,负责全书统稿。中国银行王战斌对本书的具体内容安排提出了宝贵的意见。各章作者为:李翠君完成第1章至第6章、第8章、第11章;王战斌和冷静共同完成第7章;石家庄职业技术学院郭哲、顾丹丹和安博共同完成第9章和第10章。

在《国际金融(第3版)》的编写过程中,作者参阅了许多教材、专著和网站上的一些文章,这些材料已在主要参考资料中列出,由于本人从事国际金融的教学与研究已有18年的历史,参考的资料众多,《国际金融(第3版)》的编写也比较匆忙,可能会遗漏有关参考文献或标注不当。若有这种情况发生,请与本人联系,以便及时纠正。在此谨向有关的作者致以谢意。

由于作者写作水平有限,书中不免有谬误之处,敬请广大读者批评指正。

编 者
2014年9月

第2版前言

QIANYAN

本书是 2004 年 8 月出版的《国际金融》的修订版。2004 年 8 月《国际金融》出版后,各方面反映很好,同时,我们也收到了许多专家、学者的宝贵意见。本书于 2006 年成功入选普通高等教育"十一五"国家级规划教材。

为适应近几年来国际金融的巨大变化,以及 2005 年 7 月我国人民币汇率形成机制改革后的新形势,根据高职高专的教学需要,我们对原书进行了修订,这次修订除了对一些章节进行整合、对资料进行更新之外,还增加了一些新的内容,同时也删去了一些内容,并对原书中的错漏之处进行了修正,经修订后的 2009 年版本将会更适应当前国内外金融形势发展的需要,满足高职高专教学要求。

本书的特点主要表现在以下几个方面:

1. 新颖性

本书资料新颖,各章承上启下,内容与时俱进,反映出最新的国际、国内金融市场的规则和交易情况,跟踪了国际金融领域最近两年发生的大事件,并结合我国实际进行分析,从而体现国际金融的时代气息。

2. 针对性

从高职高专的教学要求出发,在编写过程中广泛征集了金融企业、外贸企业从事实际工作的专家们的建议和意见。在介绍一般理论知识的基础上,注重理论知识的实际应用;在篇幅设计上,突出了实际业务内容。

3.重在实际应用与操作

本书在适当阐述国际金融基础理论的同时,突出实际应用与操作,力求联系我国涉外金融业务实践。因此,读者在阅读中将会注意到,本书不仅反映了国际金融市场的发展和目前的运转情况,而且反映了中国金融业务的逐步国际化。由于国际金融市场的纷繁复杂,在撰写的过程中除了力求表达准确以外,还注意了在分析每种类型问题时,用实际案例或数字来说明,每章最后还配有复习题和阅读材料。

4.深入浅出

本书内容介绍深入浅出,精练而详尽,便于学生理解和掌握。

本书由卢永忠(昆明冶金高等专科学校)、李翠君(石家庄职业技术学院)担任主编,负责全书的统稿和部分章节的编写工作;高琼华(昆明冶金高等专科学校)、王维肖(石家庄职业技术学院)担任副主编,负责部分章节的编写和初稿修改;杨兆廷(河北经贸大学金融学院院长)为本书主审。具体编写分工如下:李翠君编写第1章至第6章、第9章;高琼华编写第11章、第12章;王维肖编写第10章;艾烁(石家庄职业技术学院)编写第7章;康广(石家庄职业技术学院)编写第8章。

在本书的编写过程中,参阅了大量教材、专著和网站上的一些文章,已在书后参考文献中列出,由于编写比较匆忙,可能会遗漏或标注不当,敬请见谅。并在此谨向有关的作者、编者致以谢意。

由于水平所限,书中难免有谬误之处,敬请广大读者批评指正。

编　者

2008 年 10 月

第1版前言

国际金融学主要研究国际货币关系与国际金融活动，是一门理论性和实务性较强的学科。

20 世纪 70 年代后，世界经济向全球化方向发展，国际资本流动频繁，呈现出货币国际化、金融市场国际化、金融资本证券化、金融交易衍生化、金融业务创新化等新趋势。2001 年年底，中国加入了世界贸易组织（WTO），中国与世界各国的贸易和金融交往更加频繁，国际金融深深地渗透到我们的经济生活中。跨国公司、外资金融机构纷纷进入中国，大批国内企业实现了海外上市，甚至许多普通百姓也炒起了 B 股和外汇。在这种新局势下，国际金融资本变得越来越重要，甚至与国家的命运和个人的生活息息相关。国际金融学不仅成为企业经营管理所必需的基本理论和专业知识，而且也是家庭理财所不可缺少的常识。

但是，与国际金融日益渗透到我们经济生活中相比，国际金融知识在我国的普及教育远远不足，许多人由于不具备系统的国际金融专业知识和基本的专业技能，不能适应我国外向型经济发展的需要。编写本书正是为了解决这方面的问题。本书可作为高职高专教学和工商企业金融机构员工的在职培训教材。

在编写过程中，我们严格按照教育部制定的《国际金融课程教学大纲》，在内容的选编上力图既注重公认性和相对成熟性，避开过于精深复杂的问题，又尽可能兼顾通用性与专业性、系统性与逻辑性，全面系统地介绍国际金融的主要内容。

作为高职高专财经类系列统编教材，本书有以下特点：

一是突出了高职高专教育的特点。本书注重理论与实际相结合，重点在于使学生系统掌握国际金融的基本知识、基本理论和基本业务，培养和提高学生分析和解决我国涉外金融问题的能力。

二是侧重介绍应用性的国际金融知识。本书以国际金融实务为中心内容，体现了国际金融作为应用经济学课程的实用性特点，以培养读者从事和参与国际金融活动所必须具备的专业技能和素养。

三是突出中国特色。本书在一般性介绍国际金融知识的基础上，对我国有关情况进行了具体分析，着重分析了我国对外货币金融关系、政策和实践性的发展。

四是尽可能反映国际金融领域最新的发展动态和发展趋势。如国际金融电子化等内容，选用了最新的数据资料，吸收了理论和实践的最新研究成果，以开拓读者思路、启迪专业思维，激发读者兴趣。

五是各章开始有内容提要、教学要求，结尾有小结、标准化试题作业，并附有与教学内容密切相关的案例，既增强学生的感性认识，激发其学习兴趣，又便于学生课后复习和练习。

本书编写分工如下：李翠君（石家庄职业技术学院）编写第1章、第7章；赵江红（广西国际商务职业技术学院）编写第2章、第4章；沈莉莉（河南职业技术学院）编写第3章、第6章；曾伟（昆明大学）编写第5章；卢永忠（昆明冶金高等专科学校）编写第8章；高琼华（昆明冶金高等专科学校）编写第9章、第10章；陈洁（河北工业职业技术学院）编写第11章。全书的提纲和书稿的修改、定稿由卢永忠负责。

由于编者水平所限，书中难免存在疏漏和不足，恳请广大读者及时提出宝贵意见，以便充实和完善。

编　者

2004 年 5 月

目 录

MULU

第1章 外汇和汇率 ·· 1

1.1 认识外汇和汇率 ······································· 3

1.2 影响汇率的因素分析 ································· 9

1.3 汇率变化对经济的影响 ···························· 13

1.4 汇率制度 ··· 18

本章主要内容概要 ·· 27

课后习题与技能训练 ···································· 27

第2章 国际收支平衡表 ······························ 32

2.1 了解国际收支平衡表 ································ 33

2.2 分析国际收支平衡表 ································ 43

2.3 国际收支失衡的调节 ································ 47

本章主要内容概要 ·· 52

课后习题与技能训练 ···································· 52

第3章 外汇管制 ··· 59

3.1 认识外汇管制 ·· 60

3.2 外汇管制的措施 ····································· 65

3.3 我国现行的外汇管制框架 ·························· 70

本章主要内容概要 ·· 82

课后习题与技能训练 ···································· 82

第4章　国际货币体系 ················ 85

4.1　认识国际货币体系 ·············· 86

4.2　认识欧洲货币体系 ·············· 93

4.3　国际金融危机和国际货币体系改革 ········· 96

本章主要内容概要 ·················· 99

课后习题与技能训练 ················· 99

第5章　外汇业务和货币折算 ··········· 102

5.1　认识外汇市场 ················ 103

5.2　即期外汇业务操作 ·············· 111

5.3　远期外汇业务操作 ·············· 117

5.4　套汇与套利业务操作 ············· 124

5.5　掉期外汇业务操作 ·············· 129

5.6　进出口报价折算业务操作 ··········· 132

本章主要内容概要 ················· 133

课后习题与技能训练 ················ 134

第6章　外汇衍生交易 ·············· 136

6.1　外汇期货业务操作 ·············· 137

6.2　外汇期权业务操作 ·············· 148

本章主要内容概要 ················· 153

课后习题与技能训练 ················ 153

第7章　外汇风险管理 ·············· 157

7.1　认识外汇风险 ················ 158

7.2　外汇风险的管理 ··············· 164

本章主要内容概要 ················· 173

课后习题与技能训练 ················ 173

第8章　国际金融市场 ·············· 177

8.1　认识国际金融市场 ·············· 178

8.2　认识传统的国际金融市场 ··········· 183

8.3　认识欧洲货币市场 ·············· 188

8.4　欧洲货币市场商业银行贷款 ·········· 192

MULU

本章主要内容概要 ·················· 195

课后习题与技能训练 ·················· 196

第 9 章　对外贸易短期信贷 ·················· 198

9.1　对外贸易短期信贷的主要形式 ·················· 199

9.2　国际保付代理业务 ·················· 205

本章主要内容概要 ·················· 211

课后习题与技能训练 ·················· 212

第 10 章　对外贸易中长期信贷 ·················· 214

10.1　认识出口信贷 ·················· 215

10.2　出口信贷的主要融资形式及操作 ·················· 217

本章主要内容概要 ·················· 232

课后习题与技能训练 ·················· 232

第 11 章　国际金融机构贷款 ·················· 235

11.1　认识国际金融机构贷款 ·················· 236

11.2　国际货币基金组织 ·················· 237

11.3　世界银行集团 ·················· 244

11.4　区域性国际金融机构 ·················· 252

11.5　国际金融机构的贷款程序 ·················· 262

本章主要内容概要 ·················· 266

课后习题与案例分析 ·················· 267

参考文献 ·················· 271

MULU

第 1 章
外汇和汇率

学习目标

1. 能够识别常见的货币名称和货币代码。

2. 能够读懂并正确判断外汇交易的报价并进行货币兑换的计算。

3. 能够根据影响汇率的基本因素对汇率走势进行预测。

4. 能够根据当前汇率的变化分析和判断其对国际贸易的影响。

5. 明确当前人民币汇率制度和改革的长远目标。

案例导入

国际金融业务经常与货币报价打交道,你能解读下面的外汇牌价(表1.1)吗?

国际金融

表 1.1 中国银行外汇牌价

日期：2020 年 12 月 20 日

单位：人民币/100 外币

货币名称	现汇买入价	现钞买入价	现汇卖出价	现钞卖出价	中行折算价
阿联酋迪拉姆		171.79		184.55	177.81
澳大利亚元	496.84	481.4	500.49	502.71	497.4
巴西里亚尔		123.02		139.68	129.15
加拿大元	510.18	494.07	513.94	516.21	513.15
瑞士法郎	737.7	714.94	742.88	746.06	738.21
丹麦克朗	107.28	103.97	108.14	108.66	107.63
欧元	798.72	773.9	804.61	807.2	800.72
英镑	879.61	852.27	886.08	890	886.3
港币	84.18	83.51	84.52	84.52	84.25
印尼卢比		0.044 7		0.048 2	0.046 3
印度卢比		8.354 3		9.420 8	8.884 8
日元	6.308 7	6.112 7	6.355 1	6.364 9	6.332 5
韩国元	0.592 3	0.571 5	0.597 1	0.619	0.597 3
澳门元	81.83	79.08	82.15	84.89	81.85
林吉特	161.29		162.75		161.9
挪威克朗	75.88	73.53	76.48	76.85	76.21
新西兰元	465.39	451.02	468.65	475.1	466.8
菲律宾比索	13.52	13.06	13.68	14.29	13.59
卢布	8.87	8.33	8.95	9.28	8.95
沙特里亚尔		169.44		179.14	174.08
瑞典克朗	78.89	76.46	79.53	79.91	78.86
新加坡元	490.97	475.82	494.41	496.88	492.6
泰铢	21.82	21.15	22	22.69	21.91
土耳其里拉	85.4	81.21	86.08	98.84	84.8
新台币		22.4		24.27	23.21
美元	652.67	647.36	655.44	655.44	653.15
南非兰特	44.81	41.37	45.11	48.63	44.61

（资料来源：中国银行全球门户网站，2020-12-20）

1.1　认识外汇和汇率

1.1.1　外汇

1）外汇的概念

有人把外汇等同于外币，这是不正确的。除了本币以外的货币都是外币，而外汇比较复杂，外汇的概念有动态和静态之分。

（1）动态外汇概念

动态定义的外汇是指把一国货币兑换成为另一国货币，以清偿国际债务的金融活动。随着世界经济的发展，外汇也逐渐由一个动态概念演变为静态概念，成为一种国际性的支付手段和资产。

（2）静态外汇概念

静态的外汇有广义和狭义之分。

①广义的静态外汇泛指一切以外币表示的资产。各国外汇管理法令中一般沿用这一概念。在《中华人民共和国外汇管理条例》中外汇的内容包括：外国货币，包括纸币、铸币；外币支付凭证，包括票据、银行存款凭证、邮政储蓄凭证等；外国的有价证券，包括政府债券、公司债券、股票等；特别提款权；其他外汇资产。

②狭义的静态外汇是指以外币表示的用于国际结算的支付手段。具体主要包括以外币表示的银行汇票、支票、银行存款等。作为支付手段的外汇必须具备 3 个显著的特征：一是外币性，即外汇首先是货币且必须以外国货币来表示。这是外汇的基本特点。二是可自由兑换性，即一种外币要成为外汇，必须能够自由兑换成其他形式的资产或支付手段。三是普遍性，即一种外币要成为外汇，必须被各国普遍接受与运用。

外汇业务中，人们通常使用的外汇概念主要是狭义的外汇，而在理论研究中，人们使用的外汇概念主要是指广义的外汇。外汇的概念分类如图 1.1 所示。

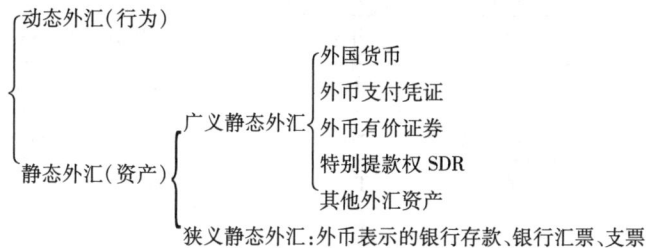

图 1.1　外汇概念的分类

课堂练习 1.1

2019 年春节期间,在美国工作的姑姑送给小静 100 美元作为压岁钱。小静第一次见到美元钞票,她很兴奋地拿给同学看,甲同学说:"这可是 100 元的外币啊!"乙同学反对说:"不对,这是 100 元的外汇。"丙同学说:"一样的,外币就是外汇,外汇就是外币。"你认为哪位同学的说法正确呢?

2)国际标准化货币代码

为了准确而简易地表示各国货币的名称,便于开展国家间的贸易、金融业务和计算机数据通信,国际标准化组织规定了货币的标准代码。

资料链接 1.1

国际标准化货币代码

1973 年,国际标准化组织技术委员会在其他有关国际组织的通力合作下,制定了一套适合于贸易、商业和银行使用的货币和资金代码,即 ISO 4217 三字符货币代码,常用国家和地区货币代码一览表见表 1.2。代码前两个字符表示这种货币所属的国家和地区,第三个字符表示货币单位。

表 1.2　常用国家和地区货币代码一览表

国别/地区	货币名称	货币代码	辅币进位制
亚　洲			
中国内地	人民币元	CNY	1 CNY = 10 jiao(角)
中国香港	港元	HKD	1 HKD = 100 cents(分)
中国澳门	澳门元	MOP	1 MOP = 100 avos(分)
越南	越南盾	VND	1 VND = 10 角 = 100 分
日本	日元	JPY	1 JPY = 100 sen(钱)
马来西亚	马元	MYR	1 MYR = 100 cents(分)
新加坡	新加坡元	SGD	1 SGD = 100 cents(分)
泰国	泰铢	THP	1 THP = 100 satang(萨当)
印度尼西亚	盾	IDR	1 IDR = 100 cents(分)
大洋洲			
澳大利亚	澳大利亚元	AUD	1 AUD = 100 cents(分)
新西兰	新西兰元	NZD	1 NZD = 100 cents(分)

续表

国别/地区	货币名称	货币代码	辅币进位制
欧　洲			
欧洲货币联盟	欧元	EUR	1 EUR = 100 euro cents（生丁）
俄罗斯	卢布	SUR	1SUR = 100 kopee（戈比）
瑞士	瑞士法郎	CHF	1CHF = 100 centimes（分）
英国	英镑	GBP	1GBP = 100 new pence（新便士）
美　洲			
美国	美元	USD	1USD = 100 cents（分）
加拿大	加元	CAD	1CAD = 100 cents（分）
墨西哥	墨西哥比索	MXP	1MXP = 100 centavos（分）
非　洲			
埃及	埃及镑	EGP	1EGP = 100 piastres（皮阿斯特）
南非	兰特	ZAR	1ZAR = 100 cents（分）

1.1.2　汇率

1）汇率的概念

汇率又称汇价或外汇行市。我们可以把外汇看成一种特殊商品，那么，汇率就是用一种货币表示的另一种货币的价格。一个国家的货币兑其他国家的货币，都规定有一个汇率，但最重要的是本币兑美元等少数国家货币的汇率。

2）汇率的标价方法

确定两种货币的汇率，首先要确定以哪个国家的货币为基准。由于基准不同，便产生了几种不同的汇率标价方法。

（1）直接标价法

用 1 个单位或 100 个单位的外国货币作为基准，折算成一定数额的本国货币，叫作直接标价法。在直接标价法下，外国货币为基准货币，数额固定不变，本国货币为标价货币。绝大多数国家都采用直接标价法。例如，在香港外汇市场上，USD1 = HKD 7.769 0 ~ 7.809 0；GBP 1 = HKD11.520 0 ~ 11.720 0；有些国家货币单位价值量较低，如日元，常以 100 000 或 10 000 作为折算的基准。在上述港元与各种外币的比价中，美元、英镑为基准货币，本币港元为标价货币。

（2）间接标价法

用 1 个单位或 100 个单位的本国货币为基准，折算成一定数额的外国货币叫间接标价法。在间接标价法下,本国货币作为基准货币,其数额不变,外国货币为标价货币。在国际外汇市场上,欧元、英镑、澳大利亚元和新西兰元等为间接标价法。

（3）美元标价法和非美元标价法

在外汇交易中,有时一笔交易所涉及的两种货币可能没有一种属于本国货币,这时就很难确切地用直接报价法或间接报价法对报价进行规范。因此,目前国际外汇市场已经形成了除英镑、澳大利亚元、新西兰元、欧元、南非兰特几种货币外,其余货币都以美元作为基准货币报价的惯例。

在美元标价法下,美元作为基准货币,其他货币是标价货币。在非美元标价法下,非美元作为基准货币,美元是标价货币。

在统一外汇市场惯例标价法下,市场参与者不必区分是直接标价还是间接标价,大家都按照市场惯例进行报价和交易。货币升值或贬值可以通过汇率数额的变化直接表现出来。

课堂练习1.2

比较一下表1.1（2020年12月20日）和表1.3（2021年7月7日）所标示的汇率。美元、日元、港币、英镑、欧元5种货币兑人民币是升值了还是贬值了?

3）汇率的种类

汇率的种类繁多,可以从不同角度划分为不同种类。

（1）从银行买卖外汇的角度划分

从银行买卖外汇的角度划分,可分为买入价、卖出价、中间价和钞价。

①买入价,即买入汇率,是银行从同业或客户那里买入外汇时使用的汇率。

②卖出价,即卖出汇率,是银行向同业或客户卖出外汇时使用的汇率。

银行从事外汇的买卖活动分别以不同汇率进行。当其买入外汇时,以较低的价格买入;卖出外汇时,则以较高的价格卖出。低价买进、高价卖出之间的差价即银行的经营利润,一般约为0.1%（也就是中间价上下各0.05%）。

在不同的标价方式下,买入价、卖出价的位置是不同的。在直接标价法下,前面较低的价格为买入价,后面较高的价格为卖出价。例如,某年某月某日巴黎外汇市场上美元兑瑞士法郎汇率为：USD1 = CHF5.705 0 ~ 5.706 0,前者（5.705 0）是银行从客户手中买入1美元所付出的瑞士法郎数额,是买入价;后者（5.706 0）是银行卖出1美元时所收取的瑞士法郎数额,是卖出价。而在间接标价法下则相反,前面价格较低的是卖出价,后面价格较高的是买入价。例如,某年某月某日伦敦外汇市场上的美元兑英镑汇率为 GBP1 = USD 1.304 0 ~ 1.305 0。前者（1.304 0）是银行收入英镑,即卖出美元的价格,为卖出价,银行卖出1.304 0美元外汇收取1英镑;后者（1.305 0）是银行付出英镑,即买入美元的价格,为买入价,银行买入1.305 0美元付出1英镑。

③中间价。中间价是买入价与卖出价的平均价,即买入汇率与卖出汇率相加除

以 2。为了简捷方便,各种新闻媒体在报道外汇行情时都采用中间价。人们在了解和研究汇率变化时,往往也参照其中间价。

④现钞买入价。现钞买入价,即银行购买外币现钞的价格,简称钞价。前述的买入汇率、卖出汇率是指银行购买或出卖外币支付凭证的价格。银行在购入外币支付凭证后,通过航邮划账,可很快存入国外银行,开始生息,调拨动用。而银行买进外国的现钞,要经过一定的时间,积累到一定数额以后,才能将其运送并存入外国银行调拨使用。在此以前,买进现钞的银行要承受一定的利息损失。将现钞运送并存入外国银行的过程中还有运费、保险费等支出,银行要将这些损失及费用开支转嫁给出卖现钞的顾客。因此,银行买入外国钞票的价格低于买入各种形式的支付凭证价格。

课堂练习 1.3

表 1.3　中国银行外汇牌价

日期:2021 年 7 月 7 日　　　　　　　　　　　　　　单位:人民币/100 外币

货币名称	现汇买入价	现钞买入价	现汇卖出价	现钞卖出价
欧元	762.91	739.2	768.54	771.01
英镑	890.42	862.75	896.98	900.94
港币	83.17	82.51	83.51	83.51
日元	5.841 7	5.660 2	5.884 6	5.893 7
美元	646.18	640.93	648.92	648.92

(资料来源:中国银行全球门户网站,2021-07-07)

问题:

1. 家住北京的庄先生打算去美国旅游,需要兑换 5 000 美金,应采用哪个汇率?

2. 北京一家外贸公司收到日本一家公司的货款 100 万日元,请问折合多少人民币? 同时,公司打算从英国进口价值 10 000 英镑的货物,按照当前的汇率需要用多少人民币兑换?

3. 一瓶 Dior 香水在中国内地市场为 300 元人民币,在法国市场为 35 欧元,哪个市场的价格更便宜?

(2)按外汇交易中不同的支付方式划分

按外汇交易中不同的支付方式,可分为电汇汇率、信汇汇率和票汇汇率。

①电汇汇率,也称电汇价,是银行以电讯方式买卖外汇所使用的汇率。电汇具有收付迅速、安全,交易费用相对较高的特点。一方面,电汇汇率要比信汇汇率、票汇汇率高;另一方面,在国际业务中基本上以电汇业务支付结算。因此,电汇汇率是基础的汇率,其他汇率都是以电汇汇率为基础来计算的。

②信汇汇率,也称信汇价,是银行用信函方式通知收付款所使用的汇率。信汇业务具有收付时间慢、安全性低、交易费用低的特点。因此,一般来说,信汇汇率比电汇汇率要低一些。

③票汇汇率,也称票汇价,是指兑换各种外汇汇票、支票和其他票据时所采用的汇率,根据票汇支付期限的不同,又可分为即期票汇汇率和远期票汇汇率。即期票汇汇率大致同信汇汇率相当。由于远期票汇交付时间比较长,其汇率比即期票汇汇率还要低。

(3)按外汇买卖成交后交割时间的长短划分

按外汇买卖成交后交割时间的长短不同,可分为即期汇率和远期汇率。

①即期汇率。即期汇率是交易双方达成外汇买卖协议后,在两个工作日内办理交割的汇率,因此也称为现汇汇率。这一汇率一般是现时外汇市场的汇率水平。

②远期汇率。远期汇率是交易双方达成外汇买卖协议,约定在将来某一时间进行外汇实际交割所使用的汇率。远期汇率也称期汇汇率。

(4)按外汇管制程度的不同划分

按外汇管制程度的不同,可分为官方汇率和市场汇率。

①官方汇率,也称法定汇率,是外汇管制较严格的国家授权其外汇管理当局制定并公布的本国货币与其他各种货币之间的外汇牌价。这些国家一般没有外汇市场,外汇交易必须按官方汇率进行。官方汇率一经制定,往往不能频繁地变动。这虽然保证了汇率的稳定,但是汇率较缺乏弹性。

②市场汇率是外汇管制较松的国家自由外汇市场上进行外汇交易的汇率。它一般存在于市场机制发达的国家,在这些国家的外汇市场上,外汇交易不受官方限制,市场汇率受外汇供求关系的影响自发地、经常地波动。官方不能规定市场汇率,只能通过参与外汇市场活动来干预汇率变化,以避免汇率出现过度频繁或大幅度的波动。

除外汇管制严的国家实行官方汇率,外汇管制松的国家实行市场汇率外,在一些逐步放松外汇管制、建立外汇市场的国家中,可能会出现官方汇率与市场汇率并存的状况。在官方规定的一定范围内使用官方汇率,在外汇市场上使用由供求关系决定的市场汇率。

(5)按国际汇率制度的不同划分

按国际汇率制度的不同,可分为固定汇率、浮动汇率等。

①固定汇率是在金本位制度下和布雷顿森林体系下通行的汇率制度。在这种制度下,本国货币与其他国家货币之间维持着一个固定比率,汇率波动被限制在一定范围内。

②浮动汇率是本国货币与其他国家货币之间的汇率不由官方制定,而由外汇市场供求关系决定,可自由浮动。官方在汇率出现过度波动时才出面干预市场,这是布雷顿森林体系解体后西方国家普遍实行的汇率制度。由于各国具体情况的不同,选择汇率浮动的方式也有所不同,因此,浮动汇率制度又可以进一步分为自由浮动、管理浮动、联合浮动、钉住浮动等。

（6）按汇率制定的不同方法划分

按汇率制定的不同方法，可分为基础汇率和套算汇率。

①基础汇率是一国所制定的本国货币与基准货币（往往是关键货币）之间的汇率。与本国货币有关的外国货币往往有许多种，但不可能使本币与每种货币都单独确定一个汇率，所以往往选择某一种主要的货币，即关键货币作为本国汇率的制定标准，由此确定的汇率作为本币与其他各种货币之间汇率套算的基础，因此称为基础汇率。选择的关键货币往往是国际贸易、国际结算和国际储备中的主要货币，并且与本国的国际收支活动关系最为密切。由于第二次世界大战后美元在国际贸易与金融领域占据了主要地位，因此，许多国家都将本币兑美元的汇率定为基础汇率。

②套算汇率是在基础汇率的基础上套算出的本币与非关键货币之间的汇率。如果本币与美元之间的汇率是基础汇率，那么本币与非美元货币之间的汇率即为套算汇率，它是通过它们各自与美元之间的基础汇率套算出来的。套算汇率的计算规则见表1.4。

表1.4　套算汇率的计算规则

方法　　货币 货币	美元作为单位货币 （USD/A）	美元作为计价货币 （C/USD）
美元作为单位货币（USD/B）	交叉相除	同边相乘
美元作为计价货币（D/USD）	同边相乘	交叉相除

课堂练习1.4

1. 假设2020年2月15日纽约市场，英镑兑美元的汇率为GBP1＝USD1.235 6/85，美元兑瑞士法郎的汇率为USD1＝CHF1.526 5/90。请在这两个基础汇率的基础上套算出英镑兑瑞士法郎的汇率。

2. 假设2020年2月15日纽约市场，英镑兑美元的汇率为GBP1＝USD1.235 6/85，欧元兑美元的汇率为EUR1＝USD1.223 1/60。请在这两个基础汇率的基础上套算出英镑兑瑞士法郎的汇率。

1.2　影响汇率的因素分析

1.2.1　金本位制度下的汇率决定和变动

在不同的货币制度下，汇率具有不同的决定因素，影响汇率水平变动的因素也各不相同。我们首先来看金本位制下汇率的决定与变动因素。

1)汇率决定因素:铸币平价

金本位制度是从 19 世纪初到 20 世纪初资本主义国家实行的货币制度。典型的金本位制度具有 4 大特点:第一,货币以黄金铸成,金铸币有一定重量和成色,有法定的含金量;第二,金币可以自由流通、自由铸造、自由输出入国境,具有无限清偿功能;第三,黄金作为最终的清偿手段,是价值的最终标准,充当国际货币;第四,辅币和银行券可以按其票面价值自由兑换为金币。

在这种制度下,各国货币以黄金作为统一的币材、统一的价值衡量标准,尽管它们在重量、成色等方面有不同的规定,但在国际结算和国际汇兑领域中都可以按各自的含金量多少加以对比,从而确定出货币之间的比价。因此,金本位制度下两种货币之间含金量之比,即铸币平价,就成为决定两种货币汇率的基础。例如,在 1929 年经济危机以前金本位制下,英国规定 1 英镑含金量为 113.001 6 格令,美国规定 1 美元含金量为 23.22 格令。由此,英镑与美元的铸币平价即各自含金量之比等于 4.866 5(即 113.001 6/23.22)。法定的含金量一经确定,一般是不会轻易改动的。因此,作为汇率基础的铸币平价是比较稳定的。

2)汇率变动因素:供求关系及黄金输送点

铸币平价决定汇率,如果仅考虑货币的价值对比而不考虑其他因素的话,两者是相等的。但事实上,外汇市场上的汇率水平及其变化还要取决于许多其他因素,最为直接的就是外汇供求关系的变化。在外汇市场上,汇率是以铸币平价为中心的,在外汇供求关系的作用下上下浮动。当某种货币供不应求时,其汇价会上涨,超过铸币平价;当某种货币供大于求时,其汇价会下跌,低于铸币平价。

以英国和美国为例。在金本位制下,当时美国和英国之间运送 1 英镑黄金的各项费用总和为 0.03 美元。假如,外汇市场上对英镑的需求增加,英镑兑美元汇率上涨且高出 4.896 5(4.866 5+0.03)时,美国债务人就不会采用在美国购买英镑外汇通过银行转账偿还伦敦债务,而是采取向英国运送黄金的方法偿还债务,因为美国债务人输出黄金显然比在外汇市场上以高价购买英镑更便宜。这样,1 英镑=0.896 5 美元就成了英镑上涨的上限,这一上限就是美国的“黄金输出点”,也是英国的“黄金输入点”。

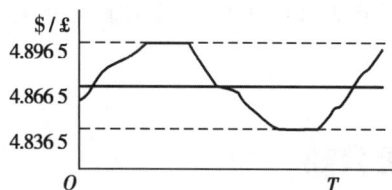

图 1.2 黄金输出点和黄金输入点

反之,假如英镑兑美元汇率下跌,跌至 4.836 5 美元(即铸币平价 4.866 5 减去黄金运送费 0.03)以下,则持有英镑债权的美国人也就不会用贬值的英镑在外汇市场上兑换美元,而是将英镑在英国换成黄金运回国内。这样,1 英镑=4.836 5 美元就成了英镑下跌的下限,这一下限也就是美国的“黄金输入点”,即英国的“黄金输出点”。

由此可见,金本位制度下,由于黄金输送点的制约,外汇市场上汇率波动总是被限制在一定的范围内,最高不超过黄金输出点,最低不低于黄金输入点,因此,由供求关系导致的外汇市场汇率波动是有限度的,汇率也是相对稳定的,黄金输出点和黄金输入点如图 1.2 所示。

1.2.2 纸币制度下的汇率影响因素

纸币作为价值符号,是金属货币的取代物,在金属货币退出流通之后,执行流通手段和支付手段的职能。在纸币制度下,两国货币之间的汇率取决于它们各自在国内所代表的实际价值,也就是说货币对内价值决定货币对外价值,而货币的对内价值又是用其购买力来衡量的。因此,货币的购买力对比就成为纸币制度下汇率决定的基础。

纸币制度下影响汇率变动的主要因素有以下几个方面:

第一,国际收支差额。一国国际收支差额既受汇率变化的影响,又会影响外汇供求关系和汇率变化,其中,贸易收支差额又是影响汇率变化最重要的因素。当一国有较大的国际收支逆差或贸易逆差时,说明本国外汇收入比外汇支出少,外汇需求大于外汇供给,外汇汇率上涨,相对本币汇率下降。反之,当一国处于国际收支顺差或贸易顺差时,说明本国外汇收入增加,外汇支付较少,外汇供给大于外汇支出,外汇汇率下跌,相对本币汇率上升。

第二,利率水平。利率也是货币资产的一种"特殊价格",它是借贷资本的成本和利润。在开放经济和市场经济条件下,利率水平变化与汇率变化息息相关,主要表现在:当一国提高利率水平或本币利率高于外国利率时,会引起资本注入该国,由此对本国货币需求增大,使本币升值,外汇贬值;反之,当一国降低利率水平或本币利率低于外国利率时,会引起资本从本国流出,由此对外汇需求增大,使外汇升值,本币贬值。

一国提高利率水平多数情况下是为了紧缩国内银根,控制投资的扩大和经济过热,它对外汇市场的作用就是使本币在短期内升值。而一国降低利率水平则主要是为了放松银根,刺激投资的增加和经济增长,它对外汇市场的作用就是使本币在短期内贬值。

第三,通货膨胀因素。纸币制度下,货币所代表的实际价值(可以用货币购买力来体现)是汇率决定的基础。纸币制度的特点决定了货币的实际价值是不稳定的,通货膨胀以及由此造成的纸币实际价值与其名义价值的偏离几乎在任何国家都是不可避免的,而这必然引起汇率水平的变化。具体地说,一国通货膨胀率提高,货币购买力下降,纸币对内贬值,其对外汇率下跌。进一步说,汇率是两国货币的比价,其变化受制于两国通货膨胀程度的比较。如果两国都发生通货膨胀,则高通货膨胀国家的货币会对低通货膨胀国家的货币贬值,而后者则对前者相对升值。

第四,财政、货币政策。一国政府的财政、货币政策对汇率变化的影响虽然是较为间接的,但也是非常重要的。一般而言,扩张性财政、货币政策造成的巨额财政收支逆差和通货膨胀,会使本国货币对外贬值;紧缩性财政、货币政策会减少财政支出,稳定通货,从而使本国货币对外升值。但这种影响具有短期性,财政、货币政策对汇率的长期影响则要视这些政策对经济实力和长期国际收支状况的影响如何。如果扩张政策能最终增强本币经济实力,促使国际收支顺差,那么本币对外价值的长期走势必然会提高,即本币升值;如果紧缩政策导致本国经济停滞不前,国际收支逆差扩大,那么本币对外价值必然逐渐削弱,即本币贬值。

第五,投机资本。投机资本对汇率的作用是复杂多样的和捉摸不定的。有时,投机风潮会使外汇汇率跌宕起伏,失去稳定;有时投机交易则会抑制外汇行市的剧烈波动。例如,当国际金融市场上出现利率、汇率等价格的地区差或时间差,或者利率预期、汇率预期等发生变化时,必然吸引大批国际游资涌入外汇市场,这时会增大外汇交易规模,加剧汇率波动。而当外汇市场汇率高涨或暴跌时,投机性的卖空、买空交易会抑制涨跌势头,起到平抑行市的作用。

第六,政府的市场干预。尽管第二次世界大战后西方各国政府纷纷放松了对本国的外汇管制,但政府的市场干预仍是影响市场供求关系和汇率水平的重要因素。当外汇市场汇率波动对一国经济、贸易产生不良影响或政府需要通过汇率调节来达到一定政策目标时,货币当局便参与外汇买卖,以改变外汇供求关系,促使汇率发生变化。

为进行外汇市场干预,一国需要有充足的外汇储备,建立专门的基金——外汇平准基金,随时用于外汇市场的干预。政府干预汇率往往是在特殊情况下(如市场汇率剧烈波动、本币大幅度升值和贬值等),或者为了特定的目标(如促进出口、改善贸易状况等)而进行的,它对汇率变化的作用一般是短期的。

第七,一国经济实力。一国经济实力的强弱是奠定其货币汇率高低的基础,而经济实力的强弱是通过许多指标表现出来的。稳定的经济增长率,低通货膨胀水平,平衡的国际收支状况,充足的外汇储备以及合理的经济结构、贸易结构等都标志着一国较强的经济实力,这不仅形成本币币值稳定和坚挺的物质基础,也会使外汇市场上人们对该货币的信心增强。反之,经济增长缓慢甚至衰退,高通货膨胀率,国际收支巨额逆差,外汇储备短缺以及经济结构、贸易结构失衡,则标志着一国经济实力差,从而本币失去稳定的物质基础,人们对其信心下降,对外不断贬值。与其他因素相比,一国经济实力的强弱对汇率变化的影响是长期的。

第八,其他因素。在现代外汇市场上,汇率变化常常是十分敏感的,一些非经济因素、非市场因素的变化往往也会波及外汇市场。一国政局不稳定、有关国家领导人的更替、战争爆发等,都会导致汇率的暂时性或长期性变动。其原因在于:无论是政治因素、战争因素或其他因素,一旦发生变化,都会不同程度地影响有关国家的经济政策、经济秩序,从而造成外汇市场上人们的心理恐慌,人们或者寻求资金安全、保值,或者乘机进行投机、获利,都会迅速地进行外汇交易,引起市场行情的波动。

此外,诸如黄金市场、股票市场、石油市场等其他投资品市场价格发生变化也会导致外汇市场波动。这是由于国际金融市场的一体化,资金在国际上的自由流动,使得各个市场间的联系十分密切,价格的相互传递成为可能和必然。

资料链接 1.2

国际游资

国际游资,也叫国际热钱,是指在国际间频繁流动,以追逐短期汇率、利率、股票市场与其他金融市场价格波动的短期资本,是国际短期资本中最活跃的部分。国际游资从不隶属于任何一个产业,也不参加任何一个国家的国民经济运作,它没有国界,它是属于无数个集团和个人所拥有的巨额闲散资金,专以嗜利为生。它靠的是信息的极端灵敏、准确,判断、计算的极端精微,动作的极端周到,每一步都要求到位,不差丝毫。它从不依靠他人,更不依靠中介机构动作,也不通过金融外汇期货市场上进行即期和远期交易,而是利用每个国家或地区的利率和汇率的"双高"条件,一般在一个月左右极短的时间内飞速地在外汇市场以"往复式"动作,反复利用各国或各地区的利率、汇率兑换本币和外汇,获取暴利而不留蛛丝马迹。

说到国际游资,我们不得不提到一个人——乔治·索罗斯,他是个天才的投机大师,他所建立的"量子基金"创下了令人难以置信的业绩,以平均每年35%的综合成长率令华尔街同行望尘莫及。在索罗斯一生诸多投资中,以打败英国央行和狙击泰铢最为著名。1990年,英国加入欧洲汇率体系之后,索罗斯确信处于衰退中的英国无法维持1英镑兑换2.95马克的汇率水平。他便动用了100亿美元进行豪赌,抛售了70亿美元的英镑,购入60亿美元坚挺的货币马克,并且进行了一系列杠杆操作。最后索罗斯赢了20亿美元,英国1992年9月15日宣布退出欧洲汇率体系。相对而言,他狙击东南亚货币则血腥得多,致使数个国家经济倒退了10年。1997年3月,索罗斯基金开始放空泰铢,随后在国际游资的推动下泰铢狂跌不止,索罗斯管理的基金从中获取了暴利。索罗斯飓风很快就扫荡到了印度尼西亚、菲律宾、缅甸、马来西亚等国家。印尼盾、菲律宾比索、缅元、马来西亚林吉特纷纷大幅贬值,导致工厂倒闭、银行破产、物价上涨等一片惨不忍睹的景象。直到目前,索罗斯在东南亚一些国家还被列为不受欢迎的人。

索罗斯最近的一次大手笔做空,是做空一向有"避险天堂"之称的日元。2012年年底前的数年间,日元走势保持坚挺,和长期一蹶不振的日本经济基本面形成巨大反差。2011年的大海啸重创日本经济,而日本经济的复苏并非一朝一夕所能完成。在这种情况下,索罗斯认为日元被高估,积极寻找机会做空日元。2012年10月,当得知渴望宽松政策的安倍晋三最有概率当选日本首相,同时大量日本资金撤回国内,他觉得时机来临,仅仅3个月的时间,索罗斯净赚至少10亿美元。

课堂练习1.5

2016年6月24日,英国脱欧公投结果公布后,英镑对所有货币汇率暴跌。其中,当日英镑兑美元汇率比前一交易日下跌逾10%,创历史最低。2019年10月17日,欧盟委员会主席容克与英国首相约翰逊同时宣称,英国与欧盟达成脱欧协议。这场拖了3年的脱欧大戏似乎终于迎来了大结局。受此影响,欧元和英镑兑美元汇率上涨1个多点。请你分析这是为什么?

1.3　汇率变化对经济的影响

汇率作为特殊价格,是一国宏观经济中的一个重要变量,它与多种经济因素有着密切的关系。这种关系不仅表现在许多经济因素的变化会导致汇率的变化,而且表现在汇率变化对其他经济因素具有不同程度、不同形式的作用或影响上,使其发生相应的变化。

1.3.1 汇率变化对国际收支的影响

1)汇率变化对贸易收支的影响

（1）汇率变化对进出口的影响

汇率变化一个最为直接也是最为重要的影响就是对贸易的影响,这种影响有着微观和宏观的两个方面:从微观上讲,汇率变动会改变进出口企业成本、利润的核算;从宏观上讲,汇率变化因对商品进出口产生影响而使贸易收支差额以致国际收支差额发生变化。

汇率变化对贸易产生的影响一般表现为:一国货币对外贬值后,有利于本国商品的出口,而一国货币对外升值后,则有利于外国商品的进口,不利于本国商品的出口。

以本币贬值为例。本币贬值后,对出口会产生两种结果:一是等值本币的出口商品在国际市场上会折合比贬值前更少的外币,使国外销售价格下降,竞争力增强,出口扩大。二是出口商品在国际市场上的外币价格保持不变,则本币贬值会使等值外币兑换成比贬值前更多的本币,国内出口商品的出口利润增加,从而促使国内出口商积极性提高,出口数量增加。

换言之,本币贬值或者会使出口商品的价格下降,或者会使出口商品的利润提高,或者两者兼而有之,这都会使出口规模扩大。如果出口数量增加的幅度超过商品价格下降的幅度,则本国出口外汇收入净增加。本币贬值有效地促进了出口,限制了进口,则会改善一国的贸易条件,扭转贸易收支的不平衡。

但是,本币贬值起到扩大出口、限制进口的作用不是在任何条件下都能实现的。因此,还需要进一步分析作为改善贸易状况手段的本币贬值及其有效条件。

（2）外汇倾销

如上所述,本币对外贬值在一定条件下有促进商品出口的功能,因此许多国家便以本币贬值作为促进出口、改善贸易状况的重要手段,这就是外汇倾销。具体而言,外汇倾销是指在有通货膨胀的国家中,货币当局通过促使本币对外贬值,且货币对外贬值的程度大于国内通货膨胀的程度,借以用低于原来国际市场上的销售价格倾销商品,从而达到提高商品的海外竞争力、扩大出口、增加外汇收入和最终改善贸易差额的目的。

此外,一国外汇倾销条件具备并实施倾销手段后,要达到预期目的还需要一个收效时期,收效时差为 6 ~ 9 个月。在这个收效期内,外汇倾销还可能受到一些因素的干扰而失效,主要有两个方面的因素:一是来自国内的干扰,如果国内物价持续上涨,使货币对内进一步贬值,且对内贬值程度赶上或超过对外贬值程度,则倾销的条件逐步消失,外汇倾销失效。因此,在收效期内需采取措施保持国内物价水平的稳定。二是来自国外的干扰,外汇倾销会使本国产品冲击对方国家市场,并抢占其他国家在国外市场上的地位,因此很容易遭到倾销对象国的反对,对方往往会相应地采取一些反倾销措施,从而使得外汇倾销失效。

2）汇率变化对非贸易收支的影响

（1）汇率变动对无形贸易的影响

一国汇率下跌，则外国货币兑换本国货币的数量增加，外币的购买力相对提高，本国商品和劳务相对低廉。与此同时，由于本国货币兑换外币的数量减少，则意味着本币购买力相对降低，国外商品和劳务价格也变得昂贵了，这有利于该国旅游与其他劳务收支状况的改善。如果本币汇率上升，其作用则与此相反。但汇率变动的这一作用，必须以货币贬值国国内物价不变或上涨相对缓慢为前提。

（2）汇率变动对单方面转移收支的影响

一国货币汇率下跌一般对该国的单方转移收支会产生不利影响。以侨汇为例：侨汇多系赡家汇款，货币贬值后，旅居国外侨民只需汇回国内少于贬值前的外币，就可以维持国内家属的生活需要，从而使该国侨汇减少。一国货币如果对外升值，其结果则相反。

3）汇率变化对资本流动的影响

汇率变化不仅受资本流动的影响，而且也是影响资本流动的直接因素。其作用表现在：本币对外贬值后，1单位外币折合更多的本币，会促使外国资本流入增加，国内资本流出减少。但是，本币对外价值将贬未贬时，也就是外汇汇价将升未升时，会引起本国资本外逃。本币对外升值后，1单位外币折合更少的本币，外国资本流入减少，资本流出增加。但是本币将升未升时，也就是外汇汇价将跌未跌时，会引起外国资本流入。

因汇率变化带来的资本流出、流入变化可以通过资本投资，也可以通过旅游、商品采购等方式进行。这些变化最终体现在国际收支的不同项目上，其中主要是资本项目差额的变化上。

汇率变化对资本流动的影响主要包括两个方面：一方面表现在货币升贬值后带来的资本流出或流入增加；另一方面表现在汇率预期变化即汇率将升未升或将跌未跌对资本流动的影响。当一国外汇市场上出现本国货币贬值的预期时，会造成大量抛售本币、抢购外汇的现象，资本加速外流，这与贬值预期后资本流入增加的结果正好相反。当一国外汇市场上出现本国货币升值预期时，则会形成大量抛售外汇、抢购本币的现象，使资本流入增加，这与本币升值后资本流出增加的结果正好相反。

4）汇率变化对外汇储备的影响

外汇储备是一国国际储备的主要内容，由本国对外贸易及结算中的主要货币组成。在第二次世界大战后布雷顿森林体系下，美元成为各国外汇储备的主要币种。20世纪70年代以后，各国外汇储备逐渐走向多元化。目前，主要由美元、欧元、日元、英镑等主要货币组成，无论是以单一的币种为储备还是以多元化的币种为储备，储备货币汇率变化都会直接影响一国外汇储备的价值。

在以美元为主要储备货币的时期，外汇储备的稳定性和价值高低完全在于美元汇率的变化。美元升值，一国外汇储备相应升值；美元贬值，一国外汇储备也相应贬值。2008—2013年，美元在国际市场上的一再贬值给许多国家的外汇储备造成了不同程度的损失。

在多元化外汇储备时期,汇率变化的影响较为复杂,对此,需要从多方面进行分析。如:①明确构成一国外汇储备的币种。各国选择储备的币种是不同的,主要与本国对外经济、贸易关系最为密切的国家货币,这些货币在外汇市场上的汇率变化常常是不相同的,它们都会分别对外汇储备总体产生影响。②需要将各储备货币分成升值和贬值两种,计算各自升值或贬值的幅度。③根据构成外汇储备币种的不同权重,结合各种货币升贬值的幅度,衡量出一定时期内储备币种汇率变化对一国外汇储备的综合影响。④还要考虑储备货币中软硬币的利息差异,与汇率涨跌相比,从而得出一定时期内不同货币汇率变化及利率变化对一国外汇储备总体影响的分析结论。

由于储备货币的多元化,汇率变化对外汇储备的影响也多样化了。有时外汇市场汇率波动较大,但因储备货币中升贬值货币的力量均等,外汇储备就不会受影响。有时,虽然多种货币汇率下跌,但占比重较大的储备货币汇率上升,外汇储备总价值也能保持稳定或略有上升。

国际储备多元化加之汇率变化的复杂化,使国际储备管理的难度加大,各国货币当局因此随时注意外汇市场行情的变化,相应地进行储备货币的调整,以避免汇率波动给外汇储备造成损失。

1.3.2 汇率变化对国内经济的影响

1)汇率变化对国内价格水平的影响

汇率变化对价格水平的影响体现在两个方面:一是贸易品价格;二是非贸易品价格。贸易品价格包括出口商品和进口商品,非贸易品价格是指那些由于成本等原因不能进入国际市场的商品。汇率变化后直接影响贸易品价格的变化:本币贬值后,出口商品和进口商品的国内价格都会有所提高;出口商品本币价格的提高主要体现在出口利润的增加,对国内物价水平影响不大。相比而言,如果进口品没有受到有效的控制,且进口品在商品总额中占有较大比重,则进口品价格的提高会对物价上涨产生较大的压力。这种压力不仅表现在进口制成品价格水平的提高上,而且还表现在以进口品为中间产品的商品生产成本的增加上。因此,货币贬值必须辅之以限制进口的措施,以保持国内价格的稳定。

本币对外升值产生的作用正相反,它会使出口商品和进口商品的国内价格下降,对出口起到限制作用,对进口起到扩大作用。扩大了的进口商品价格较低,尽管会对国内市场产生冲击,但对总体物价水平不会产生上涨的压力。

汇率变化对价格影响的另一方面是对非贸易品价格的影响,与对贸易品价格的影响相比,它是间接的。如果一国商品可以自由贸易,资源要素在部门转移不受限制,汇率变化带来的贸易品价格变化会传导到非贸易品价格上。我们把非贸易品划分为以下3种:Ⅰ类商品,即随价格变化随时转化出口的国内商品;Ⅱ类商品,即随价格变化随时可以替代进口的国内商品;Ⅲ类商品,即完全不能进入国际市场或进行替代的国内商品。

仍以本币贬值为例,本币贬值后,贸易品价格提高,会使:

①Ⅰ类商品从国内市场转到国际市场,由非贸易品转为贸易品,从而国内非贸易品供应减少,需求相应增加,价格上升。

②进口商品中,国内无法替代的商品或原材料价格提高后,引起国内相关的非贸易品和以进口产品为原料辅料的国内最终产品价格上涨。

③进口品中属于国内可以生产加以替代的部分会因价格高涨而受到自动限制,由Ⅱ类商品的增加在一定程度上抵消了进口品价格上涨就不会全部转化为现实,Ⅱ类商品的增加在一定程度上抵消了进口品价格的上升幅度,但一般来说也不会全部抵消,而且随着对Ⅱ类商品需求的增加,其价格也会有所上升。

④随着贸易品和部分相关产品价格上升,以及出口商利润的提高,Ⅲ类商品生产商也会要求相同的利润水平,或者转移生产,或者提高销售价格,其结果也是促使价格总水平上升。

2)汇率变化对微观经济活动的影响

汇率变化对微观经济活动的影响主要表现在:浮动汇率下汇率频繁变动,使企业进出口贸易的计价结算在对外债权债务中的风险增加。具体而言,进口商品计价货币升值,或应偿还借款货币升值,都意味着债务方实际支付的增加;出口商品计价货币贬值,或应收贷款货币贬值,都意味着债权主实际收入的减少。因此,对进口商和外债债务主而言,货币升值不利,应力争使用软货币;而对出口商和外债债权主而言,货币贬值不利,应力争使用硬货币。但是,软、硬货币是相对而言的,而且市场汇率的变化会使其不断地发生转变,这就要求企业和商人能够对汇率变化有一个较为准确的预测,否则,汇率变化的风险随时可能转化为现实的损失。

在过去的固定汇率制度下,汇率相对稳定,波动幅度不大,对微观经济的影响也不明显,但在浮动汇率制度下,汇率每时每刻都处于波动之中,几天或者几个星期的汇率波动幅度往往是较大的,而且无规律可循,这就使得进出口贸易和国际借贷活动随时面临汇率变化的风险。因此,外汇风险的预测及防范已成为微观经济管理中不可缺少的内容。

3)汇率变化对就业与国民收入的影响

当一国本币汇率下降,有利于促进该国出口增加而抑制进口,这就使得其出口工业和进口替代工业得以大力发展,从而使整个国民经济发展速度加快,国内就业机会因此增加,国民收入也随之增加。反之,如果一国货币汇率上升,该国出口受阻,进口因汇率刺激而大量增加,造成该国出口工业和进口替代业萎缩,国内就业减少,国民收入下降。

1.3.3 汇率变化对国际经济的影响

1)汇率不稳,容易招致其他国家的不满

如果一国实行以促进出口、改善贸易逆差为主要目的的货币贬值,会使对方国家货币相对升值,出口竞争力下降,尤其是以外汇倾销为目的的本币贬值必然引起对方国和其他利益相关国家的抵制甚至报复,从而产生贸易战和货币战,破坏了国际贸易的正常发展,不利于国际经济走上良性循环。因此,一国货币贬值前,需要权衡方方面面的影响,慎重做出选择。

2)汇率不稳,影响某些储备货币的地位和作用,促进国际储备货币多元化的形成

由于某些储备货币国家的国际收支恶化,通货不断贬值,汇率不断下跌,影响它的储备货币的地位和作用,如英镑、美元。而有些国家由于国际收支持续顺差,黄金外汇储备充裕,通货稳中趋升,因此其货币在国际结算领域中的地位和作用日益加强,如日元和欧元逐渐成为主要储备货币。因此,汇率不稳促进了国际储备货币多元化的形成。

3)汇率不稳,加剧投机和国际金融市场的动荡,同时又促进国际金融业务的不断创新

由于汇率不稳,引起外汇投机的盛行,造成国际金融市场的动荡与混乱,如1993年夏,欧洲汇率机制危机是外汇投机造成的。与此同时,汇率不稳与动荡不安,加剧了国际贸易与金融的汇率风险,又进一步促进期货、期权、货币互换等金融衍生产品交易的出现,使国际金融业务形式与市场机制不断创新。如2015年瑞士法郎黑天鹅事件血洗外汇市场,并导致全球股市、黄金、商品等市场剧烈动荡。

课堂练习1.6

2018年7月20日,美国总统特朗普公开指责中国"操纵汇率",导致人民币"像石头一样坠落",还抱怨称是美联储加息导致了美元升值,削弱了美国出口的"竞争优势"。特朗普宣称中国操纵汇率,认为这对美国不利,令其陷入了不公平的竞争当中。特朗普在竞选之初就多次抱怨称中国"操纵汇率",扬言要在当选后把中国列为汇率操纵国。根据你所学的知识,分析特朗普为什么迫切希望人民币升值? 人民币升值会对中国经济产生哪些影响?

1.4 汇率制度

汇率制度又称汇率安排,是指一国货币当局对本国汇率水平的确定、本国汇率变动的基本方式等问题所做的一系列安排或规定。第二次世界大战结束后,伴随着布雷顿森林体系的建立与崩溃,以及牙买加体系的建立与发展,国际汇率制度发生了很大的变动。

1.4.1 固定汇率制度

1)固定汇率制度的概念

固定汇率制度就是两国货币比价基本固定,现实汇率只能围绕一个相对固定的

平价在一定范围内上下波动的汇率制度。从历史发展进程来看,自19世纪中末期金本位制在西方各国确定以来,一直到1973年,世界各国的汇率制度基本上属于固定汇率制度。固定汇率制度经历了两个阶段:一是从1816年到第二次世界大战前国际金本位制度时期的固定汇率制;二是从1944年到1973年的布雷顿森林体系下的固定汇率制度。

金本位制度下的固定汇率制度,以各国货币的含金量为基础,汇率围绕着铸币平价上下波动,波动幅度受黄金输送点限制的汇率制度,它是典型的固定汇率制度。由于各国货币的法定含金量一般不轻易变动,因此,这种以货币含金量为基础的汇率波动幅动很小,加上政府的干预,具有相对稳定性。19世纪后期至第一次世界大战前,是金本位制度下的固定汇率制度的全盛时期。此后,随着金本位制度的彻底崩溃,以金本位制度为基础的固定汇率制度也随之消亡。

金本位制度崩溃之后,各国普遍实行了纸币流通制度。1944年,在美国布雷顿森林召开了一次国际货币金融会议,确定了以美元为中心的汇率制度,被称为布雷顿森林体系下的固定汇率制度。其核心内容为:美元规定含金量,其他货币与美元挂钩,两种货币兑换比率由黄金平价决定,各国的中央银行有义务使本国货币与美元汇率围绕黄金平价在规定的幅度内波动,各国中央银行持有的美元可按黄金官价向美国兑取黄金。在布雷顿森林体系下,成员国货币与美元建立固定的比价,汇率波动幅度不得超过固定比价的上下各1%,超过这一限度,各国中央银行有义务进行干预。

例如,第二次世界大战后英镑的金平价为3.581 34克黄金,美元的金平价为0.888 671克黄金,英镑与美元金平价的对比为1英镑=4.03美元,这是固定汇率制度下英镑与美元汇率确定的基础。1英镑∶4.03美元的比价必然会随着外汇市场的供求状况不断变动,但国际货币基金规定汇价波动幅度不能超过4.03的±1%。

2)维持固定汇率所采取的措施

在布雷顿森林体系下,各国货币当局为维持国际货币基金组织所规定的汇率波动幅度,通常采取以下措施:

(1)提高贴现率

贴现率是利息率的一种,它是各国中央银行用以调节经济与汇率的一种手段。如前所述,在美国外汇市场如果英镑的价格上涨,接近4.070 3美元的上限水平,美国货币当局则可提高贴现率。贴现率提高,利率也随之提高,国际游资为追求较高的利息收入,会将原有的资金调成美元,存入美国,从而增加对美元的需求,引起美元汇率的提高。如果英镑价格下跌至下限水平3.989 7美元,则美国货币当局就降低贴现率,其结果则相反。

(2)动用黄金外汇储备

一国黄金外汇储备是维持该国货币汇率稳定的后备力量。如伦敦市场的英镑汇率下跌低于官定下限3.989 7美元,则英国动用美元外汇储备,在市场投放美元,购买英镑,使得英镑需求增加,促进英镑汇率上涨;反之,则收购美元,抛售英镑,使得英镑供给增加,促使英镑汇率下跌。

（3）外汇管制

一国黄金外汇储备的规模有限，一旦遇到本币汇率剧烈下跌，就无力在市场上大量投放外汇以买进本币。因此，还会借助于外汇管制的手段，直接限制某些外汇支出。

（4）举借外债或签订互换货币协定

外币在本国外汇市场短缺，则向短缺货币国家借用，投放该市场以平抑汇率。当时美国曾与 14 个国家签订互换货币协议，签约国一方如对某种外汇需求急迫时，可立即从对方国家取得，投放市场，无须临时磋商。

（5）实行货币公开贬值

如果一国国际收支逆差严重，对外汇需求数额甚巨，靠上述措施不足以稳定本币汇率时，就常常实行公开贬值，降低本国金平价，提高外币价格，在新的金平价对比的基础上，减少外汇需求，增加出口收入，追求新的汇率的稳定。

1.4.2　浮动汇率制度

1）浮动汇率制度的概念

浮动汇率制度是指政府对汇率不加以固定，也不规定其上下波动的界限，听任外汇市场根据外汇供求情况，自行决定本国货币对外国货币的汇率。在固定汇率制度瓦解后，主要西方国家于 1973 年春开始实行浮动汇率制度。当外币供过于求时，外币汇率下浮；当外币供不应求时，外币汇率上浮。

2）浮动汇率制度的类型

（1）按照政府是否干预来划分

①自由浮动。自由浮动也称清洁浮动，是指政府货币当局对汇率的波动不采取任何干预措施，而完全听任汇率依外汇市场的供求变化而自由波动。实际上，完全的自由浮动是不存在的，各国政府为了自身的利益，都或明或暗地对外汇市场进行干预。

②管理浮动。管理浮动也称肮脏浮动，是指货币当局在外汇市场上直接或间接地进行干预，以操纵本国货币的汇率，使其保持在对本国经济有利的水平上。目前实行浮动汇率制度的国家大都属于管理浮动。

（2）按照浮动方式进行划分

①单独浮动。单独浮动是指一国货币与其他国家货币发生固定联系，其汇率根据外汇市场的供求变化而自动调整。如美元、日元、英镑等货币属于单独浮动。单独浮动可以较好地反映一国的外汇供求状况及其经济货币关系的变化。

②钉住浮动。钉住浮动包括钉住单一货币浮动和钉住"篮子货币"浮动。钉住单一货币浮动是指一国货币钉住某种主要储备货币，并与之保持相对固定的汇率关系，而对其他货币则自由浮动。当一国的主要贸易、金融往来集中于某一发达国家，为了使其贸易、金融关系稳定发展，免受汇率变动带来的不利影响，该国货币采用钉住发

达国家货币浮动的办法。钉住"篮子货币"浮动是指一国货币汇率钉住一篮子多种货币浮动并与之保持相对固定的汇率,篮子里的货币往往是由该国对外支付使用最多的货币所组成的。

③联合浮动。联合浮动也称共同浮动或集体浮动,是指国家集团在成员国之间实行固定汇率制,对非成员国则实行共升共降的浮动汇率制。如欧洲货币体系为了建立稳定统一的单一货币区,于1979年在成员国之间实行了联合浮动。联合浮动的意义在于:在集团内部创造了一个稳定的汇率环境,减少了汇率风险,促进了集团国之间的经济贸易的发展,同时,可以形成与个别发达国家相抗衡的货币干预力量。

1.4.3 联系汇率制度

联系汇率制度源于英联邦成员国的货币发行制度。这种制度最主要的特点是:将汇率制度的确定与货币发行准备制度结合起来,利用市场机制,互相牵制。

港元与其他货币挂钩的制度其实由来已久。港元于1935年12月至1972年6月期间,曾经与英镑挂钩;1972年7月至1974年11月,则与美元挂钩,之后曾自由浮动。1983年9月,出现港元危机,为挽救香港金融体系,香港特区政府于1983年10月15日公布联系汇率制度,17日港元再与美元挂钩,汇率定为7.8港元兑1美元。港元与美元的联系汇率制度也称货币发行局制,是诸多货币发行局制的一种典型形式。目前,香港发钞银行有3家:香港上海汇丰银行、渣打银行(香港)和中国银行(香港),各自的发钞比例依次为80%,15%,5%。

1)港元联系汇率制度的内容

港元联系汇率制度包括以下主要内容。

①香港特别行政区的发钞银行一律以1美元兑换7.8港元的比价,事先向外汇基金缴纳美元,换取等值港元无息的"负债证明书"后,才增发港元现钞。

②如发钞银行向外汇基金退回港钞与"负债证明书",则按1美元:7.8港元的固定汇率赎回美元。

③众多商业银行等金融机构需要港钞也按上述比价,向发钞银行交付美元领取港钞;如退回港钞,则按原比价赎回美元。

上述联系汇率规定的美元兑港元1:7.8的固定汇率只适用于发钞行与外汇基金、发钞行与商业银行之间的发钞准备规定。在香港外汇市场上的美元与港元的交易由市场供求决定,并不受此约束。

由此可见,香港目前存在两种汇率:一种是发钞行与外汇基金、发钞行与商业银行之间的发行汇率,即 USD1=HKD7.8 的联系汇率;另一种是受外汇市场供求影响的市场汇率。联系汇率与市场汇率、固定汇率与浮动汇率并存,是香港联系汇率制度最重要的机理。

2)联系汇率制度的自我维护机制

香港的联系汇率制具有内在的自我调节机制。

（1）商业银行与发钞行的套利活动

商业银行与发钞行的套利活动影响外汇市场的运作过程如下：

当投机活动使市场汇率低于联系汇率水平时（假设，港币贬值到 1∶7.9 的水平），此时，发钞行会对外汇基金，同时商业银行会对发钞行按 1∶7.8 的法定汇率以港币换取美元，然后在市场上抛售美元。发钞行和商业银行套利的结果是：外汇市场上美元供给逐渐增加，港币供给逐渐减少，从而，美元与港币各自供求关系的变化就会使得市场汇率逐渐地由 1∶7.9 向 1∶7.8 的汇率水平回拢。在港币升值时，也是同样的道理。通过发钞行和商业银行的套利活动，使市场汇率在 1∶7.8 的水平上做上下窄幅波动，并自动趋近之，不需要人为去直接干预。

（2）货币市场的资金增减与利率升降

货币市场的资金增减与利率升降影响外汇市场的运作过程如下：

如果市场汇率为 USD1＝HKD7.9，商业银行会对发钞行，发钞行会对外汇基金赎回美元，退回港元。这样一来，市场港元减少，通货紧缩，使得港元利率上升，从而吸引美元及其他外币资金流入香港追求更高利息收入，这样会导致外资供应增加，美元汇率下跌，使得汇率逐步接近 7.8 的水平。在港币升值时，其运作过程与上述情况相反，也会迫使汇率接近 7.8。

1.4.4　人民币汇率制度

1）人民币汇率制度的演变

改革开放之前，我国实行高度集中的计划经济体制，由于外汇资源短缺，一直实行严格的外汇管制。改革开放之后，人民币汇率大致经历了 6 个阶段。

（1）改革开放初期的人民币汇率高估时期（1979—1980 年）

从 1973 年起，世界进入浮动汇率时代，西方国家货币汇率频繁而大幅度地变动。在我国国内，商品价格逐渐上涨，人民币对内价值下降。此时改革开放初期，人民币的对外价值不但没有下降，反而上升。此时，人民币汇率水平高估，并严重妨碍了我国商品的出口。

（2）人民币内部结算价和官方汇率并存的双重汇率安排（1981—1984 年）

1979 年 8 月，国务院决定进行外贸体制改革，打破外贸垄断经营，外贸企业可以建立自我运行机制，进出口以及外汇管理体制逐渐放宽，国内物价和人民币汇率之间的扭曲开始逐步消除。为促进出口、平衡外汇收支，我国实行外汇留成制度，即对外贸易单位和出口生产企业将外汇收入按官方汇率卖给国家，国家按一定比例拨还部分外汇作为企业外汇留成。自 1981 年 1 月 1 日起，试行人民币兑美元的贸易内部结算价，同时公布牌价。这样，人民币汇率在改革开放初期，形成了贸易内部结算价和官方牌价汇率并存的双重汇率制度。贸易内部结算价仅适用于进出口贸易的外汇结算。双重汇率的并存使外汇管理出现了一定程度的混乱。这种汇率安排注定成为一个过渡时期的应急措施。

（3）实行官方汇率和外汇调剂汇率并存的双重汇率安排（1985—1993 年）

从 1985 年 1 月 1 日起，我国取消了贸易内部结算价，贸易结算和非贸易外汇兑换均按官方汇率统一兑换。1985 年 12 月,我国改变由中国银行多年举办外汇调剂业务的模式,在深圳成立第一家外汇调剂中心,调剂市场汇率日益成为补偿出口亏损、促进出口增长的重要手段。实行官方汇率和调剂市场汇率出现了并存的"双轨制"。1985—1990 年,根据国内物价的变化,我国多次大幅度调整官方汇率。鉴于大幅下调人民币汇率对国民经济和物价影响较大,企业难以承受,从 1991 年 4 月 9 日起,官方汇率的调整机制改为小步缓慢调整。

随着国内经济体制改革的深入,特别是外贸体制改革的不断深入及对外开放步伐的加快,官方汇率和外汇调剂市场汇率的并存,造成了人民币同时存在两个对外价格,不利于外汇资源的有效配置,不利于市场经济的进一步发展。因此,在 1993 年年底,我国决定对人民币汇率进行了又一次重大的制度调整。

（4）1994—2005 年的外汇管理体制

这一阶段是深化经济体制改革的重要阶段,我国政府同时对金融、财税、外贸、外汇、物价体制进行配套改革,这一阶段的外汇体制改革内容是建立与市场经济相适应的外汇管理体制。

1994 年 1 月 1 日,人民币官方汇率与外汇调剂价格正式并轨,我国开始实行以市场供求为基础的、单一的、有管理的浮动汇率制。企业和个人按规定向银行买卖外汇,银行进入银行间外汇市场进行交易,形成市场汇率。中央银行设定一定的汇率浮动范围,并通过调控市场保持人民币汇率稳定。1997 年亚洲金融危机爆发,为防止危机深化,作为一个负责任的大国,中国主动收窄了人民币汇率浮动区间,从事实上实现人民币汇率的钉住美元制。由于人民币兑美元汇率在长时间内基本保持固定不变,使得国际货币基金组织在 1999 年调整其汇率制度分类方法时,将人民币汇率制度加入"事实上的钉住美元"的行列。

从 2001 年开始,国际收支"双顺差"持续增大,人民币升值压力持续增加。世界上许多经济学家和政府开始呼吁中国对人民币重新估值。

（5）人民币汇率走向浮动汇率制（2005 年 8 月—2015 年 8 月）

自 2005 年 7 月 21 日起,我国开始实行以市场供求为基础、参考一篮子货币进行调节、有管理的浮动汇率制度。在这一时期,汇率改革的主要内容有以下几个方面:

在汇率调控的方式上,人民币汇率不再钉住单一美元,而是参照一篮子货币,根据市场供求关系来进行浮动。参考一篮子货币进行调节,成功实现了人民币汇率稳中有升和有序调整。一篮子货币本身具有稳定器的作用,如果严格钉住一篮子货币,汇率变动仅仅反映国际市场上篮子货币之间的汇率变化。这种外生性使得汇率不能反映经济基本面变化和外汇供求关系。因此,此次改革创造性地提出是参考而非钉住。一般来说,在参考一篮子货币调节汇率时,如果美元对篮子中其他非美元货币贬值,那么人民币将对美元升值,反之亦然。事实是,改革后 3 年里,人民币对美元呈现单边升值态势,升值 20% 左右。这表明,实际采取的是单向参考一篮子货币方式,即美元贬值时人民币升值,美元升值时人民币基本保持稳定,从而实现汇率从低估向均衡的调整。2008 年国际金融危机爆发,为了应对复杂的国际经济金融形势,人民币汇率暂时放弃参考一篮子货币,重新恢复对美元的汇率稳定。2010 年 6 月 19 日汇率改革重启,汇率波动明显扩大并呈现双向波动特征,基本完成汇率达到合理均衡水平这一目标。

人民币汇率形成机制改革方面,完善人民币汇率形成机制成为这一时期改革的核心。为与国际外汇市场接轨,2006 年 1 月 4 日即期交易中引入场外交易模式,推行做市商制度和询价交易,询价交易逐渐取代竞价交易,成为最主要的交易方式,市场的价格发现功能得到发展。2005 年 8 月 8 日引入远期外汇交易,并允许银行在获得远期交易资格 6 个月后从事掉期交易。2011 年 4 月 1 日引入人民币外汇期权交易,以培育银行间外汇市场的风险管理功能,同时扩大汇率波动幅度,提高汇率弹性,加大市场作用的空间。2007 年 5 月 21 日、2012 年 4 月 16 日、2014 年 3 月 14 日,先后 3 次将日波幅从 0.3% 调整至 0.5%,1%,2%,以便充分发挥供求作用,容纳正常的市场汇率变动需求。

在人民币起始汇率的调整方面,2005 年 7 月 21 日 19 时,美元兑人民币交易价格调整为 1 美元兑 8.11 元人民币,作为次日银行间外汇市场上外汇指定银行之间交易的中间价,外汇指定银行可自此时起调整对客户的挂牌汇价。这是一次性小幅升值 2% 。当时,这一调整主要是顺应外汇市场供求关系的变化方向,解决我国国际收支失衡和经常账户持续顺差问题,推进我国经济结构调整和产业结构转型升级。

(6)人民币汇率走向更加弹性的浮动汇率制(2015 年 8 月至今)

2015 年 8 月 11 日,中国人民银行宣布调整人民币兑美元汇率中间价报价机制,做市商参考上日银行间外汇市场收盘汇率,向中国外汇交易中心提供中间价报价,即参考收盘价决定第二天的中间价。此次改革旨在增加人民币汇率中间价形成机制的市场化、基准性和透明度,同时顺应市场供求关系变动趋势,将人民币兑美元汇率从 6.15 下调至 6.22。2015 年 12 月 11 日,中国外汇交易中心发布人民币汇率指数,引导市场将观察人民币汇率的视角由双边汇率转变为有效汇率,强调加大参考一篮子货币的力度,保持人民币对一篮子货币汇率的基本稳定。

2016 年 2 月,中国人民银行进一步明确了"收盘汇率+一篮子货币汇率变化"的中间价形成机制。"收盘汇率+一篮子货币汇率变化"是指做市商在进行人民币兑美元汇率中间价报价时,需要考虑"收盘汇率"和"一篮子货币汇率变化"两个部分。其中,"收盘汇率"是指上一交易日银行间外汇市场的人民币兑美元收盘汇率,主要反映国内外汇市场供求状况。"一篮子货币汇率变化"是指为保持人民币对一篮子货币汇率基本稳定所要求的人民币兑美元双边汇率的调整幅度,主要是为了保持当日人民币汇率指数与上一交易日人民币汇率指数的相对稳定。

2017 年 2 月 20 日,中国人民银行对人民币中间价定价机制进行了微调,主要有两方面:第一方面,调整人民币货币篮子的数量和权重,CFETS 篮子中的货币数量增加至 24 种;第二方面,缩减一篮子货币汇率的计算时段,参考一揽子货币时间由 24 小时缩短为 15 小时。调整的目的是更好反映市场变化,防止日内投机,即"中间价模型和收盘价价差"。2017 年 5 月 26 日,中国人民银行在人民币兑美元汇率中间价报价模型中引入逆周期因子,适度对冲市场情绪的顺周期波动,缓解外汇市场可能存在的"羊群效应"。"逆周期因子"有助于在人民币单向升贬值时减缓升贬值速度和幅度。

自此,人民币兑美元汇率中间价报价模型由原来的"收盘价+一篮子货币汇率变化"调整为"收盘价+一篮子货币汇率变化+逆周期因子"。

2)未来人民币汇率制度改革展望

(1)进一步完善人民币汇率形成机制

减少政府干预,让市场在人民币汇率形成和变动中发挥决定性作用。逐步扩大人民币汇率浮动区间,现在人民币汇率的浮动区间已经从±0.3%扩大到±2%,以后当条件成熟时,可以考虑进一步扩大人民币汇率浮动区间至±3%或者±3%以上,增强人民币汇率弹性,维护国际收支平衡。拓宽交易范围,满足实体经济和金融交易的套期保值需求,扩大外汇市场的投资交易功能。

(2)进一步完善中国外汇市场

①增加外汇市场交易主体,支持更多的银行、非银行金融机构和企业进入银行间外汇市场,完善外汇市场的价格发现功能和风险规避功能。

②丰富外汇市场交易工具,根据汇率市场化改革和资本项目可兑换进程,加快在岸市场人民币外汇衍生品交易的发展。增加期权产品类型,研究推出外汇期货产品。

③扩大外汇市场双向开放,支持境内银行为境外机构和个人提供人民币外汇交易服务,拓展中国外汇交易中心电子平台,吸引更多符合条件的境外机构在风险可控的前提下参与银行间外汇市场交易。

④完善外汇市场基础设施,推动银行间市场竞价和询价交易模式、声讯经纪与电子交易平台协调发展,加强外汇市场风险监测,健全外汇交易数据报告库制度。

(3)进一步深化外汇管理体制改革

①支持高水平的贸易和投资自由化、便利化,坚持经常项目可兑换,依法支持真实合规的经常项目国际支付与转移,优化海外直接投资管理,支持国内有能力、有条件的企业开展真实合规的对外投资,优化外商来华直接投资外汇管理服务,创造更加开放、公平、便利的营商环境。

②完善跨境资本流动微观监管体系,构建以负面清单为基础的微观市场监管,完善功能监管,加强行为和市场监管,创新监管手段,注重从事前到事中、事后,从正面清单到负面清单,从规则监管到规则与自律相结合。

3)人民币汇率制度的发展方向

从长远来看,人民币汇率应适用浮动汇率安排,而近期和中期内应完善管理的浮动汇率制度,这是我国人民币改革的方向所在,也是中心所在。

(1)逐步完善人民币汇率的市场环境

现今,我国人民币汇率形成的市场机制存在很多不完善的地方,比如目前中央银行处于频繁入市干预和托盘的被动局面,银行还未建立市场交易制度等。在改革的道路上,我们应当尝试建立市场化条件下的央行外汇市场干预模式,改进央行汇率调节机制,建立一套标准的干预模式,给市场一个比较明确的干预信号,尽量减少直接干预,让市场主体通过自主交易形成公平价格,强化央行的服务职能。

（2）逐步实现人民币资本项目的可兑换性

人民币资本项目可兑换的重要意义有3个方面：一是实现人民币资本项目可兑换可以充分发挥市场在资源配置中的基础性作用；二是全面提高开放型经济水平需要人民币资本项目可兑换；三是扩大人民币在贸易和投资项下的跨境使用需要人民币资本项目可兑换。我国按照"循序渐进，筹规划，先易后难，留有余地"的原则正逐步推进资本项目可兑换。2004年年底，按照国际货币基金组织确定的43项资本项目交易中，我国有11项实现可兑换，11项较少限制，15项较多限制，严格管制的尚有6项。

党的十九大报告指出："开放带来进步，封闭必然落后。中国开放的大门不会关闭，只会越开越大。"近年来，中国正逐步、渐进地推动资本市场开放，中国资本市场开放的7个主要关键点：B股发行制度、合格境外投资者（QFII）制度、合格境内投资者（QDII）制度、人民币合格境外投资者（RQFII）制度、沪港通、深港通和沪伦通。总体来说，这7个关键的资本市场开放制度层层递进，刻画出中国资本市场开放的历程。从大的方面，可以将这7个关键时间点分为3个阶段：发行外资股阶段（B股）、单向开放阶段（QFII，QDII和RQFII）和双向开放阶段（沪港通、深港通和沪伦通）。截至2018年10月末，一共有286家QFII机构获批1 002.56亿美元额度，203家RQFII机构获批6 426.72亿元人民币额度，152家QDII机构获批1 032.33亿美元额度。截至2020年5月底，一共有295家QFII机构获批1 162.59亿美元额度，230家RQFII机构获批7 229.92亿元人民币额度，169家QDII机构获批1 166.99亿美元额度。

（3）合理拓展外汇储备的功能

相对于其他国家来说，我国具有大规模的外汇储备，这在一定程度上证明了我国的经济实力，但是也聚集了大量的外汇风险。对于一些财政资金属性的外汇储备，可以将其用来调节当前宏观经济中的失衡问题，盘活外汇储备，降低其风险的积累。

从总体来看，我国汇率制度改革正在也应该朝着更加具有弹性和灵活性的方向稳步推进，只有完善有管理的浮动汇率制度，发挥市场供求在人民币汇率形成中的基础性作用，保持人民币汇率在合理均衡水平上的基本稳定，金融市场才会变得更安全。

课堂练习1.7

沙特挑起石油"价格战"，全球金融市场巨震！

2020年3月7日，世界头号石油出口国沙特阿拉伯宣布，自4月开始，大幅下调官方石油售价并提高产量。这一消息导致国际原油期货价格大幅跳水，投资者避险情绪急剧升温，股市期指下挫，美国10年期国债收益率再创新低，黄金期货价格突破每盎司1 700美元关口。

据外媒报道，沙特此举是对俄罗斯未能与石油输出国组织（欧佩克）就增加原油减产额度达成协议的反击，意在与俄罗斯直接争夺市场份额。在新冠肺炎疫情蔓延、全球能源需求承压的背景下，这场石油"价格战"引发市场震荡，避险情绪急剧升温。

石油国家角力,也让恐慌蔓延到全球的金融界。3月9日,全球市场遭遇超级"黑色星期一":亚太的中日韩、欧洲的德法、南美的巴西,以及美国,无一幸免。美股更是遭遇了有史以来的第二次熔断,而上一次则是23年前的1997年,一个让人印象深刻的股市灾年。2020年3月9日亚市早盘,国际油价出现极为疯狂的走势:布伦特油价一度大跌逾31%,WTI原油下跌超27%,创下了1991年美国在伊拉克发动战争以来的最大跌幅。投资者避险情绪急剧升温,股市期指下挫,美国10年期国债收益率再创新低,黄金期货价格突破每盎司1 700美元关口。

外汇市场方面,日元兑美元汇率大幅攀升至3年多来的高点。然而,部分产油国货币大幅受挫。俄罗斯卢布兑美元汇率下跌超4%至近4年低点。

为什么石油战会引发卢布兑美元汇率大跌,日元兑美元汇率大幅上涨?

本章主要内容概要

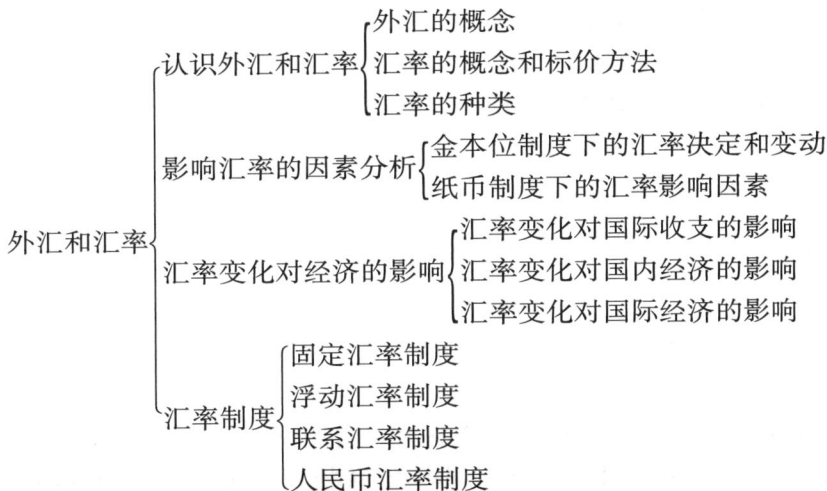

外汇和汇率
- 认识外汇和汇率
  - 外汇的概念
  - 汇率的概念和标价方法
  - 汇率的种类
- 影响汇率的因素分析
  - 金本位制度下的汇率决定和变动
  - 纸币制度下的汇率影响因素
- 汇率变化对经济的影响
  - 汇率变化对国际收支的影响
  - 汇率变化对国内经济的影响
  - 汇率变化对国际经济的影响
- 汇率制度
  - 固定汇率制度
  - 浮动汇率制度
  - 联系汇率制度
  - 人民币汇率制度

课后习题与技能训练

课后习题

1. 判断题

(1)外汇就是以外国货币表示的支付手段。　　　　　　　　　　（　　）

(2)我国采用直接标价法,而美国采用间接标价法。　　　　　　（　　）

(3)银行卖出现钞价格低于卖出外汇凭证的价格。　　　　　　　（　　）

(4)目前,国际外汇市场和大银行的外汇交易报价均采用直接标价法。（　　）

(5)我国人民币在经常项目下可自由兑换。　　　　　　　　　　（　　）

2. 选择题

（1）目前,在国际社会使用得比较多的外汇是（　　）。

    A. 人民币　　　　B. 美元　　　　C. 日元　　　　D. 欧元

（2）我国正式实行以市场供求为基础,参考一篮子货币进行调节,有管理的浮动汇率制度的时间是（　　）。

    A. 2005 年 7 月 21 日　　　　　　B. 2005 年 3 月 21 日

    C. 2006 年 7 月 21 日　　　　　　D. 2006 年 3 月 21 日

（3）如果其他条件不变,远期汇率的升贴水率应与（　　）趋于一致。

    A. 两国通货膨胀率的对比　　　　B. 两国国际收支差额的对比

    C. 国际利率水平　　　　　　　　D. 两种货币的利率差异

（4）一国货币升值对其进出口产生哪种影响? （　　）。

    A. 出口增加,进口减少　　　　　B. 出口减少,进口增加

    C. 出口增加,进口增加　　　　　D. 出口减少,进口减少

（5）我国外汇体制改革的最终目标是（　　）。

    A. 经常项目下人民币可兑换

    B. 经常项目下人民币有条件可兑换

    C. 资本项目下人民币可兑换

    D. 人民币的完全自由兑换

案例分析题 1

英国"脱欧"谈判成功,这出"分手"大戏终于落幕

从 2016 年举行的全民公投开始,英国围绕着脱欧的问题展开了一场"拉锯战"。直到现在,许多人都还不太相信英国可以真正"无协议脱欧"。令人意外的是,就在新一轮欧洲峰会马上要举办的最后关头,英国宣布"脱欧"协议谈判成功了。

根据新华社的报道可以了解到,2019 年 10 月 17 日,欧盟多国在布鲁塞尔发出联合声明,支持英国与欧盟已达成的新"脱欧"协议。也就是说,如果没有特殊情况发生,英国会在 10 月 31 日前正式离开欧盟。这出"分手"大戏现在终于落下帷幕。而回顾整个事件,可以发现脱欧对于英国的影响是十分深远的。

英国为什么会在脱欧上出现这么多的问题? 第二次世界大战结束以后,英国国力已经大不如以前,不仅丧失了在全球的话语权,甚至在英联邦内也没有了影响力。面对这一情况,英国只能将利益放在欧洲内。1973 年,英国加入了欧共体,当时的人们希望这样可以拯救英国的经济。随着英国加入欧盟,在一定程度上确实振兴了英国与欧洲的贸易,但是问题接踵而来。作为经济发达的英国,每年要上交大量的英镑去补贴欧盟中的小国,这让英国国内许多人不满。对于英国来说,这是一笔额外的费用,导致了英国开始脱欧。但是,英国国内尤其是手工制造业,需要英国留在欧盟,只有这样,才能保证在与欧洲其他国家的贸易中不会处于下风。简单来说,英国脱欧实

质上就是英国的资本家与工人阶级的对抗。

实际上,英国脱欧的影响还是很大的。对于英国本身来说,脱欧加强了国家内部之间的矛盾尤其是与北爱尔兰之间的矛盾。在经济方面,虽然每年少交很大一部分英镑,但从长远角度来看,英国的损失还是更大一些。就在协议刚一出来,许多人就发现了欧洲股市突然大涨,随之而来是英镑的暴跌,这就是脱欧之后的具体体现。而对于欧盟来说,英国的退出也有不小的影响。首先是国际地位的下降,英国退出后,能够主事的也就是法、德两个国家,对于现在的国际形势,明显影响力不足。更为严重的是,这加大了欧洲的分裂。从西罗马帝国灭亡以后,欧洲大陆就很难实质性的统一。随着欧盟的成立,欧洲也在慢慢地统一。但是,英国的退出无疑开了先河,让其他不满意的国家也有先例可循。

不管怎么说,这出"脱欧"闹剧在经历了多轮反转之后终于要结束了。但对于英国来说,新的问题也需要面对。

(资料来源:快资讯,2019-10-22)

分组讨论:

1. 影响英镑汇率的因素有哪些?
2. 联系相关事件,分析自从英国公投脱欧以来英镑汇率的变化。
3. 要求做成 PPT,在课堂讲解演示。

案例分析题 2

人民币成 2020 年最靓的仔 升值预期尚未结束?

在岸人民币(USDCNY)

6.5400↑0.0064 (0.0980%)

2020-12-18 23:29:00

| 1分 | 日K | 周K | 月K | 年K | 5分 | 15分 | 30分 | 60分 | 4H |

2020/12/18 开 6.53 高 6.55 收 6.54 低 6.53 量 0 0.10%
MA5: 6.5392　MA10: 6.5393　MA20: 6.5546　MA30: 6.5679

图 1.3　美元兑人民币汇率日 K 线走势图

人民币成为 2020 年最靓的仔。整体来看,从 2020 年 5 月人民币对美元开始出现大幅升值,当前已经屡次三番挑战 6.5 大关,刷新近两年半的新高,并很有可能超越 2017 年成为涨幅最大的年份。

人民币数字化风潮还在继续,这边汇率升值又进入白热化。

简单测算一下,假如兑换 10 万美元,半年前需要约 72 万元人民币,现在则最低只需要 65 万元人民币,短短半年相差了 7 万元人民币。

不仅仅是对美元,人民币对一揽子货币也是升值的。2020 年 8 月以来,CFETS 人民币汇率指数表现为波动上行。

福兮祸兮,回顾本轮人民币升值,新冠疫情成为潜在推手,可谓起到一个引爆器外加推波助澜作用。

2020 年年初国内因疫情停摆,待国内疫情好转,海外市场又开始遭受疫情肆虐。在这个时候,我国经济、贸易迅速复苏,在全球表现一枝独秀,为人民币汇率升值提供重要基本面支撑。

从 2020 年第二季度开始,国内经济触底反弹。在全球央行尤其是美国大放水的大的背景下,我国货币政策经历疫情之初的刺激,逐渐回归正常化。

2020 年 5 月以来,我国货币政策边际收紧,市场利率上行,中美利差走阔,为人民币又积淀了一波上涨动能。

人民币单边升值预期仍在,为国内资产带来的狂欢背后,市场的担忧也越来越多。年末岁初,又是一轮光阴轮替。人民币后市怎么走?

(资料来源:财华社,2020-12-10)

分组讨论:

1. 人民币这轮升值的内因和外因有哪些?

2. 人民币升值对我国经济有何影响?

技能训练

1. 我向瑞士某银行询问瑞士法郎对比利时法郎的汇价,该银行汇报如下:

1 美元 = 瑞士法郎 1.279 1 ~ 1.281 7

1 美元 = 比利时法郎 31.808 2 ~ 31.871 8

问:瑞士法郎对比利时法郎的汇价。

2. 家住重庆的王丽准备 2020 年 2 月 2 日带女儿去澳大利亚旅行,并于 2020 年 1 月 28 日去中国银行购买了 1 500 澳大利亚元现钞。2 月 1 日,受新冠肺炎疫情影响,澳大利亚总理斯科特·莫里森宣布,即日起,禁止从中国内地赴澳的所有旅客入境,澳大利亚公民、永久居民(PR 非 TR)及其直系亲属和使用适当个人防护措施的机组人员除外。王丽只有把提前订好的机票退了。也是因为疫情,退票后,王丽和女儿一直没有出门。3 月 16 日,王丽去中国银行把 1 500 澳大利亚元现钞卖给中国银行。王丽交易时的外汇牌价见表 1.5。

表1.5　外汇牌价

货币名称	现汇买入价	现钞买入价	现汇卖出价	现钞卖出价	中行折算价	发布时间
澳大利亚元	470.29	455.68	473.75	475.38	471.33	2020-01-28 09:02:28
澳大利亚元	428.41	415.10	431.56	433.04	432.86	2020-03-16 15:26:40

（1）2020年1月28日王丽去中国银行购买1 500澳大利亚元现钞需要支付多少人民币？

（2）2020年3月16日，王丽去中国银行把1 500澳大利亚元现钞卖给中国银行，银行支付给王丽多少人民币？

（3）王丽因为买卖1 500澳大利亚元损失了多少人民币？

3.利用网络，查阅6家银行外汇牌价，说明汇率报价表中数字的含义以及如何运用。

要求：查阅各种汇率报价并撰写实训报告。

报告具体内容：银行名称、查阅具体时间、查阅结果、数字解读与运用，同时还要对6家银行外汇牌价进行比较说明。

第 2 章
国际收支平衡表

学习目标

1. 能够看懂国际收支平衡表。

2. 能够在国际收支平衡表中正确记录各笔国际经济交易。

3. 能够编制国际收支平衡表。

4. 能够对国际收支平衡表的各个项目进行分析。

5. 能够针对不同的国际收支失衡问题采用正确的调节手段。

6. 能够在实际中运用国际收支平衡表。

案例导入

国家外汇管理局公布 2020 年三季度及前三季度我国国际收支平衡表初步数

2020 年三季度,我国经常账户顺差 6 521 亿元。其中,货物贸易顺差 10 758 亿元,服务贸易逆差 2 795 亿元,初次收入逆差 1 652 亿元,二次收入顺差 210 亿元。资本和金融账户中,直接投资顺差 1 653 亿元,储备资产增加 642 亿元。

2020 年前三季度,我国经常账户顺差 11 974 亿元。其中,货物贸易顺差 23 796 亿元,服务贸易逆差 8 169 亿元,初次收入逆差 4 040 亿元,二次收入顺差 386 亿元。资本和金融账户中,直接投资顺差 3 124 亿元,储备资产增加 249 亿元。

按美元计值,2020 年三季度,我国经常账户顺差 942 亿美元。其中,货物贸易顺差 1 554 亿美元,服务贸易逆差 404 亿美元,初次收入逆差 239 亿美元,二次收入顺差 30 亿美元。资本和金融账户中,直接投资顺差 239 亿美元,储备资产增加 93 亿美元。

按美元计值,2020 年前三季度,我国经常账户顺差 1 707 亿美元。其中,货物贸易顺差 3 398 亿美元,服务贸易逆差 1 169 亿美元,初次收入逆差 578 亿美元,二次收入顺差 55 亿美元。资本和金融账户中,直接投资顺差 449 亿美元,储备资产增加 34 亿美元。

按 SDR 计值,2020 年三季度,我国经常账户顺差 670 亿 SDR。其中,货物贸易顺差 1 106 亿 SDR,服务贸易逆差 287 亿 SDR。资本和金融账户中,直接投资顺差 170 亿 SDR,储备资产增加 66 亿 SDR。

按 SDR 计值,2020 年前三季度,我国经常账户顺差 1 225 亿 SDR。其中,货物贸易顺差 2 456 亿 SDR,服务贸易逆差 852 亿 SDR。资本和金融账户中,直接投资顺差 325 亿 SDR,储备资产增加 20 亿 SDR。

(资料来源:国家外汇管理局门户网站,2020-12-25)

思考:

国际收支是如何统计出来的? 什么是顺差? 什么是逆差?

2.1　了解国际收支平衡表

2.1.1　国际收支的概念

1)国际收支的概念

国际收支的概念经历了一个发展过程,概括起来主要有以下 3 种。

(1)贸易收支的国际收支的概念

国际收支的概念,最早出现于 17 世纪初期。当时国际经济交易的主要形式是国际贸易,有鉴于此,国际收支当时只反映商品的进出口。很长一段时期内,一直通行这种概念。

（2）狭义的国际收支概念

随着国际经济交易内容、范围的扩大,在垄断资本主义时期,国际收支的含义扩展为一国的外汇收支。各种国际经济交易,无论是贸易、非贸易,还是单方面资金转移,只要涉及外汇收支,都属于国际收支的范围,这就是狭义的国际收支。狭义的国际收支只反映报告期内已实现外汇收支的国际经济交易。

（3）广义的国际收支的概念

第二次世界大战后,国际收支的概念又有新的发展。它不仅包括涉及外汇收支的国际经济交易,还包括不涉及外汇收支的经济交易。这就是广义的国际收支。IMF对广义的国际收支概念具体的表述是:"国际收支是以统计报表的方式,系统地总结一定时期内一国居民与非居民之间的各项经济交易。"

目前,世界各国普遍采用广义的国际收支概念。

国际收支概念的历史演变如图 2.1 所示。

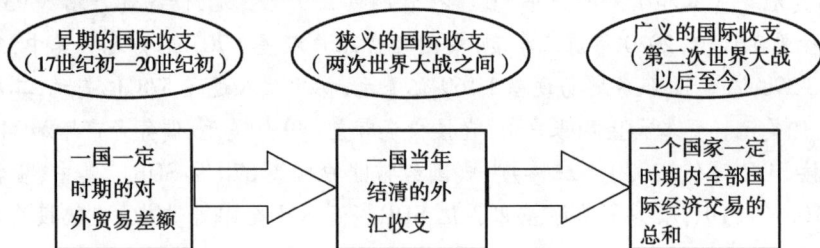

图 2.1　国际收支概念的历史演变

2）正确理解广义的国际收支概念

①国际收支是一个流量概念,而不是存量概念。

流量是指在一定时期内发生变动的变量的数值,如一定时期内的存款变动数、人口出生数。存量是指一定时点上存在的变量数值,如某一时点上存款的总数,某一时点上的人口总数。

当人们提及国际收支时,需要指明是属于哪一段时期的,一般为 1 年或者 1 个季度,也可以是 1 个月。

②国际收支所反映的内容是各种经济交易。各种经济交易包括进出口贸易、服务贸易、易货贸易、国际信贷、国际捐赠和援助捐款等。它既包括国际有偿贸易,也包括国际无偿往来。

③国际收支所记载的经济交易是在居民和非居民之间发生的。划分居民与非居民的依据不是以国籍为标准的,而是以居住地、从事生产、消费等经济活动和交易所在地作为划分的标准。根据这一原则,IMF 规定:在所在国居住或从事一年以上的经济活动与交易的本国或外国的自然人与法人就是所在国的居民,否则,即为非居民。

注:居住 1 年以上只是作为一个指导原则,并不是一个不可变动的尺度。

资料链接 2.1

中国居民

国际收支统计申报中的"中国居民"定义是根据《国际收支手册(第5版)》第4章《经济体的居民单位》中的原则以及我国实际情况制定的,具体指以下人员:

1. 在中国境内居留1年以上(包括1年)的自然人,外国及中国香港地区、中国澳门地区、中国台湾地区在境内的留学生、就医人员、外国驻华使馆领馆外籍工作人员及其家属除外。

2. 中国短期出国人员(在境外居留时间不满1年)、在境外留学人员、就医人员、中国驻外使馆领馆工作人员及其家属。

3. 在中国境内依法成立的企业事业法人(含外商投资企业及外资金融机构)及境外法人的驻华机构(不含国际组织驻华机构、外国驻华使馆领馆)。

4. 中国国家机关(含中国驻外使馆领馆)、团体、部队。

除此之外属于非居民。

2.1.2 国际收支平衡表的内容

1)国际收支平衡表的概念

国际收支平衡表是把一国或地区在一定时期内所有的国际经济交易根据交易的内容和范围,按照经济分析的需要设置账户或项目,进行分类统计的一览表。

编制国际收支平衡表可以使本国政府机构全面了解本国的对外经济交易活动和地位,制定正确的国内外的经济政策和货币政策;可以使国际货币基金组织和世界银行等国际金融机构全面了解各国或地区的对外经济交易活动和国际资本、国际贸易特征,以协调各国的经济政策和货币政策。因此,各国和地区都非常重视国际收支平衡表的编制。IMF为了便于比较各国和地区的国际收支情况,出版了《国际收支手册》,规定了国际收支平衡表的编制原则、方法等相关内容。IMF规定各成员国必须按期向IMF报送本国的国际收支平衡表,在汇总后定期发表在《国际金融统计》上。

2)国际收支平衡表的编制原理和记账方法

(1)编制原理

国际收支平衡表以权责发生制为统计原则,采用复式计账法编制,以"借"和"贷"为记账符号,遵循"有借必有贷,借贷必相等"的原则。借方记录资产的增加和负债的减少,贷方记录资产的减少和负债的增加。每一笔交易都会产生金额相等的借方和贷方两笔记录。凡是引起本国从国外获得货币收入的交易,都计入贷方(或称正号项目），记为"+"（通常省略）；凡是引起本国对国外货币支出的交易都计入借方（或称负号项目），记为"-"。

（2）计入借方和贷方的具体项目

①借方项目。

A. 货物或服务的进口。

B. 非居民为本国居民提供劳务或从本国取得的收入。

C. 本国居民对非居民的单方面转移。

D. 本国居民获得外国资产。

E. 本国居民偿还非居民债务。

F. 官方储备增加。

②贷方项目。

A. 货物或服务的出口。

B. 本国居民为非居民提供劳务或从外国取得的收入。

C. 本国居民收到的国外的单方面转移。

D. 非居民获得本国资产或对本国投资。

E. 非居民偿还本国居民债务。

F. 官方储备减少。

（3）进出口

进出口均采用离岸价格（FOB）计算。

3）国际收支平衡表的主要内容

IMF 提出了一套有关构成国际收支平衡表的项目分类的建议，称为标准组成部分。各个成员国会在 IMF 推荐的标准组成部分的基础上，结合本国的具体情况作一定的调整。下面，以中国国际收支平衡表（表 2.1）为例，剖析国际收支平衡表的主要内容。

表 2.1　中国国际收支平衡表

（2019 年第一季度）

项目	行次	亿元人民币	亿美元	亿 SDR
1. 经常账户	1	3 307	490	352
贷方	2	45 405	6 730	4 833
借方	3	-42 098	-6 240	-4 481
1.A 货物和服务	4	2 107	312	224
贷方	5	40 471	5 999	4 308
借方	6	-38 364	-5 686	-4 084
1.A.a 货物	7	6 388	947	680

项目	行次	亿元人民币	亿美元	亿 SDR
贷方	8	36 462	5 404	3 881
借方	9	−30 074	−4 458	−3 201
1.A.b 服务	10	−4 281	−634	−456
贷方	11	4 009	594	427
借方	12	−8 290	−1 229	−882
1.B 初次收入	13	1 054	156	112
贷方	14	4 524	671	482
借方	15	−3 470	−514	−369
1.C 二次收入	16	146	22	16
贷方	17	409	61	44
借方	18	−263	−39	−28
2.资本和金融账户	19	2 615	388	278
2.1　资本账户	20	−2	0	0
贷方	21	6	1	1
借方	22	−8	−1	−1
2.2　金融账户	23	2 616	388	278
资产	24	−1 080	−160	−115
负债	25	3 696	548	393
2.2.1　非储备性质的金融账户	26	3 292	488	350
2.2.1.1　直接投资	27	1 791	265	191
资产	28	−1 420	−210	−151
负债	29	3 211	476	342
2.2.1.2　证券投资	30	1 314	195	140
资产	31	−1 092	−162	−116
负债	32	2 405	357	256
2.2.1.3　金融衍生工具	33	−62	−9	−7
资产	34	−53	−8	−6
负债	35	−9	−1	−1
2.2.1.4　其他投资	36	249	37	27
资产	37	2 160	320	230
负债	38	−1 911	−283	−203

续表

项目	行次	亿元人民币	亿美元	亿 SDR
2.2.2　储备资产	39	−676	−100	−72
3. 净误差与遗漏	40	−5 921	−878	−630

（资料来源：国家外汇管理局门户网站）

（1）经常账户

经常项目是经常发生的交易，反映一国与他国之间实际资源的转移，是国际收支平衡表中最基本的项目。经常项目包括货物与服务、初次收入和二次收入 3 个子项目。

①货物与服务。该账户记录一国居民和非居民之间的交易，即通常讲的贸易往来。

货物是经常项目乃至整个国际收支平衡表中最重要的项目，该项目记录一国商品的进出口，又称有形贸易。

服务反映的是一国服务的输入和输出，即一国利用外国的服务数额和外国利用本国的服务数额，又称无形贸易。服务的种类很多，包括运输、保险、通信、旅游、建筑、金融、计算机和信息服务等。

②初次收入。该账户记录一国由于提供劳务、金融资产和出租自然资源而获得的回报。主要包括雇员报酬和投资收益两大项。其中，雇员报酬记录的是个人在与企业的雇佣关系中因对生产过程的劳务投入而获得的酬金回报，包括现金或实物形式的工资、薪金和福利。投资收益记录的是提供金融资产所得到的回报，包括直接投资项目下的利润、利息收支和再投资收益、证券投资收益等等。

③二次收入。该账户记录经济体的居民在没有同等经济价值回报的情况下，与非居民之间发生的提供或接收经济价值的单方面交易行为，也称经常转移。经常转移包括政府的经常转移和私人部门的经常转移。政府的经常转移通常有政府间经济和军事援助、战争赔款以及捐款等；私人部门的经常转移主要有侨民汇款、企业年金以及赠与等。

（2）资本和金融账户

资本和金融账户反映资产所有权在国际间的转移，包括资本账户和金融账户。

①资本账户。该账户记录居民与非居民之间的资本转移以及非生产非金融资产的取得和处置。

A. 资本转移。反映涉及固定资产所有权的变更以及债权债务的减免。资本转移有别于经常转移。资本转移涉及固定资产所有权的变更，不直接影响双方当事人的可支配收入和消费，不经常发生，规模相对较大。而经常转移涉及非固定资产所有权的变更，直接影响捐助者或受助者的可支配收入和消费，经常发生，规模较小。

B. 非生产非金融资产的取得和处置。包括不是由生产创造出来的有形资产（如土地、矿产权、林权、水资源权等自然资源）和无形资产（如专利、版权、商标以及经营权等）的取得和处置。关于无形资产，经常账户的服务项下记录的是无形资产运用所引起的收支,而在资本账户下记录的是无形资产所有权的买卖所引起的收支。

②金融账户。该账户记录的是居民与非居民之间的金融资产与负债交易,反映资本的流入和流出。金融账户分为非储备资产性质的金融账户和储备资产两大类。

A. 非储备资产性质的金融账户。该账户按照资产负债的性质以及功能不同又分为直接投资、证券投资、金融衍生工具和其他投资 4 类。

直接投资是直接投资者寻求在本国以外运行企业获取有效发言权为目的的投资。直接投资通常包括股本资本、用于再投资的收益及其他资本。直接投资者通常在国外投资的企业拥有 10% 及以上的普通股或投票权,对该企业的管理拥有有效的发言权。

证券投资是指跨越国界的股权和债券投资。这里的股权投资通常拥有 10% 以下的普通股,10% 以下通常对该企业的管理没有发言权。

金融衍生工具除了我们熟悉的期货、期权以及互换等,还包括雇员认股股权,也就是在既定日期创建的、授予雇员可以在一定时间内,以约定价格购买一定数量雇主股票的权力,雇员认股股权显然是一种报酬形式。在 IMF 公布的《国际收支手册(第5版)》中并没有对金融衍生工具单独统计,随着金融衍生工具的发展,特别是 2008 年美国次贷危机之后,人们对金融衍生工具的认识有所加强,因此在《国际收支手册(第6版)》中 IMF 要求各国必须在国际收支平衡表中单独反应金融衍生工具项目。

其他投资是指除了直接投资、证券投资、金融衍生工具和储备资产之外的居民和非居民之间进行的其他金融交易。包括其他股权、货币和存款、贷款、保险和养老金、贸易信贷等等。

B. 储备资产。该账户反映一国或地区中央银行所拥有的对外资产,包括四项内容:货币性黄金、特别提款权、外汇储备和在国际货币基金组织中的储备头寸。

货币性黄金是一国货币当局持有的作为金融资产而使用的黄金,与其他经济实体使用的黄金不同。

特别提款权也称纸黄金,是指 IMF 对会员国根据其份额分配的、可以用来归还 IMF 的贷款和会员国政府之间偿付国际收支赤字的一种账面资产。IMF 分配给的而尚未用完的特别提款权,就构成了一国储备资产的一部分。

外汇储备是指国家货币当局持有的外汇资产。2016 年 10 月 1 日,人民币正式纳入国际货币基金组织特别提款权(SDR)货币篮子,成为国际储备货币。即日起,IMF 在其官方外汇储备数据库中单独列出人民币资产,以反映 IMF 成员人民币计价储备的持有情况。IMF 的“官方外汇储备货币构成”调查以统计总量的形式列出会员国所持有的外汇储备货币构成。目前,美元、欧元、英镑、日元、瑞士法郎、澳元、加元和人民币属于调查单独列出的货币,所有其他货币则合并列示。

在国际货币基金组织中的储备头寸又称为普通提款权,是成员国按照规定从基金组织提取一定数额款项的权力。普通提款权分为 3 个部分:黄金份额贷款(成员国向基金组织认缴份额时,认缴份额 25% 的黄金或外汇部分)。国际货币基金组织为满足其他会员国的资金要求而使用掉的本国货币。国际货币基金组织向该国借款的净额。

储备资产增加计入借方(负号项目),动用官方储备即储备资产减少计入贷方(正号项目)。

与经常账户和资本账户按照总额记录不同,金融账户采用净额记录,贷方记录金融资产的净获得,借方记录负债的净发生。例如,直接投资记录本国对外国的直接投资和外国对本国的直接投资,本国对外国直接投资则本国金融资产增加,如果投资撤回则金融资产减少,投出去减去撤回来的差额即净额,才会记录在直接投资下的金融资产净获得一方,即贷方。

(3)净误差和遗漏

国际收支平衡表是按照会计学的复式簿记原理记账的,所有账户的借方总额与贷方总额应该相等,国际收支平衡表应该是一份总的净值为零的统计报表,但是,一国国际收支平衡表不是出现净的借方余额就是出现净的贷方余额。余额的原因是统计资料有误差和遗漏,从而形成统计残差项。造成统计资料误差和遗漏的原因有:第一,资料不能统计完整,比如,商品走私、资本潜逃等是难以统计出来的。第二,统计数字的重复算和漏算,比如有的统计资料来自海关报表,有的来自银行报表,有的来自政府主管部门的统计,难免口径不一造成重算和漏算。第三,有的统计数字可能是估算出来的。另外,国际资本流动中由于短期资本本身的特点,流入流出异常迅速。加之投机性极强,有时方式较隐蔽,为逃避外汇管制和其他官方限制,超越正常的收付渠道出入国境,很难得到真实资料。因此,人为设立一个净误差和遗漏账户,以抵补前面所有借方、贷方项目之间的差额,从而使借贷双方最终达到平衡。如果经常账户和资本金融账户这2个项目的贷方出现余额,就要在净误差和遗漏账户的借方列出与余额相等的数字。反之,如果这2个项目的借方出现余额,则在净误差和遗漏账户的贷方列出与余额相等的数字。

课堂练习 2.1

以下业务内容属于国际收支平衡表中的哪个项目?

1. 某企业出口 50 万美元货物。

2. 某公司从国外进口 100 万美元的电子产品。

3. 某外贸公司支付出口商品运费、保险费 10 万美元。

4. 美国一家企业来华直接投资 300 万美元。

5. 日本海啸中石油捐款 3 000 万元,无偿提供 3 万吨汽油。

6. 三一重工投资 5 000 万美元在波兰建厂。

7. 我国政府在 IMF 的特别提款权。

8. 人人网赴美 IPO 募得资金 5 亿美元。

2.1.3 国际收支平衡表的编制方法

国际收支平衡表以会计复式计账法编制,遵循"有借必有贷,借贷必相等"的原则。下面,我们以 A 国的几笔业务为例,说明国际收支平衡表的编制方法。读者可以通过本案例,掌握国际收支平衡表的编制,掌握会计复式记账法的原理,并设立"误差与遗漏"项目,使表的借方总额和贷方总额相等,以实现整个平衡表的平衡。

1)某国 2019 年对外经济活动的资料

①A 国从该国进口 180 万美元的纺织品。该国将这笔货款存入美联储银行。

②该国从 B 国购入价值 3 600 万美元的机器设备,由该国驻 B 国的银行机构以美元支票付款。

③该国向 C 国提供 8 万美元的工业品援助。

④该国动用外汇储备 60 万美元,分别从 A 国和 D 国进口小麦。

⑤E 国保险公司承保②和④两项商品,该国支付保险费 2.5 万美元。

⑥该国租用 F 国的船只运送②和④两项商品,运费 12 万美元,付款方式同②。

⑦外国游客在该国旅游,收入为 15 万美元。

⑧该国在海外的侨胞汇回本国 25 万美元。

⑨该国对外承包建筑工程 30 万美元,分别存入所在国银行。

⑩外国在该国直接投资 1 500 万美元。

⑪该国向 G 国出口 25 万美元商品,以清偿对 G 国银行的贷款。

⑫该国在国外发行价值 100 万美元的 10 年期债券,该笔款项存入国外银行。

⑬该国向国际货币基金组织借入短期资金 30 万美元,以增加外汇储备。

⑭据年底核查,该国外汇储备实际增加了 75 万美元。

2)数据分析

①A 国从该国进口 180 万美元的纺织品。该国将这笔货款存入美联储银行(贷方:贸易出口项目,同时,这笔货款支出由 A 国在国外的银行支付给该国,引起该国短期资本的增加,故应计入借方:金融账户的其他投资)。

②该国从 B 国购入价值 3 600 万美元的机器设备(收入计入借方:贸易进口项目中,同时,这笔货款支出由该国在国外的银行支付,这是短期资本的减少,故应计入贷方:金融账户的其他投资),由该国驻 B 国的银行机构以美元支票付款。

③该国向 C 国提供 8 万美元的工业品援助(借方:无偿转移支出;贷方:贸易出口)。

④该国动用外汇储备 60 万美元,分别从 A 国和 D 国进口小麦(借方:贸易进口;贷方:储备资产减少)。

⑤E 国保险公司承保②和④两项商品,该国支付保险费 2.5 万美元(借方:非贸易输入;贷方:金融账户的其他投资)。

⑥该国租用 F 国的船只运送②和④两项商品,运费 12 万美元,付款方式同②(借方:非贸易输入;贷方:金融账户的其他投资)。

⑦外国游客在该国旅游,收入为 15 万美元(借方:储备资产的增加;贷方:非贸易输出)。

⑧该国在海外的侨胞汇回本国 25 万美元(借方:储备资产的增加;贷方:无偿转移收入)。

⑨该国对外承包建筑工程 30 万美元,分别存入所在国银行(贷方:非贸易输出;

借方:金融账户的其他投资)。

⑩外国在该国直接投资设备 1 500 万美元(借方:非贸易输入;贷方:金融项目中的直接投资)。

⑪该国向 G 国出口 25 万美元商品,以清偿对 G 国银行的贷款(贷方:贸易出口;借方:金融账户的其他投资)。

⑫该国在国外发行价值 100 万美元的 10 年期债券,该笔款项存入国外银行(借方:金融账户的其他投资;贷方:金融账户的证券投资)。

⑬该国向国际货币基金组织借入短期资金 30 万美元,以增加外汇储备(借方:储备资产增加;贷方:金融账户的其他投资)。

⑭据年底核查,该国外汇储备实际增加了 75 万美元(由于借方储备资产最终增加 75 万美元,那么误差和遗漏 X 必须满足平衡式:$X+15+25+30-60=75$ 万美元,从而计算出:$X=75-15-25-30+60=65$ 万美元,大于 0,因此应计入贷方误差遗漏)。

3) 编制国际收支平衡表草表

表 2.2　国际收支平衡表草表　　　　　　　　　单位:万美元

借　方		贷　方	
贸易进口	3 600(2)	贸易出口	180(1)
	60(4)		8(3)
			25(11)
非贸易输入	2.5(5)	非贸易输出	15(7)
	12(6)		30(9)
	1 500(10)		
无偿转移支出	8(3)	无偿转移收入	25(8)
资本项目		资本项目	
金融项目	25+180+30+100 (11)(1)(9)(12)	金融项目	100+3 600+2.5+12+30+1 500 (12)(2)(5)(6)(13)(10)
储备资产增加	30(13)	储备资产减少	60(4)
	15(7)		
	25(8)		
	65		
净误差与遗漏		净误差与遗漏	65
合计	5 652.5	合计	5 652.5

4）编制国际收支平衡表

表 2.3 国际收支平衡表

	借 方	贷 方	差 额
一、经常项目	5 182.5	283	−4 899.5
1. 商品	3 660	213	−3 447
2. 服务	1 514.5	45	−1 469.5
3. 收益			
4. 经常转移	8	25	17
二、资本与金融项目	335	5 244.5	4 909.5
1. 资本项目			
2. 金融项目			
非储备资产	335	5 244.5	4 909.5
储备资产		65	65
三、净误差与遗漏	135	60	−75

2.2 分析国际收支平衡表

2.2.1 国际收支平衡表的差额

国际收支平衡表由经常账户、资本和金融账户、净误差与遗漏 3 个项目构成,每一项目下又有若干个子项目。国际收支平衡表的每个项目都有借方、贷方和差额 3 栏数字,分别反映一定时期内各项对外经济活动的发生额。由于国际收支平衡表以会计复式计账法编制,因此表的借方总额和贷方总额总是相等的,但其中的某些项目或账户可能出现盈余或赤字,这就形成不同的项目差额。主要的项目差额有以下几种。

1）贸易差额

贸易差额是货物和服务进出口的差额。余额在贷方表明该国出现了贸易顺差,余额在借方表明该国出现了贸易逆差,又称贸易赤字。贸易差额是短期内反映一国国际收支状况的重要指标。

贸易收支只是整个国际收支的一部分,但对于有的国家来讲,贸易收支在整个国际收支中所占的比重较大,甚至贸易差额对国际收支有决定性的影响,贸易收支可以近似代表国际收支。另外,一国的货物和服务进出口情况可以综合反映一国的产业结构、产品质量和劳动生产率状况,反映该国产业的国际竞争能力。即使资本项目比重很大的发达国家,仍然非常重视贸易收支差额,贸易收支具有不可逆转性。

2)经常账户差额

经常账户差额是贸易差额、初次收入差额和二次收入差额之和。余额在贷方表明该国经常账户顺差,余额在借方表明该国经常账户逆差。经常账户差额具有不可逆性,是国际收支差额中的稳定部分。

因为经常账户差额不仅仅包括贸易差额,还包括收益和经常转移差额,所以经常账户差额是反映一国国际收支状况更全面、更重要的指标,是一个国家制定国际收支政策和产业政策的重要依据。同时,国际经济协调组织也经常采用这一指标对成员国的外部经济状况进行分析。经常账户差额反映一国全部生产部门在国际市场的竞争能力,是衡量国际收支好坏的一个重要指标。在对一国国际收支状况进行分析的过程中,学者们通常以该国的经常账户差额与该国 GDP 的比值来衡量一国国际收支失衡的程度,一般这个比值超过 5% 表明该国外部失衡严重。2005—2008 年,我国这个比值连续 4 年在 5% 以上,2007 年达到最高值 10.02%,说明我国经常账户盈余超过正常比例过多,国际收支失衡较为严重。

3)资本账户差额

资本账户差额是非生产非金融资产账户差额和资本转移账户差额之和。余额在贷方表明出现了顺差,余额在借方表明出现了逆差。资本账户通常在整个国际收支平衡表中所占比重较小。

4)金融账户差额

金融账户差额是直接投资账户差额、证券投资账户差额、金融衍生工具和雇员认股权账户差额、其他投资账户差额和储备资产账户差额之和,金融账户差额反映一国金融资本流出入的情况。余额在贷方表明顺差,有净资本的流入,余额在借方表明逆差,有净资本的流出。

IMF《国际收支手册(第 6 版)》出版后,我国统计部门对国际收支平衡表的编制方法进行了调整,把储备资产纳入金融账户,把金融账户分为非储备性质的金融账户和储备资产两大类,我们通常所说的金融账户是指非储备性质的金融账户。对金融账户差额的分析很重要,它反映了一国金融市场的开放程度和金融市场的发展程度,是一国制定货币政策和汇率政策的重要依据。但因为其具有可逆性特征,是国际收支差额中的不稳定部分,所以不如经常账户差额重要。

5)综合差额

综合差额是经常账户差额、资本账户差额、非储备性质的金融账户差额和净误差和遗漏账户差额之和。综合差额和储备账户差额的关系如下。

$$综合差额 = -储备资产账户差额$$

综合差额反映一国需要动用(或增加)储备的方式来弥补的差额,反映了一国国际收支状况对一国储备资产造成的压力,当综合差额为逆差时,对于实行固定汇率制度的国家来说,就需要动用储备的方式来弥补该逆差。因此,对于实行固定汇率制度的国家来说,该差额非常重要。但对于实行浮动汇率制度的国家来说,综合差额不平衡时,可以通过汇率的变动进行调节,无须通过储备的变动来融通,因此该差额没有那么重要。

综合差额将除了储备资产以外的其他所有交易作为自主性交易放在线上,是衡量和分析一国国际收支状况的最全面指标。平时我们所说的国际收支顺差和逆差指的是综合差额。如果综合差额大于零,我们说国际收支顺差;如果综合差额小于零,我们说国际收支逆差。因为综合差额和储备资产账户差额数字大小相等,符号相反,所以我们也可以看储备资产账户差额来判断一国国际收支状况。如果一国综合差额赤字主要是由经常账户赤字带来的,或者综合差额盈余主要是由金融账户的盈余带来的,那就要引起当局的注意,相反则不必太在意。

2.2.2 国际收支平衡表的分析

国际收支平衡表的分析方法有静态分析、动态分析和比较分析 3 种。在对一国国际收支进行分析时,一定要把这 3 种分析方法结合起来,才能对一国经济进行全面、正确、深入的分析。

1)静态分析

它是分析某国在某一时期(1 年、1 个季度或 1 个月)的国际收支平衡表。具体地讲,是计算和分析表中各个项目及其差额,分析各个项目差额形成的原因与对国际收支总差额的影响。

静态分析的方法和应注意的问题是:

(1)贸易收支

一国贸易收支出现顺差或逆差,主要受多方面的因素影响,包括:经济周期的更替、财政与货币政策变化所决定的总供给与总需求的对比关系;气候与自然条件的变化;国际市场的供求关系;本国产品的国际竞争力;本国货币的汇率水平等。结合这些方面的资料进行分析,有助于找出编表国家贸易收支差额形成的原因。

(2)服务收支

服务收支反映了编表国家有关行业的发达程度与消涨状况。如运费收支的状况直接反映了一国运输能力的强弱,一般发展中国家在这方面总是支出,而一些经济发达的国家由于拥有强大的商船队而收入颇丰;还有银行和保险业务收支状况反映了一个国家金融机构完善状况。分析这些状况之后,对其本国来说可以为寻找改进对策提供依据;对别国来说,为选择由哪个国家提供相关业务的服务提供依据。

(3)经常转移

在经常转移收入中,重点研究官方转移收入。第二次世界大战后,国际援助相对来说在不断增加,这种援助包括军事援助和经济援助两种,其中又分低息贷款和无偿援助两部分。在分析这个项目时,除考虑其数额大小外,还要分析这种援助的背景、影响及其后果,并对趋势做进一步分析。

（4）资本与金融项目

资本与金融项目中涉及许多个子项目，如直接投资、间接投资、国际借贷和延期付款信用等，一般来说前3项处于主要地位。直接投资状况反映一国资本国际竞争能力的高低（对发达国家而言）或一国投资利润前景的好坏（对发展中国家而言）。国际借款状况反映了一国借用国际市场资本条件的优劣，从而反映了该国的国际信誉高低。第二次世界大战后，短期资本在国际移动的规模与频繁程度都是空前的，它对有关国家的国际收支与货币汇率的变化都有主要影响。因此，研究、分析短期资本在国际间移动的流量、方向与方式方面，对研究国际金融动态和发展趋势具有重要意义。

（5）储备资产项目

分析储备资产项目，重点分析国际储备资产变动的方向，因为这些反映了一国对付各种意外冲击能力的变化。

（6）净误差与遗漏

净误差与遗漏主要分析其数额大小的变化。因为净误差与遗漏的规模一方面反映了一国国际收支平衡表虚假性的大小，规模越大，国际收支平衡表对该国国际经济活动的反映就越不准确；另一方面在某种程度上它也反映了一国经济开放的程度，一般来说经济越开放，净误差与遗漏的规模就越大。

2）动态分析

动态分析又称纵向分析，是对某一个国家若干连续时期的国际收支平衡表进行的分析。国际收支平衡表虽然只反映某一特定时期的情况，但应看到，它绝不是孤立存在的，而是与以前或以后的发展过程紧密相连的。可以说，它既是前一时期演变的结果，又是后一时期状况的原因。因此，要研究一国的国际经济地位、国际金融状况，必须遵循动态性原则，连续分析不同时期的国际收支平衡表，掌握其长期变化情况。只有这样，才能得出比较正确的结论。

3）比较分析

比较分析包括纵向比较和横向比较。

纵向比较是指分析一国若干连续时期的国际收支平衡表，即上述动态分析。横向比较是指对不同国家在相同时期的国际收支平衡表进行比较分析。后一种比较分析较为困难，因为各国的国际收支平衡表在项目的分类与局部差额的统计上不尽相同。利用联合国或国际货币基金组织的资料有助于克服这一困难，因为这两个机构公布的若干重要资料，都是经过重新整理后编制的，可以互相比较。

课堂练习2.2

根据表2.4某国（不完整的）国际收支年列表进行计算，分析下列问题：

1. 计算净误差与遗漏数字。

2. 根据表中数据计算出贸易差额、经常项目差额，并判断某国当年的国际收支是否平衡。如果不平衡，则该国的国际收支是顺差还是逆差？

3．该表所示的外汇储备变化数为+12.87,表示什么?

4．如果该国以前数年也一直处于这种国际收支情况,该国货币的对外汇率一般会怎样?

表2.4　某国国际收支年列表

单位:10亿美元

商品输出	101.11
商品输入	−99.36
劳务收入	25.14
劳务支出	−34.53
私人单方面转移	−0.25
政府单方面转移	−0.85
直接投资	−2.66
证券投资	−1.25
其他长期资本	−8.70
其他短期资本	5.84
对外官方债务	0.26
外汇储备变化	12.87
净误差与遗漏	

2.3　国际收支失衡的调节

2.3.1　国际收支不平衡的原因和影响

1)国际收支不平衡的原因

导致一国国际收支产生不平衡的原因多种多样。概括起来,主要有以下几个方面:

(1)经济周期性变化的原因

周期性不平衡是一国经济周期波动引起该国国民收入、价格水平、生产和就业发生变化而导致的国际收支不平衡。周期性不平衡是世界各国国际收支不平衡常见的原因。因为在经济发展过程中,各国经济不同程度地处于周期波动之中,周而复始地出现繁荣、衰退、萧条、复苏,而经济周期的不同阶段对国际收支会产生不同的影响。在经济衰退阶段,国民收入减少,总需求下降,物价下跌,会促使出口增长、进口减少,从而出现顺差;而在经济繁荣阶段,国民收入增加,总需求上升,物价上涨,则使进口增加,出口减少,从而出现逆差。

(2)经济结构性变化的原因

由于科技的日益进步,各国经济发展的不平衡和消费倾向的不断变化而造成的国际市场对商品、劳务的供给与需求关系发生变动时,即国际分工和贸易格局发生变动时,原来的平衡就会被打破。在这种情况下,若一国的经济结构(及商品结构)不能很好地适应这种变化而随之做必要调整,那么它的国际收支就可能发生不平衡。例如,一国的出口大量集中于某些商品,而遇到国外消费的偏好与需求发生变化,则这些商品势必销售困难,因此造成该国的国际收支失衡。结构性原因也是国际收支失衡的一个经常性的原因。

(3)国民收入变化的原因

收入性不平衡是指由于各种经济条件的恶化引起国民收入的较大变动而引起的国际收支不平衡。国民收入变动的原因很多,一种是经济周期波动所致,这属于周期性不平衡;另外一种是因经济增长率的变化而产生的,在这里是指这种不平衡,它具有长期性。一般来说,国民收入的大幅度增加,全社会消费水平就会提高,社会总需求也会扩大,在开放型经济下,社会总需求的扩大,通常不一定会表现为价格上涨,而表现为增加进口、减少出口,从而导致国际收支出现逆差;反之当经济增长率较低时,国民收入减少时,国际收支出现顺差。

(4)货币价值变动的原因

一国的货币增长速度、商品成本和物价水平同其他国家有较大差距,即货币的国内实际购买力的变动,会引起国际收支失衡。如一个国家在一定的汇率水平下,由于通货膨胀的原因,物价普遍上升,以致商品成本和物价水平相对高于其他国家,则该国的商品出口必受抑制,而进口会受到鼓励,致使国际收支出现逆差。相反,如果由于通货紧缩,商品成本与物价水平比其他国家相对较低,则有利于出口,不利于进口,使国际收支向顺差方向发展。这种由货币价值的高低所引起的国际收支不平衡,叫作货币性不平衡或价格不平衡。

(5)偶发性原因

政治、经济、自然等方面偶然的突发性事件,也能导致一国贸易收支不平衡和国际资本的流动,从而使该国国际收支出现不平衡。由偶发性因素造成的国际收支不平衡,称为偶发性不平衡。

上述各因素中,经济结构性因素、收入性因素所引起的国际收支不平衡,具有长期性,被称为持久性不平衡;其他因素所引起的国际收支不平衡具有临时性,被称为暂时性不平衡。

2)国际收支失衡的影响

(1)国际收支逆差的影响

一国的国际收支出现逆差,一般会引起本国货币汇率下降,如逆差严重,则会使本币汇率急剧跌落。该国货币当局如不愿接受这样的后果,就要对外汇市场进行干预,即抛售外汇和买进本国货币。这样,一方面会消耗外汇储备,甚至会造成外汇储备枯竭,从而严重削弱其对外支付能力;另一方面,会形成国内货币的紧缩形式,促使利率水平上升,影响本国经济的增长,从而导致失业的增加和国民收入增长率的相对与绝对下降。

（2）国际收支顺差的影响

一国的国际收支出现顺差,固然可以增大其外汇储备,加强其对外支付能力,但也会产生如下不利影响。

①一般来说,本国货币汇率上升不利于出口贸易的发展,从而加重国内的失业问题。

②如果该国有义务维持固定汇率,那么,顺差将使本国货币供应量增长,从而加重通货膨胀。

③将加剧国际摩擦,因为一国的国际收支发生顺差,意味着有关国家国际收支发生逆差。

④如果是形成与过度出口造成的贸易收支顺差,则意味着国内可供资源的减少,不利于本国经济的发展。

一般说来,一国的国际收支越是不平衡,其不利影响也就越大。虽然国际收支逆差和顺差都会产生种种不利影响,但相比之下,逆差所产生的不利影响更大,因为它会造成国内经济的萎缩、事业的大量增加和外汇储备的枯竭,所以对逆差采取调节措施要更为紧迫些。

2.3.2　国际收支失衡的调节政策和措施

由于一个国家的国际收支失衡会对该国经济的稳定和发展产生十分重要的影响,各国都采取各种各样的政策和措施来调节国际收支,使国际收支的结果朝着有利于本国经济稳定和发展的方向发展。

1）外汇缓冲政策

外汇缓冲政策,是指一国货币当局通过变动官方储备或运用国际信贷弥补国际收支失衡的政策。例如,国际收支逆差,则减少外汇储备,或向外借款,使国际收支趋于均衡。这是解决一次性或季节性的国际收支短期失衡的简便、有力的政策措施。但是,这种政策无法解决长期的国际收支逆差问题,因为会使外汇储备枯竭而政策失效。

2）财政政策和货币政策

（1）财政政策

财政政策是指一国政府通过调整财政收入,抑制或扩大公共支出和私人支出,控制改变总需求和物价水平,从而调节国际收支。在一国国际收支出现逆差时,政府实行紧缩性的财政政策,削减财政开支或提高税率,引起社会上投资和消费减少,降低社会总需求,迫使物价下降,从而促进出口、抑制进口,以改善国际收支。反之,在国际收支出现大量顺差时,政府则实行扩张性财政政策,增加财政开支和降低税率,以扩大总需求,减少出口,增加进口,从而减少国际收支的盈余。

（2）货币政策

货币政策是指货币当局通过调整再贴现率,改变法定存款准备金比率等手段影响银根的松紧和利率的高低,引起国内货币供应量和总需求以及物价水平的变化,以实现对国际收支的调节。

①贴现政策。它是指中央银行通过改变其对商业银行等金融机构所持有的未到期票据进行再贴现时所收取利息的比率,即再贴现率。也就是以提高或降低再贴现率的办法,借以扩充或紧缩货币投放与信贷规模,吸引或排斥国际短期资本的流出入,以达到调节经济与国际收支的目的。

当一国出现国际收支逆差时,该国中央银行就调高再贴现率,从而使市场利率提高,吸引外国资本的流入,减少本国货币的流出。提高利率,即对市场资金供应采取紧缩的货币政策,会使投资与生产规模缩小,失业增加,国民收入减少,消费缩减,在一定程度上可以降低国际收支逆差。在顺差的情况下,中央银行就调低再贴现率,从而起到与上述相反的作用,以降低顺差的规模。

贴现政策是西方国家最普遍、最频繁采用的间接调节国际收支的政策措施,但是有一定的限制因素。

②改变存款准备金比率的政策。中央银行通过改变存款准备金比率来影响商业银行贷款规模,从而影响总需求和国际收支。20 世纪 60 年代末,原联邦德国和日本就曾实行过差别性准备金比率的政策,对非居民存款准备金率远远高于居民存款准备金率,以抑制资本流入,调节国际收支顺差。

③公开市场操作业务。公开市场操作是中央银行吞吐基础货币,调节市场流动性的主要货币政策工具,通过中央银行与指定交易商进行有价证券和外汇交易,实现货币政策调控目标。中央银行通过有价证券的买卖,扩充或紧缩货币投放从而影响利率,而利率的变化又会影响资本的流出流入,从而影响国际收支平衡表的资本项目;中央银行在外汇市场进行外汇的买卖,从而影响本币汇率,而汇率的变化又会影响商品的进出口,从而影响国际收支平衡表的经常项目。

资料链接 2.2

中国人民银行的公开市场操作业务

中国人民银行的公开市场操作包括人民币操作和外汇操作两部分。自 1999 年以来,公开市场操作已成为中国人民银行货币政策日常操作的重要工具,对于调控货币供应量,调节商业银行流动性水平,引导货币市场利率走势发挥了积极的作用。

中国人民银行从 1998 年开始建立公开市场业务一级交易商制度,选择了一批能够承担大额债券交易的商业银行作为公开市场业务的交易对象,目前公开市场业务一级交易商一共包括 40 家商业银行。这些交易商可以运用国债、政策性金融债券等作为交易工具与中国人民银行开展公开市场业务。

从交易品种来看,中国人民银行公开市场业务债券交易主要包括回购交易、现券交易和发行中央银行票据。其中,回购交易分为正回购和逆回购两种,正回购为中国人民银行向一级交易商卖出有价证券,并约定在未来特定日期买回有价证券的交易行为,正回购为央行从市场收回流动性的操作,正回购到期则为央行向市场投放流动性的操作;逆回购为中国人民银行向一级交易商购买有价证券,并约定在未来特定日期将有价证券卖给一级交易商的交易行为,逆回购为央行向市场上投放流动性的操作,逆回购到期则为央行从市场收回流动性的操作。现券交易分为现券买断和现券卖断两种,前者为央行直接从二级市场买入债券,一次性地投放基础货币;后者为央行直接卖出持有债券,一次性地回笼基础货币。中央银行票据即中国人民银行发行的短期债券,央行通过发行央行票据可以回笼基础货币,央行票据到期则体现为投放基础货币。

(3)财政政策和货币政策的搭配使用

一个国家的宏观经济短期目标是:内部均衡(充分就业、物价稳定)和外部均衡(国际收支平衡)。但有时一国内外要同时达到均衡在采取财政政策和货币政策时有矛盾。例如,一国如果经济状况是顺差与通货膨胀同时存在,顺差要求扩张性的货币政策和扩张性的财政政策,而通货膨胀要求紧缩性的财政政策和紧缩性的货币政策,这就使得政府在政策执行上就左右为难。美国经济学家蒙代尔在对政策两难困境进行研究时发现,货币政策和财政政策对内部平衡和外部平衡有相对不同的影响,货币政策对外部平衡的影响比较大,而财政政策对内部平衡的影响比较大。所以,蒙代尔在这种分析的基础上形成了一种分配法则,即根据财政政策和货币政策的不同作用,将稳定国内经济的任务分配给财政政策,而将稳定国际收支的任务分配给货币政策。

具体的政策搭配方法是:当高失业与国际收支逆差同时存在时,配合使用扩张的财政政策和紧缩的货币政策。在高通胀与国际收支顺差共存的情况下,可以采取紧缩的财政政策和扩张的货币政策相配合的方法。如果通货紧缩和国际收支顺差并存,那么扩张性的财政政策和扩张性的货币政策并用效果会更好。

3)汇率政策

汇率政策,是指一国通过改变汇率水平来实现国际收支平衡,主要有本币贬值和本币升值两种政策。例如,国际收支逆差,采用本币贬值的政策,使出口增加,进口减少,从而改善国际收支;反之,若国际收支顺差,则采用本币升值政策。

汇率政策的缺点是:汇率的经常波动会加剧经济的不稳定,容易引起通货膨胀。因此,汇率政策要结合紧缩性的财政或货币政策实施,主要适用于调节货币性的国际收支失衡。

4)直接管制措施

直接管制措施是指政府通过发布行政命令,对国际经济交易进行直接的行政干预,以求国际收支平衡。它包括外汇管制和贸易管制两种。从外汇方面限制国际经济交易,如实行进口外汇限额、配额,对资本输出、输入的外汇限制等,以期通过鼓励或限制商品及资本的流出入,来达到调节国际收支的目的。贸易管制是指通过关税、配额、进口许可证、出口信贷、出口补贴等措施直接控制进出口。直接管制的优点是成效迅速,因此为世界各国广泛采用。但也存在缺陷:一是限制资源合理流动;二是易于引起贸易伙伴的报复行动;三是可能产生一些行政弊端。它并不能真正解决国际收支平衡问题,只是将显性国际收支赤字变为隐性国际收支赤字。一旦取消管制,国际收支赤字仍会重新出现。

5）国际经济金融合作

上述调节国际收支失衡的各种对策，都只是就一个国家所实施的而言，其作用和效果有一定的局限性。因为一国的逆差（或顺差）常为他国的顺差（或逆差），每个国家为本国利益考虑实施一定调节措施，必须会引起他国为保卫自身利差而采取相应的反措施。其结果造成国际经济秩序混乱，对世界经济产生不利影响。在这种情况下，就需要采取国际经济合作的办法，来调节国际收支不平衡。国际经济金融合作调节，主要包括各国在以下方面进行的合作：

①国际金融机构信贷支持，帮助各成员国消除国际收支不平衡。

②加强各国国际贸易政策的协调，谋求贸易投资自由化。

上述政策措施在一定程度上有助于平衡国际收支，但都有一定的局限性。如在一国国际收支发生逆差时，采取紧缩性的财政政策，即削减财政支出、增加税收，可能导致经济衰退和失业率增加；为解决国际收支的顺差而实行扩张性的财政政策，同样可能引起经济衰退，从而使一些国家在政策选择上顾此失彼，左右为难。为此，各国针对本国发生国际收支失衡的原因，需要选择不同的政策或政策组合来解决问题。

本章主要内容概要

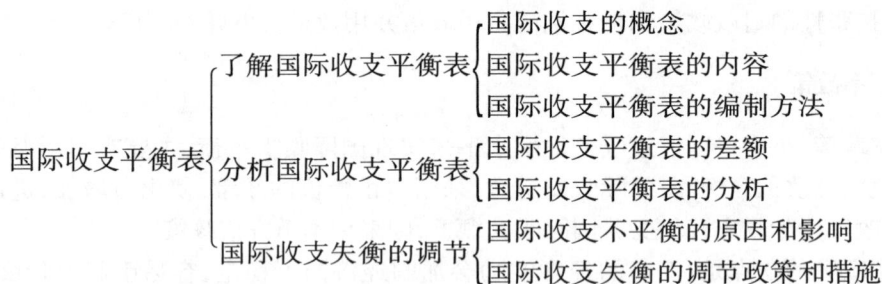

国际收支平衡表
- 了解国际收支平衡表
  - 国际收支的概念
  - 国际收支平衡表的内容
  - 国际收支平衡表的编制方法
- 分析国际收支平衡表
  - 国际收支平衡表的差额
  - 国际收支平衡表的分析
- 国际收支失衡的调节
  - 国际收支不平衡的原因和影响
  - 国际收支失衡的调节政策和措施

课后习题与技能训练

课后习题

1. 判断题

（1）国际收支是个流量概念。　　　　　　　　　　　　（　　）

（2）一国大量的国际收支顺差会影响该国的通货膨胀率。（　　）

（3）储备资产的增加，记在国际收支平衡表的借方。　　（　　）

（4）在国际收支统计中，货物进出口都按照离岸价格计算价值。（　　）

(5)持续的顺差有利于本国经济的发展。　　　　　　　　　　　(　)

2. 选择题

(1)在国际收支平衡表中,一国的利息收入列入(　)中。

　　A.经常项目　　B.资本项目　　C.储备资产项目　　D.金融项目

(2)国际收支的长期性不平衡是指(　)。

　　A.收入性不平衡　　　　　　　　B.结构性不平衡

　　C.货币性不平衡　　　　　　　　D.周期性不平衡

(3)我国负责组织实施国际收支统计申报的部门是(　)。

　　A.国家统计局　　　　　　　　　B.国家外汇管理局

　　C.国家发改委　　　　　　　　　D.国家海关总署

(4)当国际收支出现顺差时,政府应该采用的货币政策、财政政策措施是(　)。

　　A.增加政府支出　　　　　　　　B.降低再贴现率

　　C.在公开市场卖出政府债券　　　D.本币贬值

(5)列在国际收支平衡表贷方的是(　)。

　　A.货币支付项目　　　　　　　　B.资产减少项目

　　C.负债增加项目　　　　　　　　D.货币收入项目

(6)国际收支平衡表中,同实体经济关联密切的项目是(　)。

　　A.经常项目　　　　　　　　　　B.资本金融项目

　　C.储备资产　　　　　　　　　　D.净误差与遗漏

案例分析题

表 2.5 是 2019 年和 2020 年上半年中国国际收支平衡表。

表 2.5　2019 年和 2020 年上半年中国国际收支平衡表

单位:亿美元

项　　目	2019 年第一季度	2019 年第二季度	2019 年第三季度	2019 年第四季度	2020 年第一季度	2020 年第二季度
1.经常账户	**301**	**305**	**402**	**405**	**−337**	**1 102**
贷方	6 610	7 218	7 552	7 672	5 559	7 403
借方	−6 309	−6 913	−7 150	−7 266	−5 896	−6 302
1.A　货物和服务	**123**	**391**	**501**	**626**	**−239**	**1 318**
贷方	5 879	6 530	6 879	7 146	5 203	6 596
借方	−5 756	−6 139	−6 378	−6 520	−5 442	−5 278
1.A.a　货物	**757**	**1 050**	**1 226**	**1 220**	**231**	**1 613**
贷方	5 284	5 939	6 281	6 486	4 659	6 038
借方	−4 527	−4 889	−5 055	−5 266	−4 428	−4 425

续表

项　目	2019 年第一季度	2019 年第二季度	2019 年第三季度	2019 年第四季度	2020 年第一季度	2020 年第二季度
1. A. b　服务	**−634**	**−658**	**−725**	**−594**	**−470**	**−295**
贷方	594	592	598	660	544	558
借方	−1 229	−1 250	−1 323	−1 254	−1 015	−853
1. A. b. 1　加工服务	40	38	38	38	33	31
1. A. b. 2　维护和维修服务	26	19	7	14	13	8
1. A. b. 3　运输	−125	−151	−167	−148	−117	−74
1. A. b. 4　旅行	−576	−528	−574	−511	−415	−203
1. A. b. 5　建设	7	18	10	16	3	12
1. A. b. 6　保险和养老金服务	−17	−16	−14	−15	−12	−20
1. A. b. 7　金融服务	3	4	2	6	4	2
1. A. b. 8　知识产权使用费	−62	−80	−71	−65	−51	−79
1. A. b. 9　电信、计算机和信息服务	16	15	21	28	4	8
1. A. b. 10　其他商业服务	67	32	43	52	78	20
1. A. b. 11　个人、文化和娱乐服务	−7	−8	−9	−8	−5	−5
1. A. b. 12　别处未提及的政府服务	−6	−3	−11	−1	−6	5
1. B　初次收入	**156**	**−119**	**−121**	**−247**	**−113**	**−225**
贷方	671	619	608	461	264	726
借方	−514	−738	−729	−707	−378	−951
1. B. 1　雇员报酬	8	8	7	9	3	4
1. B. 2　投资收益	145	−130	−130	−257	−118	−233
1. B. 3　其他初次收入	3	3	3	1	1	4
1. C　二次收入	**22**	**33**	**22**	**26**	**16**	**9**
贷方	61	69	65	65	92	82
借方	−39	−36	−43	−39	−76	−73
1. C. 1　个人转移	−1	0	2	0	−1	1
1. C. 2　其他二次收入	23	33	20	26	17	8
2. 资本和金融账户	**216**	**214**	**−83**	**220**	**111**	**−345**
2. 1　资本账户	**0**	**−1**	**−2**	**0**	**−1**	**0**
贷方	1	0	0	1	0	0
借方	−1	−1	−3	−1	−1	0

续表

项　目	2019 年第一季度	2019 年第二季度	2019 年第三季度	2019 年第四季度	2020 年第一季度	2020 年第二季度
2.2　金融账户	**216**	**214**	**−80**	**220**	**112**	**−345**
资产	−332	−428	−616	−612	−512	−1 373
负债	548	642	535	833	624	1 029
2.2.1　非储备性质的金融账户	316	138	−235	158	−139	−153
资产	−232	−504	−770	−675	−763	−1 182
负债	548	642	535	833	624	1 029
2.2.1.1　直接投资	265	86	−51	280	163	47
2.2.1.1.1　资产	−210	−257	−227	−282	−180	−292
2.2.1.1.1.1　股权	−202	−263	−203	−181	−173	−209
2.2.1.1.1.2　关联企业债务	−8	6	−24	−101	−7	−83
2.2.1.1.1.a　金融部门	−35	−47	−70	−22	−33	−49
2.2.1.1.1.1.a　股权	−42	−53	−68	−27	−38	−57
2.2.1.1.1.2.a　关联企业债务	7	6	−2	5	5	8
2.2.1.1.1.b　非金融部门	−175	−210	−157	−260	−147	−242
2.2.1.1.1.1.b　股权	−160	−209	−135	−154	−136	−151
2.2.1.1.1.2.b　关联企业债务	−15	0	−22	−106	−11	−91
2.2.1.1.2　负债	476	343	177	563	343	339
2.2.1.1.2.1　股权	402	298	162	450	266	278
2.2.1.1.2.2　关联企业债务	74	45	15	112	77	61
2.2.1.1.2.a　金融部门	38	49	37	59	41	34
2.2.1.1.2.1.a　股权	40	40	43	36	46	26
2.2.1.1.2.2.a　关联企业债务	−2	9	−6	23	−5	9
2.2.1.1.2.b　非金融部门	438	294	140	503	302	304
2.2.1.1.2.1.b　股权	362	258	119	414	220	253
2.2.1.1.2.2.b　关联企业债务	76	36	20	89	82	52
2.2.1.2　证券投资	195	36	200	149	−532	424
2.2.1.2.1　资产	−162	−228	−242	−262	−515	−236
2.2.1.2.1.1　股权	21	−73	−78	−163	−359	−100
2.2.1.2.1.2　债券	−182	−155	−164	−100	−156	−136
2.2.1.2.2　负债	357	264	442	411	−17	660

续表

项 目	2019 年第一季度	2019 年第二季度	2019 年第三季度	2019 年第四季度	2020 年第一季度	2020 年第二季度
2.2.1.2.2.2.1　股权	204	−131	114	262	−106	273
2.2.1.2.2.2.2　债券	153	395	327	149	89	387
2.2.1.3　金融衍生工具	−9	10	−10	−14	−46	−45
2.2.1.3.1　资产	−8	25	9	−12	−35	−35
2.2.1.3.2　负债	−1	−15	−19	−2	−11	−9
2.2.1.4　其他投资	−135	7	−374	−258	277	−580
2.2.1.4.1　资产	149	−43	−310	−118	−32	−619
2.2.1.4.1.1　其他股权	0	−15	0	0	0	0
2.2.1.4.1.2　货币和存款	−279	−212	−92	−280	−46	−219
2.2.1.4.1.3　贷款	−149	339	92	50	−385	−138
2.2.1.4.1.4　保险和养老金	−11	5	0	−5	−14	−16
2.2.1.4.1.5　贸易信贷	699	−109	−274	52	467	−154
2.2.1.4.1.6　其他	−111	−51	−36	66	−54	−92
2.2.1.4.2　负债	−283	50	−64	−140	309	39
2.2.1.4.2.1　其他股权	0	0	0	0	0	0
2.2.1.4.2.2　货币和存款	37	−465	−60	−69	389	−67
2.2.1.4.2.3　贷款	49	570	−124	−70	129	80
2.2.1.4.2.4　保险和养老金	9	4	−1	6	7	5
2.2.1.4.2.5　贸易信贷	−416	−52	144	36	−377	−26
2.2.1.4.2.6　其他	38	−8	−23	−43	161	48
2.2.1.4.2.7　特别提款权	0	0	0	0	0	0
2.2.2　储备资产	−100	76	154	63	251	−191
2.2.2.1　货币黄金	0	0	0	0	0	0
2.2.2.2　特别提款权	−1	−1	−2	−2	0	2
2.2.2.3　在国际货币基金组织的储备头寸	1	2	−3	1	3	−15
2.2.2.4　外汇储备	−100	75	160	64	248	−178
2.2.2.5　其他储备资产	0	0	0	0	0	0
3. 净误差与遗漏	**−517**	**−519**	**−319**	**−626**	**226**	**−757**

（资料来源：国家外汇管理局门户网站）

备注：

1. 本表计数采用四舍五入原则。

2. 根据《国际收支和国际投资头寸手册（第 6 版）》编制,资本和金融账户中包含储备资产。

3. "贷方"按正值列示,"借方"按负值列示,差额等于"贷方"加上"借方"。本表除标注"贷方"和"借方"的项目外,其他项目均指差额。

4. 金融账户下,对外金融资产的净增加用负值列示,净减少用正值列示。对外负债的净增加用正值列示,净减少用负值列示。

分组讨论：

1. 2019 年第二季度及上半年我国国际收支的主要特点。

2. 2019 年第二季度及上半年我国国际收支方面存在哪些问题？应该如何解决？

技能训练

1. 假设 2019 年甲国发生了 15 笔国际经济交易。

（1）假设甲国某公司对乙国某公司出口一批价值 280 万美元的机械设备,后者用其在甲国某商业银行的美元存款支付这笔进口货款。

（2）甲国某公司从丙国进口一批价值 50 万美元的小麦,货款是用甲国某公司在丙国商行的美元存款支付。

（3）乙国人在甲国旅游花费 30 万美元,甲国某旅行社将其美元外汇存入其在甲国的某商业银行账户上。

（4）甲国人在丙国旅游花费 30 万美元,丙国某旅行社将其美元外汇存入其在甲国的某商业银行账户上。

（5）甲国某进口商租用 A 国的油轮,支出 30 万美元,付款方式是用该甲国进口商在 A 国某商业银行账户上的美元存款支付。

（6）甲国某公司将其某项专有技术出租给乙国某公司,后者用 100 万美元的产品抵偿这笔款项。

（7）甲国某公司购买乙国的有价证券一共获得收益 20 万美元,并存入其在乙国某商业银行的账户上。

（8）甲国政府用其外汇储备 50 万美元和相当于 50 万美元的粮食向 B 国提供经济援助。

（9）C 国某国际企业以价值 800 万美元的机械设备向甲国投资合资企业。

（10）乙国某投资者用其在甲国某商业银行的 20 万美元短期存款,购买甲国某公司发行的 10 万股普通股。

（11）甲国某公司用 500 万美元买入 A 国某上市公司股份的 51％,A 国将此美元收入存入其在甲国某商业银行的账户上。

（12）丙国某投资者用其在甲国某商业银行的美元外汇存款 50 万美元从甲国国库中购买相当于 50 万美元的黄金。

（13）丙国某投资者用其在甲国某商业银行的美元到期存款,购入甲国某公司发行的 30 万美元长期债券。

（14）乙国中央银行用乙国货币从甲国某商业银行购买相当于 50 万美元的甲国货币，后者（甲国银行）将这笔乙国货币存入其在乙国某商业银行的账户上。

（15）乙国政府将与 100 万美元等值的特别提款权调换成甲国货币，并存入其在甲国商业银行的账户上。

要求：1. 试写出各项交易的会计分录。

2. 编写出甲国在 2019 年度的国际收支平衡表。

第 3 章
外汇管制

学习目标

1. 熟悉外汇管制的概念、类型和内容。

2. 掌握货币自由兑换的有关概念以及所需要的条件。

3. 掌握外汇管制的内在作用。

4. 了解中国现行外汇管理体制的有关政策和规定。

5. 能够联系实际正确分析和判断人民币汇改的绩效和进一步改革问题。

6. 能够在具体业务中采取相应措施和灵活做法。

案例导入

携带近 100 万元人民币出境　两旅客被石家庄机场海关截下

石家庄海关 2019 年 8 月 20 日发布消息，石家庄机场海关 15 日在旅检现场查获一起超量携带人民币现钞出境案，涉及金额 99.56 万元。

货币现钞属于限制进出境物品，根据国家规定，进出境旅客每人每次携带的人民币现钞限额为 20 000 元。据海关旅检关员介绍，当日下午，两名中国籍旅客欲从石家庄正定国际机场出境至台北，选择无申报通道通行，未向海关申报。石家庄机场海关与石家庄出入境边防检查站在联合执法查验中，在两人行李中查获大量人民币现金。经清点，两名旅客共携带未向海关申报的超量人民币现钞 99.56 万元。目前，案件已移交缉私部门进一步处理。

（资料来源：中国法院网，2019-08-20）

思考：

我们国家为什么要对外汇进行管制？世界上是不是只有我们国家是对外汇进行管制的？

3.1　认识外汇管制

3.1.1　外汇管制的概念与类型

1）外汇管制的概念

外汇管制是指一个国家通过法律、法令、条例等形式，对外汇资金的收入和支出、汇入和汇出、本国货币与外国货币的兑换方式及兑换比价所进行的限制和管理。

2）外汇管制的类型

根据外汇管制内容和严格程度的不同，一般分为 3 种类型。

①实行严格外汇管制的国家和地区。这些国家和地区对国际收支的所有项目（经常项目、资本和金融账户项目）都实行严格的外汇管制。这类国家的典型特征是外汇缺乏，经济不发达或对外贸易落后。一般为发展中国家和实行计划经济的国家，如印度、缅甸、摩洛哥、智利、赞比亚、巴西、秘鲁、朝鲜等。

②实行部分外汇管制的国家和地区。这种类型的国家和地区对经常项目下的贸易收支和非贸易收支原则上不加管制，但对资本和金融项目的收支则实施不同程度

的管制,一般实行浮动汇率制。这种类型的国家既有工业较发达的国家,如澳大利亚、法国、日本、挪威、丹麦等,也有开放度较高的发展中国家,如中国、圭亚那、牙买加、南非等。这些国家外汇充裕,货币实现了经常项目下的自由兑换,国际收支状况不错。

③名义上取消但仍在不同程度上实行外汇管制的国家,主要是工业发达国家和石油输出国。这些国家只有在特殊情况下才会采取某些管制,而且程度较轻,如美国、英国、瑞士、沙特阿拉伯、阿联酋等。

3.1.2　外汇管制的方法

1)从外汇管制的作用来分,分为直接管制与间接管制

直接管制是指一国政府通过运用各种法律手段、行政手段,对外汇买卖、外汇收支以及汇率等实行直接干预与控制,带有刚性和强制性。

间接管制是指一国政府通过运用经济手段、行政手段,通过对国际收支经常项目和资本项目的控制,达到影响外汇市场上外汇供求的目的,从而使外汇供求达到基本平衡,起到稳定汇率的作用。

2)从外汇管制的约束形式来分,分为数量管制和价格管制

数量管制是指政府对外汇买卖和进出国境的数量实行控制。政府通过进口限制、许可证制和管制贸易与非贸易外汇以及限定外汇市场交易数额,甚至对资本输出、输入和银行账户存款调拨进行审批管理等,实现对进出口数量和非贸易外汇的统筹调节与管制。这种数量管制的特点,一是超限额限制,包括对收支限制和出入境限制;二是限买不限卖,只限制居民申请外汇,而不限制居民向国家出售外汇。

价格管制是指对贸易汇率或进出口商品价格进行管制。这种价格管制的形式主要有:

①规定法定的差别汇率。政府用法令规定两种或两种以上的不同汇率,对出口商品采取高汇率政策,对进口国计民生必需的商品,确定优惠的汇率,而对奢侈品进口,则以较高汇率供给外汇。

②外汇转移的制度。出口商按法定汇率向中央银行结售外汇时,除取得本币外,还向中央银行领取外汇转移证明,以便到外汇市场上出售转移证明而从中多得一部分汇率上的补贴。

③混合复汇率制。外汇管理机构允许部分外汇收入按法定汇率向指定银行结汇,其余部分则可任其按更高汇率在自由市场上出售,使外汇收入者得到更多的收益。

④央行建立外汇平准基金,通过公开市场操作,影响外汇供求。

3.1.3 外汇管制的机构和对象

1）外汇管制的机构

外汇管制是以政府名义实施,但具体管理工作授权给专门的机构进行。目前,世界各国的外汇管制机构大致有 3 种类型。

①由国家设立专门的外汇管制机构,如法国、意大利和中国由国家设立专门的外汇管理局。

②由国家授权中央银行直接负责外汇管制工作,如英国是由英格兰银行负责外汇管制工作。

③由国家行政管理部门直接负责外汇管制工作,如美国是财政部负责,日本由大藏省、通产省负责。

资料链接 3.1

中国国家外汇管理局的基本职能

我国的外汇管制机构是国家外汇管理局,其基本职能如下。

1. 研究提出外汇管理体制改革和防范国际收支风险、促进国际收支平衡的政策建议;研究逐步推进人民币资本项目可兑换、培育和发展外汇市场的政策措施,向中国人民银行提供制定人民币汇率政策的建议和依据。

2. 参与起草外汇管理有关法律法规和部门规章草案,发布与履行职责有关的规范性文件。

3. 负责国际收支、对外债权债务的统计和监测,按规定发布相关信息,承担跨境资金流动监测的有关工作。

4. 负责全国外汇市场的监督管理工作,承担结售汇业务监督管理的责任,培育和发展外汇市场。

5. 负责依法监督检查经常项目外汇收支的真实性、合法性;负责依法实施资本项目外汇管理,并根据人民币资本项目可兑换进程不断完善管理工作;规范境内外外汇账户管理。

6. 负责依法实施外汇监督检查,对违反外汇管理的行为进行处罚。

7. 承担国家外汇储备、黄金储备和其他外汇资产经营管理的责任。

8. 拟订外汇管理信息化发展规划和标准、规范并组织实施,依法与相关管理部门实施监管信息共享。

9. 参与有关国际金融活动。

10. 承办国务院及中国人民银行交办的其他事宜。

（资料来源:国家外汇管理局门户网站）

2）外汇管制的对象

外汇管制的对象分为对人、对物、对行业和对地区的管制。

（1）对人的管制

这里的"人"包括自然人和法人。在各国外汇管制中，通常又把自然人与法人分为居民和非居民。对居民的外汇收支，往往因其涉及本国的国际收支问题而管制较严，而对非居民则管制较宽。

（2）对物的管制

对物的管制是指哪些东西受到外汇管制，主要包括外币现钞和铸币、外币有价证券（如政府债券、公司债券、股票、银行存单等）、外币支付凭证（如汇票、本票、支票、旅行信用证等）以及贵重金属（如黄金、白银等）。另外，本币现钞的携出和携入国境，也属于外汇管制的范围。

（3）对行业的管理

对行业的管理是拉美地区一些新兴工业化国家常采取的一种办法，我国也是如此。对传统出口行业采取比较严格的管理，对高新技术和重工业出口采取相对优惠的政策，对高新技术和人民生活必需品的进口采取较优惠的政策，而对生活奢侈品行业的进口则采取较严格的政策。我国曾经执行过的外汇留成制度，就是一种典型的行业差别政策。

（4）对地区的管制

一国在实施外汇管制时，如果没有明确的地区范围，那么这种管制将是无的放矢或是毫无效应的。目前，各国对外汇管制的地区对象，有两重含义：一是指一国外汇管制法令生效的范围，多以本国为管制地区。有的国家为了鼓励外商投资，还在国内设立经济特区、出口加工区、自由贸易区等。对区内的管制较松，对区外的管制较严。二是指对不同的国家或地区实行不同的外汇管制政策，其宽严度也视其与本国的政治经济往来密切程度而定。对同一共同体或友好国家管制较松，反之则较严，甚至会施以绝对的管制。

3.1.4　外汇管制的利弊分析

1）外汇管制的有利方面

（1）促进国际收支平衡或改善国际收支状况（主要针对逆差国）

长期的国际收支逆差会给一国经济带来显著的消极影响，维持国际收支平衡是政府的基本目标之一。实行外汇管制，通过"奖出限入"，可以缓和国际收支逆差，维持国际收支均衡。尽管政府可以用多种方法来调节国际收支，但是对于发展中国家来说，其他调节措施可能意味着较大代价。例如，政府实行紧缩性财政政策或货币政策可能改善国际收支，但它会影响经济发展速度，并使失业状况恶化。

（2）稳定本币汇率，减少涉外经济活动中的外汇风险

由于国际收支不平衡或其他因素的影响，本币汇率会频繁大幅度波动，所带来的

外汇风险会严重阻碍一国对外贸易和国际借贷活动的进行。拥有大量外汇储备的国家或有很强的借款能力的国家可以通过动用或借入储备来稳定汇率。对于缺乏外汇储备的发展中国家来说,实行外汇管制,通过维持国际收支平衡,或对本币汇率进行直接或间接的管制,也可以使本币汇率维持在一个相对稳定的水平。

(3)防止资本外逃和大规模的投机性资本流动,维护该国金融市场的稳定

经济实力较弱的国家存在着非常多的可供投机资本利用的缺陷。例如,在经济高速发展时期商品价格、股票价格、房地产价格往往上升得高于其内在价值,在没有外汇管制的情况下,这会吸引投机性资本流入,这样一来会显著加剧价格信号的扭曲,一旦泡沫破灭,投机性资本会外逃,又会引发一系列连锁反应,造成经济局势迅速恶化。实行外汇管制,严格控制资本流出流入,是这些国家维护该国金融市场稳定运行的有效手段。

(4)增加该国的国际储备

任何国家都需要持有一定数量的国际储备资产,国际储备不足的国家可以通过多种途径来增加国际储备,但是其中多数措施需要长期施行才能取得明显成效。而实行外汇管制,"奖出限入"。同时,通过结售汇制度等措施,有助于政府实现短期内增加国际储备的目的。

(5)有效利用外汇资金,推动重点产业优先发展

外汇管制使政府拥有更大的对外汇运用的支配权,政府可以利用它限制某些商品进口,来保护该国的相应幼稚产业;或者向某些产业提供外汇,以扶植重点产业优先发展。

(6)增强该国产品的国际竞争能力

在该国企业不足以保证产品的国际竞争能力的条件下,政府可以借助于外汇管制为企业开拓国外市场。例如,规定官方汇率是外汇管制的重要手段之一,当政府直接调低本币汇率时,就有助于该国增加出口。

(7)增强金融安全

金融安全是指一国在金融国际化条件下具有抗拒内外风险和冲击的能力。一个国家的开放程度越高,其维护金融安全的责任和压力越大。影响金融安全的因素包括国内不良贷款、金融体制改革和监管等内部因素,也涉及外债规模和使用效益、国际游资冲击等涉外因素。发展中国家经济发展水平较低,经济结构有种种缺陷,特别需要把外汇管制作为增强该国金融安全的手段。

2)外汇管制的不利方面

(1)阻碍了国际贸易的顺利发展,不利于国际范围内资源的有效配置

外汇管制条件下,汇率是靠行政干预形成的,同由市场机制形成的汇率脱节。若管制下的本币汇率偏高,则不利于出口;若偏低,则不利于正常的进口。再加上政府对进出口贸易的数量管制措施,阻隔了本国市场和国际市场的联系,使国内生产者和商人无法按国际贸易比较利益原则来生产和销售,导致生产与贸易脱节,降低了国际资源的配置效率。

（2）加大市场交易成本，出现外汇黑市并带来权钱交易

外汇管制使外汇买卖手续繁杂。不仅进出口商深感不便，而且使交易成本和费用提高，降低了市场交易效率，同时还会引起外汇走私、黑市交易等不法行为，干扰了市场的正常运行。当外汇黑市规模较大时，政府甚至不得不开放外汇调剂市场，使该国出现合法的双轨制汇率。为了以较低的官价购买外汇，某些个人和企业可能向掌握外汇配给权的官员行贿，助长社会的腐败风气。

（3）引起国内和国际贸易摩擦

外汇管制通常采取鼓励出口、限制进口的措施，而且对不同的进出口企业和商品种类实行公开的或隐蔽的差别汇率，使不同的企业处于不公平的竞争地位，容易引起国内企业间的摩擦。另外，这些外汇管制使国际贸易往来和资本流动带有歧视性和不公平性，损害了其他国家的利益，必然引起贸易伙伴国的不满。当双方矛盾激化时，对方也会采取报复性管制措施，就会出现不利于国际贸易的汇率战或者贸易战，最终受损的还是贸易双方。

（4）不利于一国经济的长远发展

实行外汇管制，使国内民族工业受到保护，但会降低这些部门的效率，削弱其国际竞争力。同时，对进口实行的管制可能抑制本国急需的商品进口，对资本的管制可能使本国失去利用国外资本发展经济的有利条件，这一切都不利于一国经济的长远发展。

3）外汇管制的发展趋势

从世界经济的长远发展来看，各国逐步放宽和最终取消外汇管制是一种历史趋势，但是这将是一个漫长的过程。特别是发展中国家需要实施一定程度的外汇管制，因为它们的经济发展水平较低，经济结构中存在不少缺陷，政府缺乏足够的经济实力运用经济手段调节经济运行。另外，在当代游资充斥的国际金融市场上，市场机制本身也存在重大缺陷，完全听任市场自发调节并非各国最优的选择。从许多国家的经验来看，放松外汇管制是有条件的，需要该国经济稳定发展，金融业要发达，金融监管能力要强。外汇管制放松的进程要与一个国家经济的整体开放程度以及金融业的发展步伐相适应。既要逐渐放松外汇管制，促进金融国际化发展，又要保证国内金融有序稳定，促进民族经济发展。

3.2　外汇管制的措施

实行外汇管制的国家会对该国的贸易外汇和非贸易外汇收支，资本输出、输入，非居民存款账户，汇率等采取一定的措施，而且不同国家管制的具体措施也不尽相同。下面，我们简单介绍一些管制措施，有的还在用，有的已经取消了。

3.2.1 对贸易外汇的管制

对贸易外汇的管制就是对出口收汇和进口付汇的管制,通常采取鼓励出口收汇、限制进口付汇的措施。

1)对出口收汇的管制

(1)结汇制度

结汇制度是外汇管理的核心制度之一,有强制结汇制度和意愿结汇制度之分。强制结汇制度是指:除国家规定的外汇账户可以保留外,企业和个人必须将多余的外汇卖给外汇指定银行,外汇指定银行必须把高于国家外汇管理局头寸的外汇在银行间市场卖出。在这套制度里,央行是银行间市场最大的接盘者,从而形成国家的外汇储备。

意愿结汇制度是指外汇收入可以卖给外汇指定银行,也可以开立外汇账户保留,结汇与否由外汇收入所有者自己决定。

(2)颁发外汇转移证

外汇转移证制度是指出口商在向指定银行结汇时,除了按汇率获得本币之外,银行还另发一张外汇转移证,这种外汇转移证可以在市场出售,所得本币作为对出口商的一种补贴,这实际上是一种变相的出口优惠汇率。

2)对进口付汇的管制

(1)审批汇制

进口商需要外汇时,必须向外汇管理局申请,批准后方可购汇,否则不可以。

(2)售汇制度

进口商需要外汇时,可按规定持有效凭证到外汇指定银行购买外汇。若凭证不足或无效,则不能购买外汇。

(3)外汇转移证制度

进口商在进口商品时,除了按汇率向银行购买外汇外,还需要在市场上购买外汇转移证,这就增加了进口商的进口成本,实际上是对进口商实行了一种较为苛刻的汇率。

(4)征收外汇税

向进口商所购外汇征收一定比例的外汇税,提高其进口成本,从而限制进口。

(5)进口配额制

进口配额制是指政府在一定时期内对各种进口商品规定数量或金额,超过规定数量或金额就不准进口。这是属于直接性非关税壁垒的一种措施。这种管制作用的大小,取决于配额的高低。高配额限制性小,低配额则限制性大,两者成反比。

(6)进口许可证制

进口许可证制是指进口商只有取得有关当局签发的进口许可证才能购买进口所需的外汇。进口许可证的签发通常要考虑进口数量、进口商品的结构、进口商品的生产国别、进口支付条件等。

（7）进口存款预交制

进口存款预交制是指进口商在进口某种商品时，应向指定银行预存一定数额的进口货款，银行不付利息，数额根据进口商品类别或所属国别按一定比例确定。

3.2.2 对非贸易外汇的管制

对非贸易外汇管制，它主要是指对劳务收支和转移收支的管制，包括运费、保险费、佣金、利润、版税、驻外机构经费以及个人所需的旅费、医疗费、留学生费用等。

对非贸易外汇收支的管制与贸易管制相似，不同的是，有些非贸易管制通常采用对购汇时间和数额限制。例如，出国旅游，在时间上限制，规定一年出国次数；在数额上限制，如规定境内居民出境时间在半年以内的，每人每次购汇数量。

3.2.3 对资本输出、输入的管制

对资本输出、输入进行管制的总原则因各国社会性质、经济水平和经济状况不同而异，如经济状况较好的发达国家，一般都是鼓励资本输出，但发展中国家都鼓励资本流入。

1）对资本输入的管制

发达国家对资本输入的管制较严，如有的国家限制非居民购买本国有价证券，或限制居民借入外国资本等。尤其是 20 世纪 70 年代以来，一些货币坚挺、国际收支持续顺差的国家更是如此。措施主要有两类。

①规定银行吸收的国外存款必须缴纳高比例存款准备金，或倒扣利息。

②通过企业限制外资流入。

2）对资本输出的管制

①禁止购买外汇作为资本输出国外，有限度地限制投资利润和股息的携出和汇出，以及限制对国外公司提供信贷等。

②对非居民存款账户的管制。

资本输出是通过银行存款账户调拨的，因此有些国家对银行存款账户实行严格的管制。例如，将非居民的外汇存款账户依照友好程度分为 3 类，进行程度不同的管制。

A. 自由账户。可以自由使用，任意调往其他国家的外汇账户。通常是对友好国家的非居民的分类。

B. 有限制账户。只能在本国使用，不能调往国外或对第三国支付的外汇账户。通常是对中立国非居民的分类。

C. 封锁账户。也称只进不出账户，是指非居民在此账户里的款项不能换成外币并汇出国外，也不能用于购买本国的长期债券或不动产，以及支付在国内的旅游费

用。通常是对敌对国非居民的分类。

3）对黄金、现钞输出入的管制

实行外汇管制的国家一般禁止个人和企业携带、托带或邮寄黄金、白金或白银出境，或限制其出境的数量。大多数国家对外钞入境的管制较松，只需向海关申报即可。对外钞输出，有的国家要求出示文件，有的规定最高限额，也有的不予管理。本币现钞的输出会用于商品的进口和资本外逃，会导致本币汇率下降。本币现钞流入，会引起国内物价上升。所以，对于本国现钞的输入，实行外汇管制的国家往往实行登记制度，规定输入的限额并要求用于指定用途。对于该国现钞的输出则由外汇管制机构进行审批，规定相应的限额。不允许货币自由兑换的国家禁止该国现钞输出。

资料链接3.2

九洲海关查获旅客超量携带黄金饰品出境

2019 年 7 月 5 日，拱北海关下属的九洲海关在九洲港口岸出境大厅从一名旅客随身携带的背包里查获未向海关申报的 3 件黄金饰品，共计 232 克。目前，该案件已移送缉私部门处理。

当天下午，一名年轻女性背着背包出境过关，当班关员按要求对旅客随身背包过机检查。后经人工查验，发现背包内装有 3 个红色礼盒，盒内有婚嫁用金猪牌项链、金手镯等 3 件黄金首饰，共计 232 克，初估案值人民币 7 万余元。

海关提醒广大旅客：黄金及其制品属于国家限制进出境物品，旅客携带黄金及其制品出境，超过 50 克需要向海关进行书面申报。旅客携带黄金及其制品入境应以自用、合理数量为限，进境时应当向海关申报，经海关核准予以免税放行。超出合理数量范围的，视同进出口货物，要向海关交验中国人民银行的批准件。

（资料来源：央广网，2019-07-05）

3.2.4 汇率管制

汇率管制包括两个方面。

1）法定汇率制度

活动规则：当本国国际收支逆差时，外汇供不应求而引起外汇汇率过高时，中央银行即出售外汇，收进本币，有意识地压低外汇汇率，防止其继续上升；反之，当本国国际收支出现顺差时，外汇供过于求，而引起外汇汇率过低，中央银行就买入外汇，供应本币，抬高外汇汇率，阻止汇率继续下跌。

这种以外汇平准基金间接管理外汇的措施，对稳定国际收支短期不平衡而造成的汇率波动，效果是较好的，但对长期性国际收支不平衡造成的汇率波动收效不大。

2）复汇率制

复汇率制盛行在固定汇率汇率制时期。1973年各国普遍推行浮动汇率制后,复汇率制日益减少,但并没有销声匿迹。有的国家对进出口商品征收不同的关税,实际上等于提高了法定汇率。这是一种变相的复汇率制。

3.2.5 对货币自由兑换的管制

1）对不同账户下的管制

①对整个国际收支账户下的本币与外币间的兑换都进行严格限制。本币完全不能兑换,不管是经常账户还是资本金融账户,实行这种管制的多为贫穷的发展中国家。

②本币在经常账户下有限制兑换,在资本金融账户下兑换实施管制。对本币在经常账户中某些外汇支付和转移的兑换没有限制,对其他账户下的本币与外币的兑换都加以限制。

③本币在经常账户下自由兑换,在资本金融账户下兑换实施管制。对本币在经常账户中所有的外汇支付和转移的兑换都没有限制,对其他账户下的本币与外币的兑换都加以限制。

④本币在经常账户下自由兑换,在资本金融账户下兑换实施有限的管制。除了对资本金融账户下的某些项目本币与外币的兑换加以限制外,对其他账户下的货币兑换都没有限制。

⑤对整个国际收支账户下的本币与外币间的兑换均无限制。

课堂练习3.1

按照货币的兑换限制,货币可以分为3种:自由兑换货币、限制性兑换货币、完全不可兑换货币。

自由兑换货币:一种货币不管是在经常项目下还是在资本项目下都可以自由兑换为任何其他国家货币而不受发行国的限制,则这种货币就被称为可自由兑换货币。

限制性兑换货币:货币发行国对于货币的使用一方面在经常项目下有条件兑换或自由兑换;另一方面在资本项目下有限制兑换或完全不可兑换,这种货币被称为限制性兑换货币。

完全不可兑换货币:货币发行国对于货币的使用不管是在经常项目下还是在资本项目下的兑换都受到严格限制,则这种货币就被称为完全不可兑换货币。

货币自由兑换的条件:

概括地讲,一国货币能成功地实行自由兑换(特别是资本与金融账户下自由兑换),应基本达到以下几项条件:

第一,健康的宏观经济状况。

第二,健全的微观经济主体。

第三,合理的经济结构和国际收支的可维持性。

第四,恰当的汇率制度与汇率水平。

问题讨论:货币自由兑换有哪些好处?

2)对货币兑换主体的管制

对货币兑换主体的管制可分为对企业用汇自由兑换的管制和对个人用汇自由兑换的管制。一般来说,对企业用汇自由兑换的管制比对个人用汇自由兑换的管制要松。

3.3 我国现行的外汇管制框架

3.3.1 人民币经常项目可兑换

1996年,我国正式接受国际货币基金组织协定第八条款,实现了人民币经常项目可兑换。为了区分经常项目和资本项目交易,防止无交易背景的逃骗涉及洗钱等违法犯罪行为,我国经常项目外汇管理仍然实行真实性审核(包括指导性限额管理)。根据国际惯例,这并不构成对经常项目可兑换的限制。

①经常项目外汇收入实行限额结汇制度。除国家另有规定外,经常项目下的外汇收入都须及时调回境内。凡经国家外汇管理局及其分支局批准开立经常项目外汇账户的境内机构(包括外商投资企业),可在核定的最高金额内保留经常项目外汇收入,超过限额部分按市场汇率卖给外汇指定银行,超过核定金额部分最长可保留90天。

②境内机构经常项目用汇,除个别项目须经外汇局进行真实性审核外,可以直接按照市场汇率凭相应的有效凭证用人民币向外汇指定银行购汇或从其外汇账户上对外支付。

③实行进出口收付汇核销制度。货物出口后,由外汇局对相应的出口收汇进行核销;进口货款支付后,由外汇局对相应的到货进行核销。以出口收汇率为主要考核指标,对出口企业收汇情况分等级进行评定,根据等级采取相应的奖惩措施,扶优限劣,并督促企业足额、及时收汇。目前,国家外汇管理局使用的“出口收汇核报系统”设计了自动核销、批量核销、逐笔核销3种出口收汇核销方式,大大简化了出口收汇核销手续,降低了管理成本,提高了工作效率,方便了企业的经营活动,促进了我国对外贸易的发展。

④居民个人经常项目因私用汇,在规定范围以内的,持规定的证明材料到银行兑换外汇汇出或携带出境;超过规定标准的,持规定的证明材料向外汇管理局申请,经审核批准后,凭核准件到银行兑换外汇汇出或携带出境。在此方面制定了出境旅游、探亲、会亲兑换外汇的标准;出境定居兑换外汇的标准;自费朝觐和自费留学人员兑换外汇的标准;其他需要兑换外汇的标准。

3.3.2　资本项目部分管制

根据《IMF 汇兑安排与汇兑限制年报(China-2011)》规定的资本项目下的 40 个交易项目,按照不可兑换、部分可兑换、基本可兑换、完全可兑换的标准,目前中国基本可兑换项目 14 项,占比 35%,主要集中在信贷工具交易、直接投资、直接投资清盘等方面;部分可兑换项目有 22 项,占比 55%,主要集中在债券市场交易、股票市场交易、房地产交易和个人资本交易 4 大类;不可兑换项目有 4 项,占比 10%,主要是非居民参与国内货币市场、基金信托市场以及买卖衍生工具。截至 2019 年 12 月,我国 90%的资本项目已处于基本可兑换和部分可兑换状态,大部分资本项目已经得到较高程度的开放,只有少数涉及个人项下的资本项目还没有开放。

1) 直接投资

目前,直接投资项下已实现基本可兑换。2012 年,外汇局对直接投资外汇管理政策进行了较为彻底的改革,大力精简、优化外商直接投资和境外投资的外汇管理流程,前后共取消 35 项、简化合并 14 项行政审批子项,仅保留了直接投资外汇登记这一行政许可事项;有关汇兑的管理则全部下放银行办理。2015 年 6 月,外汇局进一步将外汇登记事项下放银行直接审核办理,外汇管理部门仅通过信息管理系统进行监测。至此,与扩大开放相适应,具备有效管理且社会成本较低的外商直接投资和境外投资外汇管理模式基本建立。之后,外汇局在不断巩固改革成果的基础上进一步深化改革:2015 年,实施外商投资企业资本金意愿结汇,允许外汇资金直接结成人民币,以规避汇率波动风险;2017 年以来,稳步推进资本项目结汇支付便利化改革试点,简化企业结汇支付时的单证材料;2018 年,进一步放松了前期费用管理,取消汇入的限额和时限等。

2) 证券投资

与直接投资相比,证券投资开放程度相对低一些。这主要是因为我国资本市场发育程度相对较低,市场基础建设需要进一步加强,市场的深度和广度也需要拓展。近年来,随着资本市场的不断规范发展,针对不同领域和投资者的需求,多渠道开放局面已基本形成:20 世纪 90 年代,B 股市场建立并向外国投资者开放;2002 年,实施合格境外机构投资者(QFII)制度,允许符合条件的境外机构投资者,在核定的投资额度内参与境内股票市场、债券市场等投资;2006 年,实施合格境内机构投资者(QDII)制度,允许境内机构和个人通过银行、证券、基金、保险等机构开展境外证券投资;2011 年,推出人民币合格境外机构投资者(RQFII)制度,在部分国家和地区开展人民币投资境内资本市场的试点,扩大境外人民币使用,以推动人民币国际化;2014—2017 年分别开通"沪港通""深港通""债券通(北向)",允许境内外投资者借助内地与香港资本市场基础设施的互联互通投资对方市场;2015 年,推出内地与香港市场基金互认安排,允许经两地证监会批准的公募基金到对方市场发行销售;2016 年,全面放开外资在银行间债券市场进行投资的限制(银行间债券市场直投),且不设准入门槛和额度限制等;2018 年,陆续开通原油期货、铁矿石期货、PTA 期货品种向境外投资者开放。此外,境内企业境外上市发行(H 股)、境外机构境内发行人民币债券等一级市场也均已开放。2019 年 9 月 4 日,摩根大通宣布,以人民币计价的高流动性中国政府债券于 2020 年 2 月 28 日起被纳入摩根大通旗舰全球新兴市场政府债券指数系列。对中国和全球投资者而言,这都是一个具有里程碑意义的时刻,人民币正在成为真正的全球投资货币。

至此,多渠道开放资本市场格局基本形成。在这些渠道中,既有按照国际通行规则和惯例开放的做法,如银行间债券市场直投、境外投资者参与商品期货市场投资,也有中国特色的市场开放创新举措,如"沪(深)港通""债券通"等。

资料链接 3.3

QFII 和 QDII

QFII,是"Qualified Foreign Institutional Investors"的首字缩写,合格的境外机构投资者,QFII 机制是指外国专业投资机构到境内投资的资格认定制度。QFII 是一国在货币没有实现完全可自由兑换、资本项目尚未开放的情况下,有限度地引进外资、开放资本市场的一项过渡性的制度。这种制度要求外国投资者若要进入一国证券市场,必须符合一定的条件,得到该国有关部门的审批通过后汇入一定额度的外汇资金,并转换为当地货币,通过严格监管的专门账户投资当地证券市场。

QDII,是"Qualified Domestic Institutional Investor"的首字缩写,合格境内机构投资者,是指在人民币资本项下不可兑换、资本市场未开放条件下,在一国境内设立,经该国有关部门批准,有控制地,允许境内机构投资境外资本市场的股票、债券等有价证券投资业务的一项制度安排。设立该制度的直接目的是"进一步开放资本账户,以创造更多外汇需求,使人民币汇率更加平衡,更加市场化,鼓励国内更多企业走出国门,从而减少贸易顺差和资本项目盈余",直接表现为让国内投资者直接参与国外的市场,并获取全球市场收益。

2019 年 9 月,国家外汇管理局宣布,决定取消合格境外机构投资者(QFII)和人民币合格境外机构投资者(RQFII)投资额度限制。此次全面取消合格境外机构投资者投资额度限制,标志着我国资本项目开放取得重要进展,进一步提升了我国金融市场的开放程度,有助于建设一个规范、透明、开放、有活力、有韧性的资本市场。一方面,境外投资者会增加中国股票和债券的配置规模,促进国内资本市场发展;另一方面,投资主体多元化有利于推动国内资本市场建设,提高资本市场效率,更好地发挥资本市场服务实体经济的作用。

3)其他投资

(1)外债管理

为支持境内企业充分利用两个市场、两种资源,扩大企业自主借贷活动,自 2013

年起,外汇局在局部地区进行了外债比例自律(按净资产一定比例自主借外债,这可以看作是宏观审慎管理的雏形)试点。2016 年 4 月,会同人民银行初步建立了跨境融资宏观审慎管理框架,全面取消借用外债的事前审批,代之以比例自律(境内机构可按照其净资本/净资产的一定比例借入外债),统一了本外币外债政策和中外资机构的外债管理。外债宏观审慎管理的实施,使外债项下可兑换程度大大提高。目前,外债项下管理仅保留登记管理事项,外债资金实行意愿结汇(金融机构需经批准)。

(2)对外担保管理

此外,2014 年对跨境担保领域也进行了彻底改革,取消了跨境担保的数量控制、业务资格条件限制和所有的事前审批,仅保留登记管理要求。同时,坚持放管结合,规范担保人尽职审查要求,实行担保项下资金用途负面清单管理,有效防范了相关风险。由此,跨境担保项下实现了基本可兑换,较好地帮助企业解决境外融资困难、授信不足等问题。

4)健全完善跨国公司跨境资金集中运营管理政策

在有序推进上述单项(直接投资、证券投资和跨境债权债务)改革的同时,外汇局也在不断探索试验资本项目开放一体化,完善跨国公司跨境资金集中运营管理政策。

在当今世界经济高度一体化的大背景下,跨国企业已成为全球化的重要推动力量,在全球资本流动、技术交流和合作、国际贸易发展等方面发挥着越来越重要的作用。与此同时,跨国公司跨境业务需求也是多元化和全方位的:既有经常项目进出口业务,又有资本项目直接投资、跨境借贷等业务;既会有资金进来,又会有资金出去;既有收/结汇,又有购/付汇等。这就需要优化跨国公司跨境资金管理,提高其资源配置和资金使用效率。为此,外汇局自 2009 年就开始探索跨国公司跨境资金集中运营管理政策:2009 年,发布了《境内企业内部成员外汇资金集中运营管理规定》,开展跨国公司资本项目外币资金业务试点。2015 年,发布了《跨国公司外汇资金集中运营管理规定》,统一了资本项目和经常项目外汇资金管理。2019 年 3 月发布的《跨国公司跨境资金集中运营管理规定》,进一步深化了跨国公司跨境资金集中运营管理改革:按照服务实体经济、统筹资金使用、有效防范风险的原则,大幅简化了准入管理程序和手续;大力简政放权,对跨境资金集中运营项下的外债和境外放款实行"一次性登记";调整优化账户功能,方便资金跨境流动;落实宏观审慎管理,实施本外币合一政策,并扩充改革红利等。

至此,与国际接轨的跨国公司资金集中运营管理政策框架基本形成。这对跨国公司提高资金使用效率,降低财务成本,增强竞争优势,以及推动银企合作、业务创新,加快我国金融服务业与国际运作接轨,起到了极大的推动作用。

3.3.3 不断改进的人民币汇率形成机制

1)人民币作为全球储备货币的职能发挥问题与汇率机制改革的必要性

汇率机制是一个国家实行经济调控的重要手段,体现着该国货币的对外价值和经济实力,同时,也直接影响着一国对外贸易、资本流动和国际收支的平衡。汇率机制的选择同经济发展模式一样,应从本国的国情出发。2016 年 10 月 1 日,人民币正式纳入国际货币基金组织特别提款权(SDR)货币篮子,成为国际储备货币。但从规模来看,截至 2020 年第一季度,全球各经济体央行持有的外汇储备中,人民币外汇储备资产约合 2 304 亿美元,占比升至 2.05%。这个数据说明,尽管人民币已被认可为国际储备货币,但还远远不是主要的储备货币,在全球储备货币体系中所能发挥的职能也是非常有限的,也不得不长期受到美元霸权的影响。同时,被认可为国际储备货币也并不意味着必然符合 IMF 货币篮子下一轮评估审查的相应标准。

一国(地区)的货币要履行国际货币的职能,在世界范围内成为国际结算、投资及储备货币的关键在于该货币在国际市场具有普遍可接受性的程度,这是货币国际化的基础。制度安排则是市场需求得以满足的手段,如果制度安排不能适应市场需求,将会阻碍一国(地区)货币国际化的进程。汇率形成机制是影响货币国际化进程的制度因素,汇率水平只有能够反映外汇市场的供求状况,货币的价值才真实可信,这样的货币才会受到国际市场欢迎。

2)人民币汇率形成机制改革

目前,我国的汇率形成机制为人民币汇率中间价报价机制。这一机制肇始于 2005 年的汇率形成机制改革。2005 年 7 月 21 日,我国开始实行以市场供求为基础、参考一篮子货币进行调节、有管理的浮动汇率制度。中国人民银行于每个工作日闭市后公布当日银行间外汇市场美元等交易货币兑人民币汇率的收盘价,作为下一个工作日该货币兑人民币交易的中间价格。

自 2006 年 1 月 4 日起,在银行间即期外汇市场上引入询价交易方式,同时保留撮合方式。自此,中间价的形成方式由原先的中国人民银行报价,改为中国外汇交易中心于每日银行间外汇市场开盘前向银行间外汇市场做市商询价,人民币汇率中间价报价机制在很大程度上反映了人民币市场供需信息,在汇率市场化的道路上迈出了重要一步。然而,长期以来基于各种原因,中间价与市场汇率持续偏离,这不仅限制了市场汇率的实际运行空间,而且影响了人民币汇率中间价的市场基准地位和权威性。

基于此,2015 年 8 月 11 日,央行做出重大决定,要求做市商在向外汇交易中心报价时,参考前一交易日即期汇率收盘价,此项举措被称为"811 汇改"。"811 汇改"是对人民币汇率中间价报价机制改革的延伸,通过让做市商报价时参考前一交易日即期汇率收盘价,使得报价更加趋近于真实的市场价格水平,避免了汇率中间价与市场价格之间的偏离。

"811 汇改"后,汇率形成机制的改革继续深入并分为 3 个重要节点进行:其一,2015 年 12 月 11 日央行发布人民币汇率指数,其中加大了参考一篮子货币的力度,以更好地保持人民币对一篮子货币汇率基本稳定。其二,2016 年 2 月以后,初步形成了"收盘汇率+一篮子货币汇率变化"(即双锚机制)的人民币兑美元汇率中间价形成机制,提高了汇率机制的规则性、透明度和市场化水平。其三,随着经济形势的改变,从公布的银行结售汇差额数据显示,近年市场对人民币贬值的预期比较强,双锚机制也由此暴露出一定的缺陷,即当市场对人民币汇率有一个强烈的主观预期,而且这种市场预期并没有真实反映经济基本面时,即使中间价定价合理,收盘价也可能会明显偏离中间价。2017 年 5 月 26 日,中国外汇交易中心发布公告称,考虑在人民币兑美元汇率中间价报价模型中引入逆周期因子以调整市场预期,自此人民币中间价的定价方式由"双锚定价"变为"收盘汇率+一篮子货币汇率变化+逆周期因子"的"三锚定价"方式。

2016 年 6 月 24 日,全国外汇市场自律机制(以下简称"自律机制")在上海建立,开创了由他律为主向他律与自律并重的管理新阶段。这对我国外汇市场发展具有划时代的意义:自律机制成立,既是对全球外汇法律规制体系的正向性回应,又是对人民币汇率形成机制的改革起到非常重要的作用。其中,"三锚定价"方式是由自律机制汇率工作组召开会议,讨论并认可工商银行提出的人民币汇率中间价模型调整方案最终达成。同时,自律机制对汇率市场化进而促进"一带一路"中的人民币作为国际储备货币的职能发挥起到了重要作用。

3)汇率形成机制深化改革与汇率风险规避的法律设计

全国外汇市场自律机制的建立与运行无疑给我国汇率形成机制的市场化改革夯实了基础,但长远地从人民币国际化路径来看,人民币中间价形成机制还有待进一步完善。较之于其他市场化比较完备的汇率形成机制国家,我们目前仍然存在报价汇率和离岸汇率的差价问题,距离完全融入全球外汇市场,人民币真正成为主要的全球储备货币还有相当大的距离。汇率形成机制深化改革势在必行,同时,还需要对汇率风险规避进行法律设计。

(1)完善全国外汇市场自律机制

要保证区域经济的健康和快速发展,其中的一个至关重要的因素是保障汇率基本稳定。全国外汇市场自律机制就其职能而言主要包括两大类:一是人民币汇率形成机制的改革,完善中间价报价机制,以全国外汇市场自律机制下设的汇率工作组为核心;二是进行外汇行业监管,规范外汇交易行为,以全国外汇市场自律机制下设的银行间(批发市场)交易规范工作组以及外汇和跨境人民币展业工作组为核心。完善汇率机制的实质是提高汇率形成的市场化程度,而不是简单调整汇率水平,其核心内容至少应包括 5 个方面,即完善汇率的决定基础,矫正汇率形成机制的扭曲,健全和完善外汇市场,增加汇率的灵活性,改进汇率调节机制。

(2)借助并融入国际金融平台

2017 年 5 月 24 日,全球外汇委员会(Global Foreign Exchange Committee,GFXC)成立大会在伦敦召开,中国外汇市场指导委员会作为 GFXC 创始成员参加会议。GFXC 是由央行和市场机构共同组成的论坛,旨在推动建立稳健、公开、适度透明且富有流动性的外汇市场,使得不同类型的市场参与者均以广泛认可的行为标准高效地开展交易。我们作为创始成员,已经具备了参与制定全球外汇市场规则的资格,这将有助于进一步提升中国在国际外汇市场上的影响力。

除此之外,中国可以借助 IMF、亚投行、G20 等国际平台,参与国际货币体系治理和国际金融规则的制定中去,争取在国际金融事务中获得与中国实力相应的话语权。

为了保证中国经济以适当的速度增长,营造人民币崛起所需的和谐国际环境,中国应积极和美国、欧盟等实力国际货币发行国家、地区积极沟通和协调货币宏观政策,以求达到多方共赢的良好局面。同时,加强国际协作,有效避免国际流动性严重泛滥和恶性通货膨胀的发生。

（3）完善我国外汇管理法规体系

我国有关外汇立法的法律规范性文件众多,最高层级上的法律文件为《中华人民共和国外汇管理条例》,其法律级别仅为国务院颁布的行政法规,立法级别较低。外汇管理规定一国对外金融政策的基本原则与制度,与本国的政治经济体制及金融市场对外开放态度有着深刻的内在联系,对其相关的立法规范也应属于一国金融领域的基本法律规范,外汇管理的立法层级理应上升到一般法或者基本法级别,故提升《中华人民共和国外汇管理条例》到一般法律甚至基本法律的层级是适应人民币入篮后完善汇率形成机制的现实需求。

除《中华人民共和国外汇管理条例》外,有关外汇管理的规范性文件多出自外汇管理局单独发文或者联合其他部委共同发文。譬如,外商直接投资外汇管理方面的法律文件大多出自外汇管理局、财政部、工商行政管理总局、商务部、发改委、外交部、公安部等几个部门的联合发文。由于政出多门,分头立法的模式不可避免地造成立法内容上的冲突或者重复,立法环节上容易出现法律漏洞。同时,联合发文立法难以解决立法部门的责任承担问题,一旦出现法律适用上的事故,多家国务院部委在行政地位上处于平级关系,容易出现互相推诿责任的现象,无人愿意承担相应责任后果。基于此,我国应该对有关跨部门联合立法加强审查和协调工作,提高立法工作的透明度,保证出台的法律文件之间没有操作冲突和法律漏洞问题,能够得以顺利实施。同时,法律文件透明度的提高会增强外国投资者持有人民币资产的信心,巩固人民币的国际储备货币地位。

3.3.4 完善国际收支统计制度框架,提高数据透明度

国际收支统计监测作为一项基础性工作,为推进外汇领域改革开放,防范金融风险提供了大量坚实、可靠的数据支撑以及分析依据。我国国际收支统计遵循国际标准,结合中国实际,完成了从无到有,逐渐发展到国际较先进水平的飞跃。目前,国际收支统计制度框架不断完善,数据透明度持续提高,统计影响力日益扩大,为准确判断对外经济形势和科学决策提供了坚实的数据基础。

①首次编制发布中国国际收支平衡表。1982年,外汇局正式依照IMF《国际收支手册(第4版)》的标准,按年编制中国国际收支平衡表,并于1985年9月首次向社会发布1982—1984年中国国际收支概览表,从而奠定了我国跨境资金流动、国际收支动态监测分析的数据基础。

②国际收支统计制度体系日趋完备。1995年9月14日,经国务院批准,中国人民银行发布《国际收支统计申报办法》。1996—1997年,外汇局相继建立通过境内银行进行的间接申报、金融机构对外资产负债及损益申报、汇兑统计申报、直接投资申报、证券投资申报等制度,标志着我国国际收支统计申报体系雏形的形成。2000—

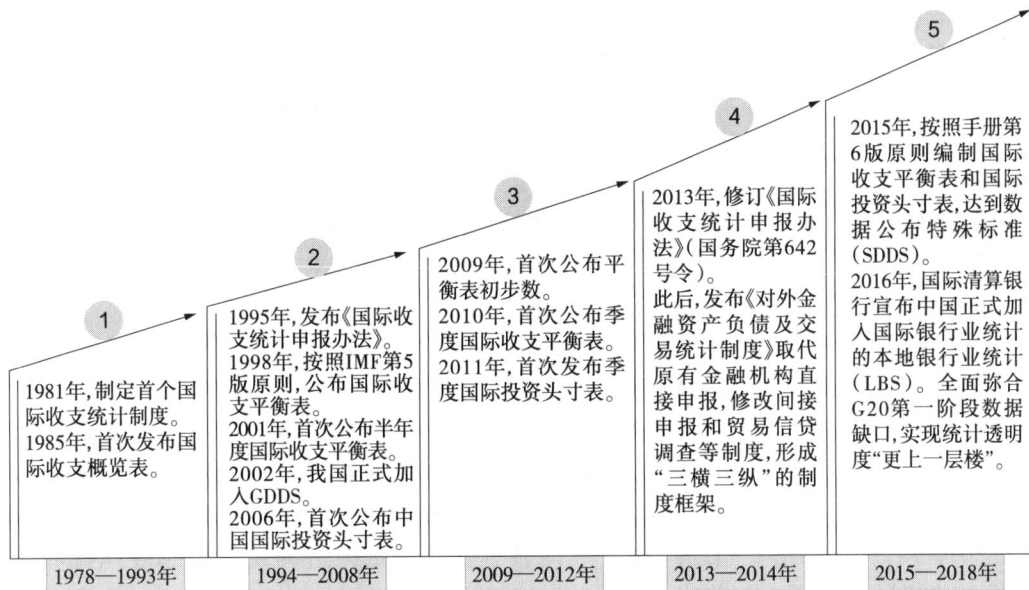

图 3.1　我国国际收支统计发展脉络

2010 年,国际收支统计制度不断深化完善,间接申报以及各类直接申报制度多次进行修订或发布配套统计业务指引。2013 年,修改后的《国际收支统计申报办法》被公布。此后,外汇局发布了《对外金融资产负债及交易统计制度》,取代原有各类直接申报制度,并修订间接申报和贸易信贷调查等制度,国际收支统计逐渐形成以《国际收支统计申报办法》为统领的"三横三纵"的统计制度框架。横向看,包括间接申报、直接申报和专项调查三大类统计项目;纵向看,每类统计项目又分别包括基本制度、业务指引和核查规则,以明确填报原则、解答疑问和核查数据质量。

③国际收支统计数据产品不断扩展。1982—2003 年,外汇局仅发布国际收支平衡表。2006 年 5 月,外汇局首次发布 2004 年年末和 2005 年年末中国国际投资头寸表,摸清对外资产负债家底,标志着我国对外部门统计信息的完整发布,被 IMF 誉为"具有里程碑意义的重大事件"。从 2012 年开始,外汇局发布金融机构直接投资流量和存量数据,展示我国金融机构走出去和引进来的一系列发展变化。2014 年,外汇局开始公布我国国际服务贸易月度数据,通过细分服务贸易子项目,展示了我国对外服务贸易的发展。2015 年,在公布月度服务贸易数据的基础上,外汇局增加发布国际收支口径的月度货物贸易数据。同年,我国开始向 IMF 报送协调证券投资调查(CPIS)数据,并于 2016 年按半年一次发布对全球 200 多个国家和地区的证券投资资产数据。2016 年,我国正式成为国际清算银行(BIS)本地口径的国际银行统计(LBS)的数据报送国,向 BIS 报送共计 19 张报表,涵盖 7 大币种、8 大对手方部门、9 类交易品种,涉及200 多个伙伴经济体,并发布我国银行业对外金融资产负债数据。外汇局国际收支统计数据产品不断拓展其子项分类和维度,更好地服务于社会各界的数据需求。此外,自 2005 年起,外汇局开始发布《中国国际收支报告》,为社会各界提供专业的解读,便于社会公众更好地理解我国国际收支情况。

④国际收支统计数据公布频度逐步提高。国际收支统计两大支柱产品分别是国

际收支平衡表和国际投资头寸表。国际收支平衡表方面,1982—2000 年,外汇局按年度公布国际收支平衡表,2001 年起频率提高至半年度,2010 年提高至季度。2009 年 8 月,外汇局开始公布当年上半年国际收支平衡表初步数,时滞为季后 2 个月,并于季后 4 个月内发布各季度平衡表修订数,这是外汇局首次发布平衡表初步数。其后,将国际收支初步数和正式数发布时滞分别缩短至季后 40 天和 3 个月内。国际投资头寸表方面,2006—2010 年,外汇局按年度公布国际投资头寸表,从 2011 年开始其公布频率由原来的每年一次提高到每季度一次。2012 年,外汇局首次公布国际收支及相关数据发布时间表,进一步方便社会公众获取和使用数据。

⑤国际收支统计数据时间序列更加丰富。2010 年,外汇局引入国际通行的数据修正机制,国际收支平衡表的数据发布由 1 次改为 3 次,即初步数、正式数和修订数。国际投资头寸表的数据发布由 1 次改为 2 次,即正式数和修订数。初步数的时滞为统计期后 40 天,正式数为 3 个月。在每年发布当年第四季度和全年国际收支平衡表以及国际投资头寸表时,均对上年各季度的国际收支平衡表和国际投资头寸表进行修订。2012 年,外汇局由发布国际收支平衡表季度累计数改进为发布单季度国际收支平衡表,同时,追溯调整并首次公布 1998 年以来单季度国际收支平衡表时间序列数据,进一步方便了社会公众分析和使用统计数据。

⑥国际收支统计透明度持续提升。中国国际收支统计始终遵循国际标准,不断改进,先后按照《国际收支手册(第 4 版)》(1982 年起)、《国际收支手册(第 5 版)》(1996 年起)和《国际收支手册(第 6 版)》(2015 年起)进行编制,统计透明度也随之大幅提升。2002 年 4 月 25 日,我国加入 IMF 的数据公布通用系统(GDDS),实现了"统计入世"。这是一个里程碑式的进步。2015 年 10 月,我国正式加入 IMF 的数据公布特殊标准(SDDS),实现统计透明度"更上一层楼"。2016 年,随着加入 CPIS 和 LBS,我国完全弥合了 20 国集团(G20)签署的数据缺口第一阶段倡议,标志着我国国际收支统计迈向新的发展阶段。

⑦国际收支统计数据质量控制逐步规范。数据质量核查是数据采集后的"第二道工序",是确保发布高质量数据的关键环节。2003 年,外汇局探索制定了《国际收支统计间接申报核查制度(试行)》,尝试建立规范化的数据核查规则。2011 年,修订发布为正式的《国际收支统计间接申报核查制度》,标志着间接申报核查制度的成熟。2015 年,外汇局再次修订发布了《国际收支统计申报核查制度》,统计业务覆盖面更宽。同时,规范了非现场和现场核查流程,如核查频率、时间要求、文书格式等。目前,外汇局形成了一套较为严密的数据质量控制体系,通过机器核查和人工核查相结合,非现场核查和现场核查相结合,报送前校验和报送后核查相结合等方式,较好地把控了数据质量。

⑧国际收支数据监测分析机制不断完善。2003 年 1 月,国际收支风险预警系统正式运行,实现对日常风险的分析监测以及对我国国际收支状况的评估。2005 年 11 月,首次公布《2005 年上半年国际收支报告》。2006 年 1 月,市场预期调查系统上线。借助该平台,可以迅速了解市场主体对经济预期的变化,为正确判断形势和科学决策提供支持。2010 年,初步建立了国际收支风险监测预警体系,主要目标是双向监测国际收支逆差式和顺差式失衡风险,衡量跨境资金流出和流入的当前压力及未来趋势。

2013 年以来,监测预警指标在实践中不断完善和改进,日常分析的及时性、针对性和前瞻性进一步提高,逐步形成按日、按周、按月以及不定期的监测分析报告制度。日趋完善的监测分析机制能够在政策实施渠道、影响程度评估和跟踪监测等方面提供信息与建议,使跨境资金流动审慎管理更加有的放矢,在应对近年来跨境资金流动出现较大波动时得到较好的实践。

⑨提升国际收支统计对分析决策的作用。回顾过去,国际收支统计监测为推进我国外汇领域改革开放、防范金融风险提供了大量坚实可靠的数据支撑和决策依据。展望未来,统计监测工作将从制度建设、数据透明度、数据质量和时效性、统计方法科学性、申报意识培育、紧跟形势密切监测 6 个方面持续发力,夯实统计基础,提升统计对分析决策的作用,加强统计与国际标准的联动。

具体来说,一是继续改进国际收支统计制度,夯实统计数据基础,加强数据质量控制,让数据质量更好。二是持续提高数据透明度,不断推出新的统计产品,使数据产品更加丰富。三是立足服务于分析决策,提升数据时效性,让数据生产更加及时。四是加快培育涉外交易主体的国际收支申报意识,以科学的统计方法、细致的填报指导,让统计更接地气。五是向更高的国际标准看齐,适应不断变化的情况,精雕细琢,让中国的国际收支统计具有更强的公信力。六是密切监测和评估跨境资金流动形势,持续加强数据解读和舆论引导。

3.3.5 探索和完善有中国特色的外汇储备经营管理之路

经过 40 年的发展,我国的外汇储备经营管理积累了大量宝贵的国际市场运作经验,完善了具有中国特色的外汇储备经营管理模式。目前,我国外汇储备规模已连续10 多年位居世界首位,经营管理能力在央行资产管理者中处于领先位置,在国际资产管理机构中跻身一流,为支持我国改革开放、维护经济金融稳定发挥了重要作用。在党中央、国务院的坚强领导下,我国外汇储备经营管理经受住了亚洲金融危机、次贷危机等一系列高强度外部冲击的严峻考验,实现了外汇储备资产的安全、流动和保值增值。

1)探索适应大规模外汇储备资产管理的经营制度

在国家外汇管理总局成立之初,我国外汇储备规模仅为 1.67 亿美元。随着我国经济的高速增长和改革开放系列措施的实施,外汇储备规模快速增长。1994—2014年,我国外汇储备年均增幅超过 30%,并于 2006 年首次突破 1 万亿美元,成为世界第一。2014 年 6 月,外汇储备规模创下历史峰值 3.99 万亿美元,较 1994 年增长了 180多倍,较 1978 年年末增长近 2.4 万倍。近年来,我国外汇储备规模高位回稳,在全球仍遥遥领先。截至 2020 年 9 月底,我国外汇储备规模为 31 426 亿美元,占全球外汇储备规模的 30%。

坚持三级授权管理制度,培育一流外汇储备经营管理团队。随着外汇储备规模的增长,我国外汇储备经营管理制度不断趋于完善。一方面,坚持货币政策、汇率政策、跨境资本流动和外汇储备的集中统一管理,实行国务院、人民银行、外汇局三级授权管理制度,不仅保障了各项目标的有机协调,也为外汇储备在国际市场上持续高效投资奠定了坚实的基础。另一方面,外汇储备经营管理团队不断壮大,不仅人才逐步聚集,管理模式日趋完善,而且以稳健的经营业绩,树立了专业化、负责任的大国投资者形象,受到了国际市场和同业的高度认可和赞誉。

2)做好宏观经济和金融稳定的"压舱石"

外汇储备是我国改革开放宏观经济政策成功的重要支柱。外汇储备与国家货币政策、汇率政策、贸易政策、投资政策等改革开放以来实施的宏观经济政策密切相关。在2005年人民币汇率形成机制改革至2014年期间,在外资快速流入我国的情况下,外汇储备作为流入资金的"蓄水池",在推进我国改革开放,维护经济金融稳定的过程中发挥了至关重要的作用,为经济结构调整及产业转型升级争取了宝贵的时间窗口。

外汇储备是抵御外部冲击的关键防线。国际货币基金组织(IMF)的调查显示:一方面,许多发达经济体在2008年后开始增加外汇储备规模,作为应对外汇市场压力和失灵的预防性措施;另一方面,能源和资源出口型新兴市场经济体容易受到国际市场价格和汇率波动的冲击,因此更加重视外汇储备的作用。历史经验表明,无论是发达经济体还是新兴市场经济体,外汇储备都是抵御外部冲击、维护宏观经济稳定的重要保障。我国作为全球最大的发展中国家和新兴市场经济体,曾在不同历史时期受到不同程度的外部冲击。而正是充足的外汇储备,极大增强了国际社会对我国经济和人民币的信心,为我国提升主权评级、抵御外部冲击提供了坚实的基础,成为国家经济和金融稳定的"压舱石"。

外汇储备是提升央行信用和货币政策有效性的重要因素。外汇储备和外汇占款是央行资产负债表的核心内容,高峰时期曾占央行资产负债表的85%以上。多年来,我国通过对外汇储备的稳健经营,确保了央行资产负债表的健康,为央行实施可持续货币政策,维护国内金融稳定,稳步推进金融体制改革提供了有力的保障。

3)打造具有国际竞争力的一流资产管理机构

坚持多元化、分散化的投资策略,有效提升全领域资产经营管理能力。我国外汇储备的经营管理,坚持安全、流动和保值增值的原则,遵循市场规律,从长期、战略的角度出发,在国际市场上进行分散化配置。近年来,我国外汇储备的货币和资产结构不断优化,全领域投资能力稳步提升,投资组合覆盖全球主要发达国家和新兴市场货币,涉及国际金融市场主要的资产品种,取得了在不同货币和资产间此消彼长、互补平衡的分散化效果。

搭建多层次、市场化的投资基准体系,管理模式对标国际先进水平。大规模外汇储备的经营管理是一个国际性难题。多年来,我国外汇储备经营管理团队借鉴国际经验,立足实际,深入思考,积极求解,建立了以投资基准为核心的经营管理模式,并围绕投资基准逐步形成了从资产配置、投资经营到交易清算、会计核算、业绩评估、管理监督的一整套投资管理体系。实践证明,这种经营管理模式能够适应我国大规模外汇储备的经营管理需要,有利于投资管理的规范化和专业化发展。

实施全方位、多角度的风险管理措施,守住不发生系统性风险的底线。外汇储备始终将风险防范放在首位,不断完善风险管理和内部控制框架,增强风险识别、评估和管理能力,丰富和提高风险管理工具和手段,建立、健全风险管理体系。多年来,外汇储备经营管理团队重视加强对重大风险事件的前瞻性分析和预警,对储备规模快速增长,高位回稳以及多轮经济周期和市场波动的挑战,灵活、妥善地加以应对,不仅保持了外汇储备资产的总体安全和流动性,而且实现了经营业绩的稳定增长。

推进高效率、信息化的管理体系建设,打造高水平运营服务机制。自 20 世纪 90 年代开始,外汇储备经营管理团队着手搭建全球化经营平台,先后在新加坡、中国香港地区、伦敦、纽约、法兰克福等国际金融中心设立了驻外机构,实现了 24 小时全球不间断经营,大幅提升了外汇储备跨时区、跨市场的投资运营能力,做到了与国际金融市场同时同步。另一方面,通过信息化手段提升运营效率,大力提高自主研发能力,持续优化信息化项目建设及服务管理机制,搭建全方位信息化管理体系,有效提升了前、中、后台全业务流程运行效率。

4)遵循市场原则,拓展外汇储备多元化运用

坚持市场化运作,探索创新外汇储备运用渠道和方式。21 世纪以来,外汇储备坚持市场化和商业化运作原则,不断拓展多元化运用,培育新的业务线投资能力。2011 年,成立了外汇储备委托贷款办公室,推动外汇储备多元化运用迈上新台阶。一方面,牵头设立丝路基金、中拉产能合作投资基金和中非产能合作基金,注资中投国际、国新国际、国家开发银行和中国进出口银行,以多种形式支持中非发展基金等多边基金;另一方面,积极开展国际多边合作,与国际金融公司、泛美开发银行、非洲开发银行和欧洲复兴开发银行等国际多边机构开展联合融资,对外投资合作能力大幅提升。

坚持共商、共建、共享,积极开展多层次国际合作。深入开展国际金融合作,积极参与全球治理机制的改革,支持世界经济共同发展。参与设立东盟 10 国与中日韩 3 国(10+3)区域外汇储备库,建立金砖国家应急储备安排。全力支持人民币加入 IMF 特别提款权(SDR)货币篮子,不断提升人民币的海外影响力。

深化履行出资人职责,审慎管理出资风险。加强对外汇储备多元化运用的统筹协调,着力提升股权投资机构的公司治理水平,建立健全激励约束机制,推动董事监事增强履职意识和能力,引导股权投资机构开展规范化和专业化管理。始终把保障外汇储备资金安全放在首位,不断探索完善风险管理手段,保障多元化运用和项目的平稳运行。

中国已经迈入社会主义新时代,做好外汇储备经营管理,守住不发生系统性金融风险的底线,对于维护国家经济金融安全具有重要意义。站在新的历史起点,外汇储备经营管理部门将更加紧密地团结在党中央周围,以习近平新时代中国特色社会主义思想为指导,更加积极、稳健地做好外汇储备经营管理工作,精益求精,打造国际一流资产管理机构,为服务全面开放新格局做出更大的贡献。

本章主要内容概要

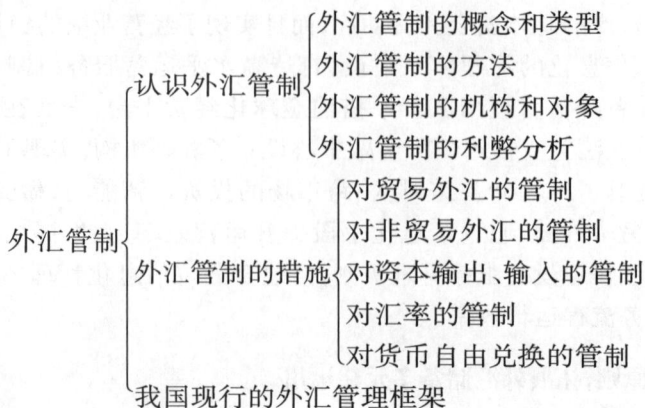

外汇管制
├─ 认识外汇管制
│ ├─ 外汇管制的概念和类型
│ ├─ 外汇管制的方法
│ ├─ 外汇管制的机构和对象
│ └─ 外汇管制的利弊分析
├─ 外汇管制的措施
│ ├─ 对贸易外汇的管制
│ ├─ 对非贸易外汇的管制
│ ├─ 对资本输出、输入的管制
│ ├─ 对汇率的管制
│ └─ 对货币自由兑换的管制
└─ 我国现行的外汇管理框架

课后习题与技能训练

课后习题

1. 判断题

(1) 外汇管制就是限制外汇流出。　　　　　　　　　　　　　　　　　(　　)

(2) 实行外汇管制的国家一般允许携带黄金出入境,但限制其数量。　(　　)

(3) 各国的外汇管制法规通常对居民管制较松,对非居民管制较严。　(　　)

(4) 目前,大多数工业化国家基本取消了外汇管制。　　　　　　　　(　　)

(5) 外汇管制是促进一个国家经济发展的重要调控手段。　　　　　　(　　)

2. 选择题

(1) 我国外汇管理的主要负责机构是(　　)。

    A. 中国人民银行总行　　　　　　　　B. 国家外汇管理局

    C. 财政部　　　　　　　　　　　　　　D. 中国银行

(2) 经常项目的外汇收入,可以按照国家有关规定保留或卖给(　　)。

    A. 经营结汇、售汇业务的金融机构　　　B. 外汇管理局

    C. 人民银行　　　　　　　　　　　　　D. 财政局

(3) 国家对个人结汇和境内个人购汇实行年度总额管理,年度总额分别为每人每年等值(　　)万美元。

    A. 1　　　　　　　　B. 5　　　　　　　　C. 8　　　　　　　　D. 2

(4) 下列哪种行为属于逃汇?(　　)

    A. 个人保留巨额外汇

B. 将应该向国家结售的外汇移存境外

C. 将应该向国家结售的外汇私自留存

D. 将巨额外币债券、股票私自带出境外

(5)（　　）是指一国政府通过直接规定各项外汇收支按何种汇率结汇而形成的管制。

    A. 直接汇率管制　　B. 间接汇率管制　　C. 数量管制　　　　D. 价格管制

案例分析题

货币危机席卷　阿根廷实施外汇管制

据21世纪经济报道，阿根廷比索是2019年迄今为止表现最差的新兴市场货币。2019年以来，阿根廷比索兑美元汇率已下跌约37%，2018年跌幅更是超过50%。

最近几周，货币危机席卷阿根廷。为支撑正在崩溃的货币，避免再次出现债务违约，阿根廷总统马克里宣布采取一系列外汇管制措施。为阻止资金大量流出，马克里于当地时间9月1日签署了一项法令，规定出口商需在5个工作日内将海外赚得的外汇汇回国内，在阿根廷外汇市场购买外币、贵金属以及向国外转账时需获得授权，并且个人每月最多只能购买1万美元的外汇。受此影响，当地时间9月2日，阿根廷比索小幅走强，官方公布的阿根廷比索兑美元收高0.88%。然而，官方汇率与黑市汇率之间的差距大幅扩大，黑市汇率一度跌至64比索的历史低点。

总统初选之后，阿根廷储户从账户中取出了数亿美元，加上阿根廷动用大量外汇储备支撑比索，导致外汇储备急剧下降。据阿根廷央行数据，截至8月28日，阿根廷外汇储备为570亿美元，较4月的峰值下降了约25%。

为应对国内金融动荡，避免债务违约，近日阿根廷宣布，将延迟偿付70亿美元的短期本地债券，推动500亿美元较长期债券的重组。此外，阿根廷政府计划与国际货币基金组织（IMF）就延长部分债务偿还期限等展开磋商。

（资料来源：21世纪经济报道，2019-09-04）

问题：

1. 解释阿根廷进行外汇管制的原因。

2. 结合我国目前的经济状况，分析我国外汇管制趋势。

实训项目

1. 实训目的

明确以下调研题目的具体政策规定和相应业务的具体操作方法。

2. 实训形式

实地调查、网上调研、电话咨询。

3. 项目内容

(1) 现汇与现钞在账户、存取、兑换、结汇、携带、汇出等管理方面的区别是什么？

举例说明。

（2）目前国家外汇管理局关于银行结汇、售汇、付汇业务管理方面有哪些规定？具体内容是什么？举例分别说明银行结汇、售汇、付汇业务如何进行。

（3）目前我国银行外汇存款有哪些币种？有哪些存款业务产品？

4. 调研部门

国家外汇管理局及其地方外汇管理局、国有商业银行、股份制银行、外资银行各选两家。

5. 实训指导

第一步：调查。分组进行，每组一题或多题，每组中的每个成员按照题目要求分别调研两家银行。

第二步：除了每人写出实训报告外，以组为单位，在整理、汇总和分析的基础上写出每组的实训报告。

第三步：课堂交流。每组根据实训报告，策划如何以角色模拟的形式进行交流，每组全体成员共同参与课堂交流。

第4章
国际货币体系

学习目标

1. 了解国际货币体系的含义。

2. 知道国际金本位制、布雷顿森林体系、牙买加体系的形成和主要内容。

3. 能够运用所学知识正确评价各类国际货币体系。

4. 能够正确认识和评价现行国际货币体系存在的问题。

5. 能够正确认识人民币在现行国际货币体系中的地位和作用。

6. 能够构建未来国际货币体系的发展格局。

案例导入

人民币国际化稳步向前,为世界经贸体系增添新活力

2019年5月,环球同业银行金融电讯协会(SWIFT)报告称,人民币连续第7个月维持国际支付第5大活跃货币,份额从4月的1.88%升至1.95%,创4个月以来新高。2019年国际货币论坛也指出,人民币国际化指数近10年跃升近150倍,凸显人民币国际化的成果。

SWIFT数据显示,全球已有超过1 900家金融机构使用人民币作为支付货币,有28个国家宣布使用人民币进行贸易结算。业内人士指出,人民币国际化进程的提升,关键在于非居民持有和使用人民币的意愿增强。全球各国政府和金融机构将人民币作为支付货币,将为人民币的国际流通提供更广阔的空间。

很多国家已经意识到,单一的美元挂钩体系已难以承担国际货币的职责,不能完全适应以资本自由化和贸易自由化为主要内容的多边经济制度的发展需要,以中国为代表的新兴经济体在国际货币体系中逐渐扮演越来越重要的角色,新兴经济体积极加入人民币结算行列中,已成为人民币国际化进程中的重要合作伙伴。

（资料来源:新京报,2019-07-09）

思考:人民币国际化对于未来的国际货币体系演进有哪些影响?

4.1　认识国际货币体系

4.1.1　国际货币体系的概念和内容

1)国际货币体系的概念

国际货币体系就是各国政府为适应国际贸易与国际支付的需要,对货币在国际范围内发挥世界货币职能所确定的原则、采取的措施和建立的组织形式的总称。

国际货币体系在国际金融领域内具有基础性制约作用,它对于国际贸易的支付结算、资本流动、汇率的调整、各国的外汇储备及国际收支等都会产生重大影响。目前,各国都在积极谋求办法,达成新的协议,以建立一个新的国际货币体系,来维持各国经济往来的稳定性。

2)国际货币体系的主要内容

①确定关键货币作为国际货币。关键货币是在国际货币体系中充当基础性价值

换算工具的货币,是国际货币体系的基础。只有确定了关键货币,才能进而确定各国货币之间的换算率、汇率的调整以及国际储备构成等。

②确定各国货币的比价。根据国际交往而产生的国际支付的需要,货币在执行世界货币职能时,各国之间的货币一定要确定一个比价,即汇率。

③货币的兑换性和对国际支付所采取的措施。各国政府一般会颁布金融法令,规定本国货币能否对外兑换和对外支付是否进行限制。

④国际结算的原则。一国的对外债权债务,或者定期进行结算,并实行限制的双边结算,或者立即进行结算,并在国际结算中实行自由的双边结算。

⑤国际储备资产的确定。为保证国际支付的需要,各国必须保持一定的国际储备,保存一定数量的,为各国所接受的国际储备资产,是构成国际货币体系的一项主要内容。国际储备资产,在各个历史时期有着不尽相同的内容。

⑥国际收支的调节。世界各国国际收支的平衡发展是国际货币体系正常运转的基础。在有些情况下,一国的国际收支失衡,通过本国所采取的国内经济政策或外汇政策就可以恢复平衡;在有些情况下就需要根据国际协定,通过国际金融组织,外国政府贷款,或通过各国政府协调政策,干预市场达到国际收支平衡。

⑦黄金和外汇的流动与转移是否自由。

4.1.2　国际货币体系的演变历程

国际货币体系是规范国家间货币行为的准则,是世界各国开展对外金融活动的依据。它的形成方式基本上有两种。

一种是通过惯例和习惯演变而成的,当相互联系的习惯或程序形成以后,一定的活动方式就会得到公认,国际金本位货币制度就是这样形成的国际货币体系。

另一种是通过国际性的会议建立体系。例如,布雷顿森林体系和现行的牙买加体系。这种体系的特点是:有法律条文的约束力,建立时间短。这样的体系也不能完全排斥某些约定俗成的传统做法。

无论是通过哪种途径形成的国际货币体系,都是世界经济发展的必然产物。

1)国际金本位体系

国际金本位制度是以黄金作为国际本位货币的制度。英国于 1816 年率先实行金本位制度,19 世纪 70 年代以后欧美各国和日本等国相继仿效,因此许多国家的货币制度逐渐统一,金本位制度由国内制度演变为国际制度。国际金本位制按其货币与黄金的联系程度,可以分为金币本位制、金块本位制和金汇兑本位制。

（1）金币本位制

金币本位制是以黄金作为货币金属进行流通的货币制度,它是 19 世纪末到 20 世纪上半期各资本主义国家普遍实行的一种货币制度。金币本位制的特点:

①用黄金来规定货币所代表的价值,每一货币都有法定的含金量,各国货币按其所含黄金的重量而有一定的比价。

②金币可以自由铸造,任何人都可以按法定的含金量,自由地将金块交给国家造

币厂铸造成金币,或以金币向造币厂换回相当的金块。

③金币是无限法偿的货币,具有无限制支付手段的权利。

④各国的货币储备是黄金,国际结算也使用黄金,黄金可以自由输出或输入。

(2)金块本位制

第一次世界大战时期,各帝国主义国家为准备战争,加紧对国内外黄金的掠夺以及银行券的大量发行,使金币本位制运转机制受到破坏。1922 年,在意大利热那亚城召开的世界货币会议上决定采用"节约黄金"的原则,实行金块本位制和金汇兑本位制。实行金块本位制的国家主要有英国、法国、美国等。德国、意大利、奥地利、丹麦、挪威等 30 多个国家则实行金汇兑本位制。金块本位制的特点是:

①金币仍然是本位货币,但在国内不流通,而以纸币代替金币流通。

②不允许人们自由铸造金币。

③当人们在国际支付和工业方面需要黄金时,可按规定的数量向中央银行兑换金块。

④严格限制黄金输出。

(3)金汇兑本位制

这是一种在金块本位制或金币本位制国家保持外汇,准许本国货币无限制地兑换外汇的金本位制。金汇兑本位制的特点是:

①实行金汇兑制国家的货币必须与某个实行金币或金块本位制的货币之间保持固定汇率,并在该国存放大量的外汇和黄金,作为维持本币汇率的平准基金。

②纸币不能自由地直接兑换黄金,只能将兑换到的外汇在实行金币或金块本位制的国家兑换黄金。

(4)国际金本位体系的评价

①金本位制的积极作用。汇率基本固定,有利于国际贸易和国际投资;自动调节国际收支,促进了各国经济之间的协调;限制政府或银行滥发纸币的权力,不易造成通货膨胀。

②金本位制的局限性。运行的前提难以维持,各国政府出于本国内部经济均衡考虑会违反游戏规则;货币供应受到黄金数量的限制,不能适应经济增长的需要;黄金生产不能持续满足需求,央行无法增加其国际储备;当一国出现国际收支赤字时,往往可能由于黄金输出,货币紧缩,而引起生产停滞和工人失业。

2)布雷顿森林体系

在第二次世界大战中,许多国家的经济都受到不同程度的打击,国际经济秩序一片混乱。第二次世界大战即将结束时,西方盟国开始着手重建国际经济秩序,在国际金融领域中重建经济秩序就是建立能够保证国际经济正常运行的国际货币制度。1944 年 7 月 1—22 日,在美国新罕布什尔州的布雷顿森林城举行了由 44 个国家参加的"联合国货币金融会议",围绕战后国际货币制度的结构和运行等问题,会议通过了以"怀特计划"为基础的《国际货币基金组织协定》和《国际复兴开发银行协定》,总称《布雷顿森林协议》,开始实行新的国际货币制度,即布雷顿森林体系。

（1）布雷顿森林体系的主要内容和特点

①建立黄金美元本位制，即以美元为中心的国际金汇兑本位制。具体表现为"双挂钩"原则：美元与黄金挂钩，各国货币与美元挂钩。美元按每盎司黄金 35 美元的官价与黄金挂钩，美国承担用黄金兑回各国官方持有的美元的义务，各国货币按固定比价与美元挂钩。为了维护这一黄金官价不受国际金融市场金价的冲击，各国政府需协同美国政府干预市场的金价。

②建立国际货币基金组织这个永久性的国际金融机构，促进国际货币合作。

③实行黄金—美元本位制下的固定汇率制。它规定国际货币基金组织的成员国与美元挂钩，即各国货币与美元保持稳定的汇率。各国货币与美元的汇率，按照各自货币的含金量，与美元含金量的比较确定或者不规定本国货币的含金量，只规定与美元的汇率。这意味着国际货币基金组织成员国之间的汇率是固定汇率，各国不能任意改变其货币的含金量，如果某种货币的含金量需要做 10% 以上的调整，就必须得到国际货币基金组织的批准。国际货币基金组织允许的汇率波动幅度为 1%。只有在成员国的国际收支发生根本性不平衡时，才能改变其货币平价。

④在储备方面，美元取得了与黄金同等地位的国际储备资产的地位。

⑤由国际金融机构提供贷款来缓解成员国之间的国际收支失衡。

⑥取消外汇管制。要求成员国不得限制经常项目支付，不得采取歧视性的汇率政策，并实行自由多边结算制度。

（2）布雷顿森林体系的评价

①布雷顿森林体系的积极作用。布雷顿森林体系对整个世界战后经济的重振发挥了极其重要的作用。布雷顿森林体系时期，世界经济发展处于人类历史上少有的黄金时代，国内生产总值增长很快，物价比较稳定，国际贸易和国际投资也得到较快的发展。具体来讲：

A．实行固定汇率制度，汇率的波动受到严格的限制，因此汇率相对稳定，有利于贸易的发展和国际资本的流动。

B．美元作为主要的国际储备资产和国际支付手段，可作为黄金的补充，弥补了黄金产量的不足。随着美元不断流向世界，在一定程度上弥补了当时普遍存在的国际清偿能力的不足，刺激了世界市场的需求和世界经济增长。

C．国际货币基金组织和世界银行的建立对世界经济的复兴起到了积极的作用。一方面，基金组织提供的短期贷款暂时缓和了国际收支危机；另一方面，世界银行提供和组织的长期贷款和投资不同程度地解决了成员国战后恢复和发展经济的资金需要。

②布雷顿森林体系的缺陷。

A．金汇兑制本身的缺陷。美元与黄金挂钩，享有特殊地位，加强了美国对世界经济的影响。其一，美国通过发行纸币而不动用黄金进行对外支付和资本输出，有利于美国的对外扩张和掠夺。其二，美国承担了维持金汇兑平价的责任。当人们对美元充分信任，美元相对短缺时，这种金汇兑平价可以维持；当人们对美元产生信任危机，美元拥有太多，要求兑换黄金时，美元与黄金的固定平价就难以维持。

B．储备制度不稳定。布雷顿森林制度以一国货币作为主要国际储备货币，在黄金生产停滞的情况下,国际储备的供应完全取决于美国的国际收支状况。美国的国际收支保持顺差,国际储备资产不敷国际贸易发展的需要;美国的国际收支保持逆差,国际储备资产过剩,美元发生危机,危及国际货币制度。这种难以解决的内在矛盾,国际经济学界称之为"特里芬难题",它决定了布雷顿森林体系的不稳定性。

C. 国际收支调节机制的缺陷。该制度规定汇率浮动幅度需保持在1%以内,汇率缺乏弹性,限制了汇率对国际收支的调节作用。这种制度着重于国内政策的单方面调节。

D. 内外平衡难统一。在固定汇率制度下,各国不能利用汇率杠杆来调节国际收支,只能采取有损于国内经济目标实现的经济政策或采取管制措施,以牺牲内部平衡来换取外部平衡。

到了20世纪70年代,美元国际信用严重下降,各国争先向美国挤兑黄金。为此,美国于1971年宣布实行"新经济政策",停止各国政府用美元向美国兑换黄金。1973年美元危机中,美国再次宣布美元贬值,导致各国相继实行浮动汇率制代替固定汇率制。美元停止兑换黄金和固定汇率制的垮台,标志着布雷顿森林体系瓦解。

3)牙买加体系

(1)牙买加体系的形成

布雷顿森林体系崩溃之后,国际货币基金组织着手创建新的国际货币制度。1976年1月,国际货币基金组织理事会"国际货币制度问题临时委员会"在牙买加首都金斯敦举行会议,会议结束时达成了《牙买加协议》。同年4月,国际货币基金组织理事会又通过了以修改《牙买加协议》为基础的《国际货币基金协定》第二次修正案,形成了新的国际货币体系——牙买加货币体系。

(2)《牙买加协议》的基本内容

①浮动汇率制合法化。基金组织承认固定汇率制度和浮动汇率制度同时并存;成员国可以自由选择决定汇率制度,汇率政策应受基金组织的监督;实行浮动汇率制的成员国应根据条件逐步恢复固定汇率制,并防止采取损人利己的货币贬值政策;在国际经济基本稳定后,基金组织经过85%的总投票权同意,可以恢复"稳定的但也可调整的汇率制度",即固定汇率制度。

②黄金非货币化。取消成员国之间、成员国与基金组织之间以黄金清偿债权债务的义务,各成员国中央银行可按市价从事黄金交易,降低黄金的货币作用,逐步处理基金组织持有的黄金;其中1/6(2 500万盎司)按市价出售,收入中超过官价(每盎司42.22美元)的部分作为援助发展中国家的资金,1/6由原缴纳的成员国按官价买回,剩余的黄金须经总投票权85%的多数通过,决定向市场出售或由各成员国买回。

③确定以特别提款权作为主要的国际储备资产,逐步取代黄金和美元的储备地位。规定成员国在基金组织的账户中所持的资产一律以特别提款权表示。成员国可以用特别提款权自由进行交易,不必征得基金组织同意。特别提款权是国际货币基金组织1969年为解决国际清偿能力不足而创立的一种国际储备资产和计账单位,代表成员国在普通提款权之外的一种特别使用资金的权利。普通提款权是基金组织提供的最基本的普通贷款,用以解决受贷国因国际收支逆差而产生的短期资金需要。

特别提款权按照成员国在基金组织认缴份额比例进行分配。分配到的特别提款权可通过基本组织提取外汇,可同黄金、外汇一起作为成员国的储备,故又称"纸黄金"。其设立时价值相当于 1 美元。1974 年 7 月 1 日以后改用一篮子16 种货币定值。1981 年 1 月 1 日以后又改用美元、马克、法郎、英镑和日元 5 种货币定值。

1999 年 1 月 1 日,欧元诞生,相应的特别提款权的定值货币减至 4 种,美元、欧元、日元、英镑所占权重分别为44% ,34% ,11% ,11% 。2016 年 10 月 1 日,人民币加入特别提款权,特别提款权的价值是由美元、欧元、人民币、日元、英镑这 5 种货币所构成的一篮子货币的当期汇率确定,所占权重分别为 41. 73% , 30. 93% , 10. 92% , 8. 33% 和 8. 09% 。

④扩大对发展中国家的资金融通。基金组织用出售黄金所得收益建立信托基金,以优惠条件向最贫穷的发展中国家提供贷款。将基金组织的贷款额度从 100% 提到 145% ,并提高基金组织"出口波动补偿贷款"在份额中的比重,由 50% 增加到 75% 。

(3)牙买加体系的特点

①国际储备多元化。尽管《牙买加协议》提出了用特别提款权代替美元的方案,但是由于特别提款权只是一个计账单位,现实中需要有实在的货币作为国际经济交往的工具,虽然美元的地位下降,但它仍是最主要的国际货币,并且德国马克、日元的国际货币地位也日益加强。因此,牙买加体系出现了以美元为主导的多元化国际储备体系。美元仍是主要的国际储备、国际计价单位和国际支付手段。目前,美元在各国官方外汇储备所占比重仍在 60% 左右,是最重要的国际储备。同时,黄金的货币功能虽说一直在减弱,但还是一种重要的储备资产,并且在紧急情况可迅速变现,作为最后的支付手段,偿付国际债务。

②以浮动汇率制为主的混合汇率制。《牙买加协议》规定,成员国可以自行安排汇率。到目前为止,各个主要工业国家都实行了浮动汇率制,其中,美国、英国、日本、加拿大、瑞士等国采取独立浮动,欧洲货币体系和其后的欧元区等国采取联合浮动,大多数发展中国家则采取管理浮动、独立浮动或钉住浮动汇率制。而且,世界许多国家都在不断调整自己的汇率政策,以适应本国和世界经济的发展。

③国际收支调节的灵活性加大。各国既可以动用本国储备,又可以借入国外资金或国际货币基金组织的贷款,也可以通过调整汇率调节国际收支,在新的国际货币制度下,成员国具有较大的灵活性。

(4)牙买加体系的评价

牙买加协议是国际社会在布雷顿森林体系解体后的一种权宜之计。一方面,它的灵活性适应了当时世界经济形势发展的需要,对国际贸易和世界经济的正常运转起到了一定的积极作用。另一方面,由于该体系在许多方面都缺乏硬性的统一规定,因此被人们称作"无体制的体制",在复杂多变的国际经济关系面前,日益暴露出存在的一些严重问题。

首先,储备货币管理复杂化。布雷顿森林崩溃以后,国际货币基金希望建立特别提款权本位予以替代,但最终没有建立,而美元本位也无力维持,出现了储备货币多元化的趋势。储备货币的多样化使各国摆脱了原先对美元的过分依赖,分散了汇率风险,促进了国际货币的合作与协调,缓解了国际清偿能力不足,对缺少资金的发展中国家有一定的好处。然而,在多元化国际储备格局下,储备货币发行国仍享有"铸币税"等多种好处。同时,多种储备体系缺乏统一稳定的货币标准,这本身就容易造成金融市场的不稳定,使得主要的储备货币的汇率经常发生波动,这对于发展中国家是很不利的。发展中国家的经济基础薄弱,又缺乏应对金融动荡的经验和物质准备,所以,它们在国际贸易和储备资产方面遇到重大的困难,并往往成为各种游资冲击的最早、最直接的对象。

其次,汇率波动经常化。牙买加体系确认了浮动汇率制的合法化,对世界经济的发展起到了一定的有利作用。各国可以根据市场供求状况自发调整汇率,使其不再长期偏离实际价值。可以缓解硬通货国家在固定汇率制度维持汇率稳定的义务。其使一国的财政政策和货币政策更具有独立性和有效性,不再为了外部经济而牺牲内部经济。各国为避免汇率风险采取的各种措施,客观上促进了国际金融业务的创新和发展。

但是,在浮动汇率制下,汇率波动频繁而急剧,致使国际贸易和金融市场受到严重影响。浮动汇率制提高了全球的物价,加剧了通货膨胀。汇率的经常波动使发展中国家的外汇储备和外债问题也变得复杂化等。20 世纪 90 年代以来,国际金融市场的不稳定性加强,这与浮动汇率制有很大的关系。

最后,国际收支调节机制不健全。在牙买加体系下,可以通过多种调节机制对国际收支进行调节,这在一定程度上克服了布雷顿森林体系后期调节机制失灵的困难,但是,牙买加体系运行多年以来,全球性的国际收支失衡问题,非但没有得到妥善解决,反而反趋严重,各种调节机制难以发挥完善的作用。汇率的过度浮动只是增加了市场上的不稳定性,甚至恶化了各国的国际收支状况,就连大力支持浮动汇率制的主要储备货币国之间的贸易不平衡都无法通过汇率变动来调节。国际货币基金组织的贷款机制并不能很好地促进国际收支的平衡。基金组织的主要任务是维护多边支付体系和货币的自由兑换。但是,除非国际收支失衡已经或即将导致债务或金融危机,基金组织不会轻易出手。

资料链接 4.1

铸币税到底是什么

所谓"铸币税"并不是一种真正的税种,而是理论上对货币发行收入的界定。它是指发行货币的组织或国家,在发行货币并吸纳等值黄金等财富后,货币贬值,使持币方财富减少,发行方财富增加的经济现象。这个财富增加方,通常是指政府。财富增加的方法,通常是增发货币,当然也有其他方法。

举一个简单的例子,一张 100 美元的钞票印刷成本也许只有 1 美元,但是却能购买 100 美元的商品,其中的 99 美元差价就是铸币税,它是政府财政的重要来源。一个国家使用别的国家货币,就是主动放弃了大量的财富。

课堂练习 4.1

目前,在全球流通的美元现钞超过 9 000 亿美元,大约 2/3 在美国境外流通,这意味着美国征收的存量铸币税至少为 6 000 亿美元。美国平均每年能获得大约 250 亿美元的铸币税收益,第二次世界大战以来累计收益在 2 万亿美元左右。也就是说,其他国家为使用美元向美国无偿支付了高额的费用。

中国是美国的最大债权国,根据你所学的知识,分析我国如何摆脱美元的束缚?

4.2　认识欧洲货币体系

4.2.1　欧洲货币体系的建立

第二次世界大战结束以后,西欧 6 国(法国、前联邦德国、意大利、荷兰、比利时、卢森堡)为了加强相互间的政治、经济合作,于 1958 年 1 月 1 日成立了"共同市场",又称欧洲经济共同体。布雷顿森林体系瓦解之际,欧洲经济共同体国家为了减少世界货币金融不稳定对区内经济的不利影响,同时也为了实现西欧经济一体化的整体目标,1971 年 2 月宣告成立"欧洲经济和货币同盟"。

这个同盟的规划是从 1971—1980 年的 10 年内分 3 个阶段实现货币同盟的目标,建立一种与美元抗衡的西欧货币。

①1971 年初至 1973 年底,缩小成员国货币汇率的波动幅度,着手建立储备基金,以支持稳定汇率的活动,加强货币与经济政策的协调,减少成员国经济结构的差异。

②1974 年初至 1976 年底,集中成员国的部分外汇储备以巩固货币储备基金,进一步稳定各国货币间的汇率,使共同体内部的资本流动逐步自由化。

③1977 年初至 1980 年底,使共同体成为一个商品、资本、劳动力自由流动的经济统一体,固定汇率制向统一的货币发展,货币储备基金向统一的中央银行发展。

但 1973 年秋欧洲发生石油危机,1974 年又爆发战后最严重的西方经济危机,各国忙于解决自身的经济困难,使得"欧洲经济和货币同盟"的计划未能完全实施。

1978 年 12 月,在法、德两国推动下,欧共体各国在布鲁塞尔达成协议,决定建立欧洲货币体系。1979 年 3 月,欧洲货币体系正式启动。最初参加 EMS 的有法国、前联邦德国、意大利、荷兰、比利时、爱尔兰和丹麦。

4.2.2　欧洲货币体系的主要内容

欧洲货币体系主要有 3 个组成部分:欧洲货币单位、欧洲货币合作基金、稳定汇率机制。

1)欧洲货币单位

欧洲货币单位是欧共体国家共同用于内部计划结算的一种货币单位,是一个"货币篮子",由成员货币组成,每一种货币在 ECU 中所占的权重,主要根据各成员国的国民生产总值及其在欧共体内贸易额所占的比重加权平均计算,权重一般 5 年调整 1 次。以这种方法计算出来的欧洲货币单位具有价值稳定的特点。该计算方法也决定了 ECU 的组成货币中,德国马克、法国法郎和英国英镑是最为重要的 3 种货币。

ECU 的主要作用:

①作为决定成员国货币中心汇率标准。

②作为成员国之间的结算工具。

③成为各国货币当局的储备货币。

2)欧洲货币合作基金

为了保证货币体系的正常运转,欧共体于 1979 年 4 月设立了欧洲货币合作基金,集中起成员国各 20% 的黄金储备和外汇储备,作为发行欧洲货币单位的准备。其作用主要是:向成员国提供相应的贷款,以帮助其进行国际收支调节和外汇市场干预,保证欧洲汇率机制的稳定。

3)稳定汇率机制

即在成员国货币之间实行固定汇率制,而对非成员国实行联合浮动,欧洲货币体系为加强对内的固定汇率制,建立了汇率双重稳定机制:

①平价网体系。即规定各成员国货币之间的中心汇率和围绕该中心汇率波动的界限,原则上该界限不得超过中心汇率上下各 2.25%。

②货币篮体系,即规定各国货币与 ECU 的中心汇率和围绕该中心汇率波动的界限,该界限比平价网界限小,而且在 ECU 货币篮中的比重越大的货币,规定的界限越小,对稳定货币篮承担的责任就越大。

此外,欧洲货币体系对货币篮还采取了早期报警系统,其作用就是要求各国货币当局,在其货币对 ECU 的中心汇率波动幅度达到最大允许界限的 75% 时,就应该采取措施进行干预。这种双重稳定机制减少了双边汇率调整的频率,也保持了 ECU 对其他货币汇率的稳定。

4.2.3　欧洲货币体系的发展

为实现欧洲经济和货币联盟,推进欧洲的统一,1991 年 12 月,欧共体在荷兰马斯特里赫特峰会上签署《关于欧洲经济货币联盟的马斯特里赫特条约》,简称《马约》。《马约》的目标是:最迟在 1999 年 1 月 1 日前建立"经济货币同盟",届时将在同盟内实现统一的货币,统一的中央银行以及统一的货币汇率政策。为实现这一目标,《马约》要求分 3 步走。第一阶段(1990 年 7 月 1 日至 1993 年底)的主要目标是:实现所有成员国加入欧洲货币体系的汇率机制,实现资本的自由流动,协调各成员国的经济政策,建立相应的监督机制;第二阶段(1994 年 1 月 1 日至 1996 年底)的主要目标是:进一步实现各国宏观经济政策的协调,加强成员国之间的经济趋同,建立独立的欧洲货币管理体系——欧洲货币局(EMI),为统一货币作技术上和程序上的准备,各国货币汇率的波动在原有基础上进一步缩小趋于固定;第三阶段(1997 年初至 1999 年 1 月 1 日)的主要目标是:最终建立统一的欧洲和独立的欧洲中央银行。

经过不懈努力,欧共体各成员国议会于 1993 年 10 月底通过了《马约》,1993 年 11 月 1 日,欧共体更名为欧盟。1995 年《马德里决议》将单一货币的名称正式定为欧元(EURO)。欧洲货币一体化自动开始进入了稳定的发展阶段。1998 年 5 月 1 日,欧盟布鲁塞尔首脑特别会议确认比利时、法国、德国、意大利、西班牙、荷兰、卢森堡、葡萄牙、奥地利、芬兰和爱尔兰共 11 国为欧元创始国。1998 年 7 月 1 日,欧洲中央银行取代原欧洲货币局,行址设在德国法兰克福。1999 年 1 月 1 日,欧洲"经济货币联盟"进入第三阶段。欧元如期启动,进入账面流通,欧洲中央银行接过确定货币政策的大权,各成员国货币的汇率最终锁定。2002 年 1 月 1 日,欧元纸币和硬币正式进入欧元区流通市场。截至 2020 年年底,欧元区共有 19 个成员,另有 9 个国家和地区采用欧元作为当地的单一货币。欧盟自成立以来,先后经历了 6 次扩大,2013 年 7 月 1 日克罗地亚签约入盟,成员国从最初的 6 国发展到 28 国。

2016 年 6 月 23 日,英国就是否留在欧盟举行全民公投。投票结果显示,支持"脱欧"的票数以微弱优势战胜"留欧"票数,英国将脱离欧盟。2018 年 11 月 25 日,欧盟各成员国首脑在布鲁塞尔特别峰会上通过了英国退出欧盟的条约,并就未来双边关系发表一项政治声明。2019 年 1 月 15 日,英国议会下院投票否决了此前英国政府与欧盟达成的"脱欧"协议。2019 年 10 月 17 日,欧盟委员会与英国政府就英国"脱欧"达成协议。当天,除英国外的欧盟 27 个成员国领导人一致通过决议,支持欧盟委员会与英国政府达成的最新"脱欧"协议。当地时间 2020 年 1 月 30 日,欧盟理事会投票通过英国"脱欧"协议。格林尼治时间 1 月 31 日 23:00,英国正式离开欧盟,结束其 47 年的欧盟成员国身份,并自 2 月 1 日起进入为期 11 个月的"脱欧"过渡期。

资料链接4.2

申根国家、欧盟国家、欧元区国家区别

申根国家、欧盟国家、欧元区国家是 3 个不同的概念,它们的范围是不同的。

申根国是指履行 1985 年在卢森堡申根镇签署的《申根协议》的 26 个欧洲国家所组成的区域。对于国际旅行者而言,这一区域非常像一个单独的国家,进出这一区域需要经过边境管制,而在该区域内的各个国家之间却几乎不存在边境管制。目前,申根国共有 26 个,包括奥地利、比利时、丹麦、芬兰、法国、德国、冰岛、意大利、希腊、卢森堡、荷兰、挪威、葡萄牙、西班牙、瑞典、匈牙利、捷克、斯洛伐克、斯洛文尼亚、波兰、爱沙尼亚、拉脱维亚、立陶宛、马耳他、瑞士和列支敦士登。其中,申根国家除挪威、冰岛、瑞士、列支敦士登外均为欧盟国家。相反,爱尔兰、塞浦路斯、罗马尼亚和保加利

亚是欧盟国家,但不是申根协定的成员国。

欧盟国家:要加入欧盟,必须达到哥本哈根标准所要求的政治条件和经济条件,必须承认欧盟已经存在的法律,并得到已经存在的成员国同意。截至2020年年底,有27个欧盟国家:法国、德国、荷兰、比利时、卢森堡、西班牙、葡萄牙、意大利、希腊、奥地利、芬兰、瑞典、丹麦、捷克、斯洛伐克、波兰、斯洛文尼亚、匈牙利、爱沙尼亚、拉脱维亚、立陶宛、马耳他、爱尔兰、塞浦路斯、罗马尼亚、保加利亚和克罗地亚。

欧盟成员国加入欧元区的时间并没有固定的要求,但必须达到加入标准,每一个成员国根据自己国家的情况,按照自己的时间表加入。截至2020年年底,加入欧元区的一共有19个国家:法国、德国、荷兰、比利时、卢森堡、西班牙、葡萄牙、意大利、希腊、奥地利、芬兰、斯洛伐克、斯洛文尼亚、爱沙尼亚、马耳他、爱尔兰、塞浦路斯、拉脱维亚、立陶宛。

4.3 国际金融危机和国际货币体系改革

自牙买加体系建立以来,世界经济几乎每隔10年爆发1次大规模的国际金融危机。20世纪80年代的拉丁美洲债务危机,20世纪90年代的东南亚金融危机,21世纪初的全球金融危机(美国的次贷危机和欧洲主权债券务危机),揭示着现行国际货币体系存在某些深层次的缺陷。

4.3.1 国际金融危机

1)拉丁美洲债务危机

1982年8月12日,墨西哥因外汇储备已下降至危险线以下,无法偿还到期的公共外债本息(268.3亿美元),不得不宣布无限期关闭全部汇兑市场,暂停偿付外债,并把国内金融机构中的外汇存款一律转换为本国货币。墨西哥的私人财团也趁机纷纷宣布推迟还债。继墨西哥之后,巴西、委内瑞拉、阿根廷、秘鲁和智利等国也相继发生还债困难,纷纷宣布终止或推迟偿还外债,债务危机全面爆发。

拉美债务危机的成因源于20世纪70年代油价暴涨带来的过剩流动性和流入发展中经济体的石油出口国储蓄。在低利率资金的诱惑下,阿根廷、巴西、墨西哥和秘鲁等拉美国家借入了大量以硬通货计价的债务。然而,随着利率上升、资本流向逆转、发展中国家货币面临贬值压力,拉美的负债率上升到不可持续的水平。

2)东南亚金融危机

1997年7月2日,泰国中央银行宣布泰铢实行浮动汇率制,取消泰铢对一揽子货币的固定汇率制,当天泰铢下跌20%。由于泰国官方和私人企业借有大量短期外债、房地产及证券价格暴跌、银行坏账大幅上升、企业倒闭数量增多,从而引发了全面金融危机。危机迅速蔓延到其他东南亚国家,后又一路北上,在韩国肆虐,从而发展为东亚金融危机。

金融危机的破坏性极大,菲律宾中央银行于 7 月 11 日被迫宣布允许比索在更大的范围内与美元兑换。当天比索暴跌 11.5%,创 4 年来最大跌幅;缅甸元下跌 33.28%。至 8 月,泰铢贬值 23%,印度尼西亚盾贬值 20%,马来西亚林吉特和菲律宾比索跌到了历史最低点。通常比较坚挺的新加坡元也创下了近年来的新低。受东南亚货币贬值的影响,东南亚股市也在劫难逃。菲律宾股市和印度尼西亚股市均创下了日历史最大跌幅;泰国股市和马来西亚股市也创下新低;在短短 4 个月内,马来西亚吉隆坡股市综合指数下跌近 33%,倒退到 1993 年 8 月的水平。香港股市 8 月 28—29 日连续两天暴跌,累计跌幅达 1 397 点。连巴西证券市场也受到影响。拉美最大的股票交易所——圣保罗股票交易所的指数下跌了 15%,相当于道·琼斯工业股票指数下跌 1 200 点。

3)美国次贷危机

次贷即"次级按揭贷款","次"的意思是信用低,还债能力低。次级抵押贷款是一个高风险、高收益的行业,是指一些贷款机构向信用程度较差和收入不高的借款人提供的贷款。与传统意义上的标准抵押贷款的区别在于:次级抵押贷款对贷款者信用记录和还款能力要求不高,贷款利率相应地比一般抵押贷款高很多。那些因信用记录不好或偿还能力较弱而被银行拒绝提供优质抵押贷款的人,会申请次级抵押贷款购买住房。房价高涨时期,由于抵押品价值充足,贷款不会产生问题。但 2006 年,随着美国住房市场的降温尤其是短期利率的提高,次贷还款利率也大幅上升,购房者的还贷负担大为加重。同时,住房市场的持续降温也使购房者出售住房或者通过抵押住房再融资变得困难。这种局面直接导致大批次贷的借款人不能按期偿还贷款,银行收回房屋,却卖不到高价,大面积亏损,引发了次贷危机。美国的次贷危机是从 2006 年春季开始逐步显现的,2007 年 8 月开始席卷美国、欧盟和日本等世界主要金融市场,随后发展成全球性的金融危机。

美国次级债危机在全球范围引起了超级恐慌,美国标普 500 指数跌了 41%,创下 1929—1933 年"大萧条"时期以来最大跌幅。2008 年全年美国股市市值"蒸发"达创纪录的 7.3 万亿美元。英、法、德 3 大股市全年的跌幅都在 4 成左右,日本股市则暴挫 42%,创历来跌幅之最。发达经济体如此,以往一直以"免疫力"强著称的新兴市场也未能幸免。其中,受到油价下跌和金融危机双重打击的俄罗斯股市全年跌幅超过 70%,高居全球之首。"金砖四国"中的另外 3 国——中国、印度和巴西,股市全年跌幅都超过 40% 甚至高达 60%。此次危机成为第二次世界大战以来最严重的国际金融危机,使得各国的与次级贷款相联系的银行、对冲基金、私人基金以及国家主权基金等都蒙受了巨大的亏损,同时,给各个国家的股市、债市、汇市都带来了巨大的波动,并引发了世界经济的严重衰退。

4)欧洲主权债务危机

2008 年全球金融危机爆发后,各国政府采取了史无前例的救助措施,全球市场由雷曼破产后的极度恐慌逐渐趋于平静。正当世界经济开始步履蹒跚迈动复苏步伐之时,欧洲主权债务危机在希腊爆发。2009 年 10 月 20 日,希腊政府宣布当年财政赤字占国内生产总值的比例将超过 12%,远高于欧盟设定的 3% 上限。同年 12 月,全球 3 大评级公司相继下调希腊主权信用评级,希腊危机愈演愈烈,欧洲主权债务危机率先在希腊爆发。欧元区作为一个整体,内在联系十分紧密。2010 年年初,欧洲其他国家也相继陷入这场主权债务危机中,包括比利时这些外界认为比较稳健的国家,以及欧元区内经济实力较强的西班牙,都预报未来 3 年预算赤字居高不下,希腊已非危机主角,整个欧盟都受到债务危机困扰。欧洲主权国家债务危机直接影响了欧元区的经济增长,给全球经济复苏增加了较大的不确定性,甚至被称为"经济的一次 9 级地震"。在世界经济复苏基础仍然薄弱的形势下,希腊主权债务危机造成的"蝴蝶效应"迅速在全球范围引发恐慌。

2010 年 5 月 9 日,欧盟多国财长通过一个总值 7 500 亿欧元的全面救助计划,用以成立一个欧洲金融稳定基金(EFSF),希望借以确保欧洲整体的金融稳定。欧洲主权债务危机,主要源自希腊急于援用巨额融资来设法支付大量到期公债,以避免出现债务违约的风险。有鉴于此,欧元区国家与国际货币基金组织在 2010 年 5 月 2 日同意向希腊提供总值 1 100 亿欧元贷款,但条件是希腊需要厉行一系列的紧缩开支措施。继希腊以后,爱尔兰在同年 11 月也获得总值 850 亿欧元的救助方案,而葡萄牙则在 2011 年 5 月获得另一个总值 780 亿欧元的援助。在 2011 年 5 月,债务危机因为希腊再度在支付到期公债方面出现问题而重新涌现。不少希腊国民因反对政府计划推出的紧缩开支措施而发起上街示威,群情激愤。一直到 2011 年 6 月底,希腊政府勉强通过新一轮的紧缩开支方案,从而获得欧盟领袖承诺提供援助支持希腊经济,该国引发的危机才得以受到控制。

欧债危机的源头是次贷危机。一国在繁荣时期私人债务相对较高,但危机之后,财政收入减少,经济下滑,抗衰退支出增加,财政状况恶化,主权债务会增加。所以,欧债危机实际上是美国次贷危机引发的国际金融危机的延续和深化。

4.3.2 国际货币体系改革

现行国际货币体系改革的核心问题是国际储备货币问题、汇率制度问题和各国在国际金融机构话语权问题。进一步改革的难点也在于这 3 个问题。

首先,国际储备货币问题。布雷顿森林体系之所以瓦解,其原因在于:国际储备货币的充足和人们对其信心的维持是难以兼顾的,即存在"特里芬两难"。虽然现行体系下出现了储备货币多元化的趋势,但仍然没有解决这一问题。美元依然主导着现行体系下的国际储备资产的供给和价值高低,发展中国家只能被动地接受发达国家输出的储备资产。国际货币体系的重心仍向美国等发达国家倾斜,发展中国家难以摆脱对美国等发达国家经济与金融的依赖。

其次,汇率制度问题。现行体系下的汇率制度,难以建立起稳定的汇率形成机制,存在发达国家对汇率制度的主动安排和发展中国家被动选择的矛盾。发达国家以市场经济充分发展为基础,一般实行浮动汇率制,并能左右国际汇率水平及其变动趋势。而大多数发展中国家由于其经济与金融发展的依附性,只能被动地选择盯住美元等少数几种货币的盯住汇率制,汇率缺乏弹性,且极具脆弱性,汇率水平难以反映发达国家和发展中国家的实际水平,削弱了汇率杠杆对经济发展的调节作用,且在大规模无序的国际资本流动中,维持盯住汇率制度的成本很大,破坏了发展中国家货币政策的独立性。

再次,话语权问题。国际货币基金组织(IMF)有一项规定,有关国际货币体系改革的任何重要问题,如修改协定、调整份额等,必须有 85% 以上的投票权才能通过。而美国目前在 IMF 中的投票权是 16.76% ,欧盟作为一个整体拥有 30% 的投票权,美国和欧盟具有一票否决权,这增加了货币体系改革的难度。发展中国家在国际金融机构中难以发挥应有的作用,发展中国家的利益也难以得到体现。

针对现行体系的诸多缺陷,尤其是 2008 年爆发的金融危机,国际社会对牙买加体系进行了一些改革,主要有:改革 IMF 的内部治理机构,增加发展中国家的份额和话语权;向发展中国家和转轨国家转移 4.59% 的投票权;成立金融稳定委员会,对全球宏观经济和金融市场上的风险实施监督;将 G20 峰会作为协商世界经济事务的主要平台;加强金融监管,制定新的《巴塞尔协议Ⅲ》,进一步严格银行资本金和流动资金标准。但上述的这些改革措施并没有从根本上解决现行体系所存在的诸多缺陷,国际货币体系急需进一步改革。

本章主要内容概要

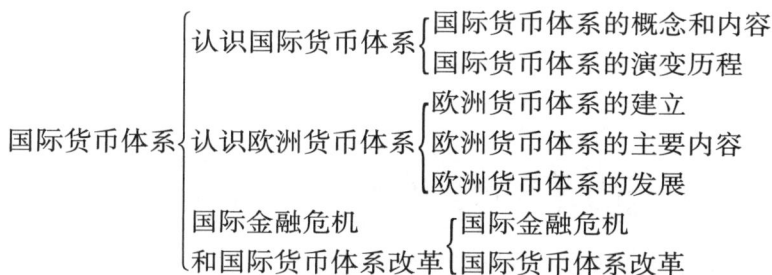

国际货币体系 {
认识国际货币体系 {
国际货币体系的概念和内容
国际货币体系的演变历程
}
认识欧洲货币体系 {
欧洲货币体系的建立
欧洲货币体系的主要内容
欧洲货币体系的发展
}
国际金融危机和国际货币体系改革 {
国际金融危机
国际货币体系改革
}
}

课后习题与技能训练

课后习题

1. 判断题

(1)布雷顿森林体系实际上属于金汇兑本位制,美元等同于黄金。　　(　　)

(2)在牙买加体系下,各国可以自主地选择汇率制度安排。　　(　　)

(3)1973 年布雷顿森林体系崩溃后,美元不再是国际上最主要的储备货币、支付货币和计价货币了。　　(　　)

（4）欧洲货币体系下,成员国货币之间实行固定汇率制,而对非成员国实行联合浮动。（　　）

（5）在金本位下,金币自由铸造、自由兑换、黄金自由输出、输入国境。（　　）

2.选择题

（1）第二次世界大战后的国际货币体系称为（　　）。

    A.金汇兑本位制　　　　　　　　　B.金本位制

    C.布雷顿森林体系　　　　　　　　D.牙买加体系

（2）下列属于布雷顿森林体系内容的有（　　）。

    A.制定了稀缺货币条款　　　　　　B.浮动汇率合法化

    C.黄金非货币化　　　　　　　　　D.废除外汇管制

    E.建立国际货币基金组织　　　　　F.增加成员国的基金份额

（3）下列属于牙买加协议体系内容的有（　　）。

    A.制定了稀缺货币条款　　　　　　B.浮动汇率合法化

    C.黄金非货币化　　　　　　　　　D.废除外汇管制

    E.建立国际货币基金组织　　　　　F.增加成员国的基金份额

（4）欧洲货币体系的主要组成部分为（　　）。

    A.欧洲货币单位　　　　　　　　　B.欧洲货币合作基金

    C.稳定汇率机制　　　　　　　　　D.实施统一货币欧元

（5）现行国际货币体系改革的核心问题是（　　）。

    A.国际储备货币问题　　　　　　　B.汇率制度问题

    C.各国在国际金融机构话语权问题　D.美国的态度问题

案例分析题

国际货币体系的改革方向

最近30年来,国际金融危机频繁爆发,深刻地暴露出当前美元本位制的根本缺陷,使改革当前国际货币体系的呼声越来越强烈。关于当前国际货币体系改革的倡议,主要可以分为3类,这恰好也反映了未来国际货币体系的3大潜在改革方向。

方向之一,在目前的美元本位制基础上进行修补,特别是建立以美联储为核心的双边本币互换机制,来作为应对各国金融风险的新机制。本轮全球金融危机爆发后,美联储将其在次贷危机期间与部分发达国家央行签署的双边美元互换机制永久化,就体现了这方面的努力。这种改革方向的优点包括:第一,属于存量改革而非增量改革,因此面临的阻力较小;第二,新增的双边美元互换机制能够在紧急时刻提供必要的国际流动性,从而缓解危机爆发时的紧张情绪。

方向之二,随着美元地位逐渐衰落,欧元与人民币地位逐渐上升,最终形成美元、欧元与人民币三足鼎立、共同充当全球储备货币的格局。国际货币体系多极化最显著优点是在美元、欧元、人民币各自发行当局之间形成了一种竞争机制。如果哪种货币发得过多,那么市场就会采用"用脚投票"的办法,减持该货币而增持其他货币。这种竞争机制一方面能够部分克服广义特里芬难题；另一方面，使得各储备货币发行国在制定本国货币政策时，不得不兼顾全球经济对流动性的需求状况。

方向之三，在现有的国际储备货币之外另起炉灶，创建一种全新的超主权储备货币。2009 年 3 月，中国人民银行行长周小川公开提出，在国际储备中扩大"特别提款权"（SDR）用途，从而降低对美元依赖的建议，用超主权储备货币来充当全球储备货币。一来可以从根本上克服广义特里芬难题，即将储备货币的发行与任何国家的经常账户逆差脱离开来；二来可以避免储备货币发行国国内货币政策对全球经济造成的负外部性；三来可以在铸币税的分享与使用方面兼顾全球公平，因此是一种理想的改革方案。然而，要从无到有创建一种全新超主权货币，不仅需要美国这样的既得利益者做出重大让步，而且需要全球各经济体集体行动，创建类似全球央行的机构。

综上所述，当前国际货币体系改革的 3 个潜在方向，既具有各自的独特优势，又具有各自的缺点。不过，从深层次来看，这 3 个改革方向并不是相互排斥与替代的关系，很可能是相互补充的。从时间维度来看，对现有体系进行修补，形成多极化的储备货币体系，创建超主权储备货币，更像是在短期、中期与长期内国际货币体系改革的不同层次的目标。从大方向上来看，国际货币体系的改革正在由一个国家主导向由多个国家甚至国家群体主导的体系演进。

分组讨论：

1. 现行的国际货币体系有哪些弊端？

2. 国际货币体系改革的 3 个潜在方向，你认为有哪些缺点？

3. 中国作为世界第二大经济体，参与国际货币体系改革有哪些途径？

技能训练

技能训练

利用网络视频观看中央电视台 10 集大型纪录片《货币》系列，包括以下内容。

第 1 集　有价星球

第 2 集　从哪里来

第 3 集　黄金命运

第 4 集　银行历程

第 5 集　权力之争

第 6 集　通胀之觞

第 7 集　三条红线

第 8 集　汇率之路

第 9 集　跨越国界

第 10 集　未来多远

看完后撰写一份观后感，具体包括以下内容。

1. 简述国际货币体系的发展历程。

2. 论述人民币在国际货币体系中的地位。

3. 展望国际货币体系的发展趋势。

第 5 章
外汇业务和货币折算

学习目标

1.熟悉外汇交易的运行系统。

2.能够办理电汇、信汇、票汇业务。

3.了解银行间以及银行与客户间即期外汇买卖程序。

4.能够正确计算远期汇率。

5.熟悉即期和远期外汇交易交割日。

6.明确远期汇率和利率的关系。

7.能够发现间接套汇机会。

8.能够在实际业务中进行货币折算。

9.能够利用掉期业务规避风险、实现投资收益和调整资金的期限结构。

10.能够利用即期外汇业务、远期外汇业务、套汇、套利进行外汇投机和外汇保值。

11.对中国银行的远期外汇业务和人民币 NDF 业务有所了解。

案例导入

兆驰股份开展 2018 年远期外汇交易业务

兆驰股份(002429)2018 年 3 月 7 日午间公告,公司于 2018 年 3 月 6 日召开第四届董事会第 22 次会议,审议通过了《关于开展 2018 年远期外汇交易业务的议案》。为有效规避和防范外汇市场风险,公司及纳入合并报表范围内的下属公司拟于 2018 年第 2 次临时股东大会通过之日起 12 个月内,以境内外商业银行作为交易对手方,进行折合不超过 10 亿美元的远期外汇交易业务。

公司表示,其境外销售收入占主营业务收入总额的 40% 左右,材料采购也部分来自境外,收汇或付汇主要以美元、欧元、港币进行结算。当收付货币汇率出现较大波动,或实际汇率与记账货币汇率出现较大差异时,汇兑损益会对经营业绩产生较大影响。公司为了降低汇率波动对利润的影响,使公司及海外控股子公司专注于生产经营,拟通过在金融机构开展远期外汇交易业务进行汇兑保值,锁定汇兑成本,降低经营风险。公司不做投机性、套利性的交易操作。

(资料来源:中国证券报,2018-03-07)

思考:

1. 上市公司开展的主要外汇业务有哪些?
2. 上市公司为什么要开展外汇业务?

5.1　认识外汇市场

5.1.1　外汇市场的概念

外汇交易是在外汇市场完成的。外汇市场是指由外汇需求者和外汇供给者以及买卖中介机构所构成的,以各种货币为买卖对象的交易市场。它可以是有形的——如外汇交易所,也可以是无形的——如通过计算机网络系统进行的外汇交易。

外汇市场为全球交易量最大的单一金融市场,每天的交易量为一万九千亿美元,高交易量能避免价格受大户或基金入市而出现大幅波动,给客户提供一个较为安全及公平的交易途径。外汇市场的产生,起初是由于国际贸易的大规模发展而产生的汇兑及避险需要,后来人们发现汇率的波动差价能够带来巨大的投机收益,于是外汇市场逐渐发展成以投机目的为主的市场,现在,每天巨大的成交量当中,为贸易和避险需要的只占据了大约 5%,95% 的交易是由于投机而产生的。

5.1.2 外汇市场的交易时间

目前,世界上有 30 多个主要的外汇市场,它们遍布于世界各大洲的不同国家和地区。根据传统的地域划分,可分为亚洲、欧洲、北美洲和大洋洲四部分,其中,最重要的有欧洲的伦敦、法兰克福、苏黎世和巴黎,北美洲的纽约和洛杉矶,大洋洲的悉尼,亚洲的东京、新加坡和香港等。

各市场被距离和时间所隔,它们敏感地相互影响又各自独立。一个中心每天营业结束后,就把订单传递到别的中心,为下一市场的开盘定下了基调。由于所处的时区不同,各外汇市场在营业时间上此开彼关,相继挂牌营业,它们相互之间通过先进的通信设备和计算机网络连成一体,市场的参与者可以在世界各地进行交易,外汇资金流动顺畅,市场间的汇率差异极小,形成了全球一体化运作、全天候运行的统一的国际外汇市场。比如,投资者若在上午纽约市场上买进日元,晚间香港市场开市后日元上扬,投资者可在香港市场卖出,即不管投资者本人在哪里,他都可以参与任何市场,任何时间的买卖。因此,可以说外汇市场是一个没有时间和空间障碍的市场。

表 5.1 世界主要外汇交易市场开收盘时间表

地　区	市　场	当地开收盘时间	非夏令时时段		夏令时时段	
			换算为北京时间的开收盘时间			
			开盘	收盘	开盘	收盘
大洋洲	惠灵顿	9:00—17:00	05:00	13:00	04:00	12:00
	悉尼	9:00—17:00	07:00	15:00	06:00	14:00
亚洲	东京	9:00—15:30	08:00	14:30	08:00	14:30
	香港	9:00—16:00	09:00	16:00	09:00	16:00
	新加坡	9:30—16:30	09:30	16:30	09:30	16:30
欧洲	法兰克福	9:00—16:00	16:00	23:00	15:00	22:00
	苏黎世	9:00—16:00	16:00	23:00	15:00	22:00
	巴黎	9:00—16:00	16:00	23:00	15:00	22:00
	伦敦	9:30—16:30	17:30	(次日)00:30	16:30	23:30
北美洲	纽约	8:30—15:00	21:00	(次日)04:00	20:00	(次日)03:00
	芝加哥	8:30—15:00	22:00	(次日)05:00	21:00	(次日)04:00

5.1.3 外汇市场的类型

从不同角度划分,外汇市场有以下类型:

1）从形式上看，外汇市场分为交易所市场和柜台市场

交易所市场有固定的交易场所，如巴黎、法兰克福、布鲁塞尔、阿姆斯特丹和米兰等国家的外汇交易所。在这个市场上，从事外汇交易的当事人是在规定的营业时间内和固定的场所中进行交易的。由于这种交易方式流行于欧洲大陆，故又称为"大陆方式"。

柜台市场没有一定的开盘收盘时间，也没有固定的具体场所，外汇买卖的双方也无须面对面地进行交易，而是通过电话、电报、电传、网络等通信设备进行接触和联系，达成外汇交易。由于英美两大国都采取这种方式，因此，这种方式又称为"英美方式"。这种市场是全球性的，地位最高、影响最大。

2）从外汇交易参与者的不同，外汇市场可以分为狭义的外汇市场和广义的外汇市场

狭义的外汇市场，又叫外汇批发市场，它是特指银行同业之间的外汇交易市场，包括外汇银行之间、外汇银行与中央银行之间以及中央银行之间的外汇交易。广义的外汇市场，除了上述狭义外汇市场之外，还包括银行同一般客户之间的外汇市场。这部分市场也叫外汇零售市场。

3）从外汇管理制度看，外汇市场可分为自由外汇市场和管制外汇市场

在自由外汇市场上，政府、机构和个人可以买卖任何币种、任何数量的外汇，汇率随行就市，发达国家大多采用这种外汇市场。而发展中国家普遍采用管制外汇市场，不允许自由外汇市场存在。由于政府的限制和法律的不允许，外汇的非法市场迅速发展，以满足交易者的需要。这些非法的外汇市场俗称为外汇黑市。

4）从外汇交易的交割期划分，可分为即期和远期外汇市场

①即期外汇市场（详见 5.2 即期外汇业务操作）。
②远期外汇市场（详见 5.3 远期外汇业务操作）。

5.1.4　外汇市场的参与者

外汇市场的参与者主要包括：外汇银行、外汇经纪人、客户和中央银行。

1）外汇银行

外汇银行的全称为外汇指定银行，即经过本国中央银行指定或授权，可以经营外汇业务的商业银行或其他金融机构。它包括专营和兼营外汇业务的本国商业银行；在本国的外国银行分支机构或代办机构；其他金融机构。外汇银行参与外汇交易的目的有 3 个：一是向客户提供尽可能全面的服务；二是平衡银行的外汇头寸，为了防止汇率风险而在银行同业市场上进行的轧差买卖；三是承担汇率风险从事投机交易，外汇市场上大多数外汇交易是通过外汇银行进行的，因此外汇银行是外汇市场上最主

要的参与者。实力雄厚的外汇银行常常充当做市商的角色,充当做市商的商业银行通常会愿意承担汇率风险并经常从事投机交易。

资料链接 5.1

中国的外汇银行

中国的外汇银行是指除了地方性商业银行、农村合作银行、农村信用社以外的其他所有商业银行,包括中国银行、中国农业银行、中国建设银行、中国工商银行、交通银行以及一些诸如招商银行、浦东发展银行、光大银行、中信银行等股份制银行。

2)外汇经纪人

外汇经纪人是以赚取佣金为目的,在外汇市场上为银行与银行、银行与客户之间的外汇交易进行介绍、接洽并具有一定资格的人员。这种人员可分成两类:一是一般经纪人,即以自有资金参与外汇交易、自负盈亏,这类经纪人称为自营商;二是"跑街经纪人"或称外汇掮客,专代客户买卖外汇以赚取佣金,他们利用电信设备和交通工具奔走联络于银行、进出口厂商、贴现行等机构之间接洽外汇交易。外汇经纪人在外汇市场上的作用主要在于提高外汇交易的效率。这主要体现在成交的速度和价格上。

3)客户

客户是指与外汇银行和外汇经纪人进行外汇业务往来的自然人和法人,分为以下 3 种:

①交易性的外汇买卖者,包括个人和企业,如进口商、出口商、国际投资者等。

②投机性的外汇买卖者,即外汇投机商。

③非营利性的外汇买卖者,包括国际旅游者、出国留学生、汇出或汇入侨汇者、提供或接受外币的机构和个人等。

4)中央银行等外汇管理机构

中央银行是一国行使金融管理和监督职能的专门机构。基于管理外汇市场的重任,中央银行经常通过参加外汇市场的交易来干预市场,将汇率维持在目标水平上,从而促进国民经济的发展。除中央银行以外,其他政府机构有时也进入外汇市场参与交易,如财政部、商业部等。但中央银行始终是外汇市场上最经常、最重要的官方参与者。

课堂练习 5.1

比较以下 4 个角色的地位和作用,并完成表 5.2。

表 5.2　外汇市场参与者的区别

项　目	外汇银行	外汇经纪人	客　户	中央银行
地位				
主要业务				
对价格影响				
作用				

资料链接 5.2

世界重要的外汇市场

国际外汇市场统一体是由各国国际金融中心的外汇市场构成的。目前,世界上比较大的外汇市场有 30 多个,其中最重要的是伦敦、纽约、香港、东京、新加坡、苏黎世、巴黎和法兰克福外汇市场等。

1. 伦敦外汇市场

伦敦外汇市场是久负盛名的国际外汇市场。第二次世界大战前,由于英国经济和银行、保险等业都居于世界领先地位,英镑是当时最主要的国际货币,大量的外汇业务使伦敦外汇市场在世界上独占鳌头。虽然战后英国经济衰落,但由于在历史上建立起来的国际金融关系和信誉,以及长期积累起来的业务经验和技术,伦敦仍不失为世界上最重要的外汇市场。

伦敦外汇市场是抽象的外汇市场,通过电话、电报、电传和计算机网络与世界各地外汇市场进行联系,完成外汇交易。它处于全球时区适中的位置,得天独厚的地理条件对全球交易十分有利。开市与亚洲香港、新加坡外汇市场的尾市接上,参照这些外汇市场的汇率,确定伦敦外汇市场上各种货币的开盘价。上午便可与中东、非洲、欧洲国家的外汇市场进行交易。下午又可与纽约外汇市场进行两小时的交易。在一天营业时间里,与世界其他各主要外汇市场基本都能保持衔接。

2. 纽约外汇市场

纽约外汇市场交易量仅次于伦敦外汇市场,是当今世界上最大的外汇市场之一。战后美国经济实力大增,对外经济关系迅速发展,英镑被美元取而代之,美元成为世界上最主要的储备货币和清算手段。由于美国实行开放政策,不实行外汇管制,使纽约外汇市场不仅是美国国内的外汇交易中心,也是世界各国外汇结算的枢纽。

战后,美元成为国际结算中使用最多的货币。美国厂商在进行国际经济交易时,可以直接用美元而不必用其他外币来报价和进行支付。外国银行大多在美国银行开立账户、存入美元。当出售美元外汇时,只要把美元存款从其账户上划拨到购买美元外汇的银行账户上即可。反之,外国银行购买美元外汇,不过是将其他银行的美元存款划拨到自己的账户上来。这样,纽约外汇市场就成了全世界美元交易的清算中心。

3. 香港外汇市场

香港是个自由港,1973 年起取消了外汇管制,由于它与内地和东南亚的紧密联系,与世界各地有良好的业务往来,加之良好的地理位置填补了欧洲与北美之间的时差距离,逐渐发展成世界性外汇市场。

香港外汇市场是抽象的外汇市场,外汇业务以港币兑美元为主,其次是日元和欧元,再次是英镑、加元、澳元和东南亚各国货币。香港外汇市场与伦敦、纽约外汇市场保持着密切的联系,只要欧美外汇市场上有新的外汇业务就会很快地传到香港来。因此,香港外汇市场上金融创新品种比较多。1997 年 7 月 1 日回归中国后,中央政府继续支持香港特别行政区自由港的地位,继续支持其作为国际贸易和国际金融中心的地位。在中央政府的支持下,香港外汇市场在国际外汇市场体系中的地位不断加强。

4. 东京外汇市场

国际贸易是日本经济的生命线,东京外汇市场是随着日本的对外经济的发展而发展起来的。20 世纪 80 年代以来,日本政府积极推动日元国际化,国际收支长期保持顺差,外汇储备迅速扩大,这些年来一直居于世界首位。这些都促进了东京外汇市场的发展。同时,亚太地区经济的快速增长,也使东京外汇市场地位越来越高。现在,东京外汇市场已成为世界第三大外汇市场。

东京外汇市场也是无形的外汇市场,其中有银行 300 多家,外国银行 99 家,本国银行 200 多家。由于日本进出口多以美元结算,因此 90% 以上是日元和美元之间的买卖,日元对其他货币的交易较少。

5. 新加坡外汇市场

新加坡原是亚洲转口贸易的集散地,20 世纪 60 年代中期以后,引进外资,发展本地工业,扩大出口,改变单纯依赖转口的经济结构。同时,发展国际金融服务业,增加无形收入,在政策上取消外汇管制,免除外汇存款的利息所得税,允许外币债券发行。在这种完全自由的金融环境下,各种外资纷纷涌进新加坡,形成了以新加坡为中心的亚洲美元市场。在亚太地区经济高速增长的背景下,新加坡外汇市场与亚洲美元市场相辅相成,相互促进,逐渐发展成为世界第四大外汇市场。

新加坡外汇市场也是无形外汇市场,所处的时区和地理位置比较优越,早上可与东京、香港、吉隆坡等地市场交易,中午可与澳大利亚、新西兰市场交易,下午可与中东、欧洲等各金融中心交易,晚上可与美国、加拿大等地市场交易。

6. 苏黎世外汇市场

瑞士是个永久的中立国,政局稳定,两次世界大战均未遭受创伤,长期处于债权国地位,且始终实行货币自由兑换制度,加之实行严格的银行存款保密制度,为其赢得了世界性的声誉,吸引了大量外来资金,从而使苏黎世外汇市场比较活跃。

苏黎世外汇市场也属于无形的外汇市场,参加者有瑞士银行、瑞士信贷银行、瑞士联合银行、国际清算银行、瑞士国家银行(瑞士央行)、外国银行的分支机构及经营国际金融业务的其他银行。苏黎世外汇市场没有经纪人,所有的银行间的外汇交易都是直接进行的。主要业务是瑞士法郎兑美元的交易,兑其他货币的交易通过美元进行交叉买卖,所以,瑞士法郎兑美元的汇率是苏黎世外汇市场的主要汇率,瑞士法郎兑其他货币的汇率通过美元套算得出。除现汇市场外,远期外汇市场也比较发达。瑞士中央银行除用即期外汇交易干预市场外,有时还用远期外汇交易的办法来维持市场汇率的稳定。

7. 巴黎外汇市场

巴黎外汇市场历史悠久,但真正发展成为世界重要的金融中心之一是20世纪60年代以后的事情。由于法国对外贸易的发展,欧洲货币市场的形成和扩大,以及20世纪70年代以来外汇管制的放松,法郎地位的加强,巴黎外汇市场的地位才不断提高。

随着现代通信技术的发展和计算机技术的应用,巴黎外汇市场"大陆方式"的有形市场变成与无形市场相结合的方式。有形市场的交易项目仅限于决定对客户交易的公定汇率,或调整各自即期交易的头寸。现在,大量的交易已是在无形市场中完成。

巴黎外汇市场名义上是所有的外币都可以买卖,但实际上是以买卖美元、英镑、欧元、瑞士法郎货币为主。

8. 法兰克福外汇市场

法兰克福具有悠久的金融历史,是德国中央银行(德意志联邦银行)总部的所在地。长期以来,由于实行自由汇兑制度,随着德国经济的迅速发展,马克地位的不断提高,法兰克福外汇市场逐渐加入世界主要外汇市场的行列中来。

法兰克福外汇市场是有形的具体外汇市场,随着现代化通信设施和计算机网络技术的应用,固定交易场所的交易方式正在向无形市场转变。法兰克福外汇市场由两部分构成:一是每天正式"定价"市场;二是一般市场即转变成的无形市场。"定价"活动由官方指定的外汇经纪人代表央行负责进行,每天中午12时45分根据法兰克福、杜塞尔多夫、汉堡、慕尼黑和柏林的5大交易所向其口头或通过电话提出的交易委托确定汇率。如果委托的买卖不平衡,汇率就相应地有所变动,一直到买卖能够平衡,或者由央行进行干预吸收过剩的外汇或提供短缺的外汇以达到平衡。然后根据已经确定的汇率进入一般市场交易。

法兰克福外汇市场交易的货币有美元、英镑、瑞士法郎、欧元等。交易的种类有即期、远期、掉期、套汇、套利等业务。

课堂练习5.2

请上网查阅中国的外汇交易中心相关交易规定。

5.1.5　外汇市场交易的技术工具

目前的外汇交易大都借助于先进的交易设备在无形市场中完成,不受交易场所的限制。在无形市场中,买卖双方的交易员分布于不同的国家和地区的外汇市场,借助现代交易工具迅速成交。这些交易工具包括以下类型:

1)电话

在外汇市场,电话委托是进行个人外汇买卖的投资者采用最多的交易方式。因此,银行的交易电话普遍设有多条线路。同时,为了保障银行的自身安全,避免成交后的纠纷,许多银行不惜花费巨资安装或改善录音系统,如配备多声道电话录音的国际直拨电话(IDD)。

2)电传

电传在20年前还是外汇市场上的常用工具,但是在卫星通信技术十分发达的今天,由于电传速度较慢,其作为主要交易工具的地位已经被电话和路透社交易系统取代。但在一些大银行的交易室内,仍配有几部电传机以备与一些小银行或客户报价使用。

3)世界外汇交易机构终端

(1)路透交易系统

路透交易系统是一种高速计算机系统,操作十分简便,其主要设备包括控器、键盘和打印机。用户通过有关部门将自己的终端机和路透交易系统连接上后,交易员只需启动机器,通过键盘输入自己的终端密码,即可用键盘与对方银行联系。全世界参加路透社交易系统的数千家银行,每家银行都有一个指定的代码,如中国银行总行的代码为BCDD。交易员若想与某银行进行交易,在键盘上输入对方银行的代号,叫通后即可询问交易价格,并可与其还价。交易员还可以同时与多个交易对手询价,即时选择最优价成交,如果交易对手在议价过程中,想要更改价格或其他项目,按动中断键便可以重新控制对话。对话完毕,双方的交易过程全部显示在终端机的荧光屏上,交易完毕后即可通过打印机打印出来。这种由终端机打印出来的文件,即双方交易的文字记录,也是最重要的交易合同依据。

(2)EBS

EBS是“电子经纪系统”的缩写。1993年,全球14家最大的外汇银行成立合伙公司,投资5 000万美元发展EBS交易系统。目前,EBS是全球最大的外汇及贵重金属交易平台供货商。17家EBS Prime银行包括荷兰银行、美国国际集团(AIG)、美国银行等全球知名金融机构。

EBS和路透是国际上两大外汇交易平台供货商。这两家是主要竞争者,其他的平台规模都要小得多。EBS在全球的交易量要比路透大,平均每天达到1 200亿美元,但在亚洲,路透渗透得更广一点。从币种来看,在英镑、小币种方面,路透较强,而美元、日元和欧元,则EBS更具竞争力。

资料链接5.3

英国脱欧公投 EBS交易平台外汇交易量激增

2016年6月23日,英国举行公投,决定是否继续留在欧盟,投票结果当地时间24

日清晨出炉,脱欧阵营以 51.9% 对留欧阵营 48.1% 的微弱得票优势胜出。在英国公投决定退出欧盟后当周,外汇交易平台 EBS 的美元、欧元及日元平均日成交量增加超过 1 倍。因交易商猜测英国脱欧对英国及欧洲其他地区的冲击,市场波动加剧。

英国脱欧决定令欧洲领导人感到震惊,全球金融市场遭遇腥风血雨,英镑触及 30 年低点。专家将英国脱欧视为欧盟诞生以来最沉重的打击。6 月,三大货币平均日成交量较前月暴增 43%。EBS 在 6 月 24 日的日成交量至少增加 1 倍,突破 2 000 亿美元,市场对英国脱欧反应激烈。

(资料来源:搜狐网,2016-07-07)

5.2　即期外汇业务操作

5.2.1　认识即期外汇交易

1)即期外汇交易概念

即期外汇业务又称现汇交易,是指外汇买卖成交后,交易双方于当天或两个交易日内办理交割手续的一种交易行为。即期外汇交易是外汇市场上最常见、最普遍的交易方式,约占外汇交易总额的 2/3。平时,我们在各大媒体上所见到的汇率在没有特别指明的情况下,都是即期汇率。即期外汇交易的汇率(即期汇率)构成了所有外汇汇率的基础,其他外汇交易的汇率都是在此基础上计算出来的。

2)成交日和交割日

(1)明确两对概念

①成交日和交割日。

A. 成交日是指外汇交易双方达成买卖协议的日期。

B. 交割日是指买卖双方支付货币的日期。由于绝大多数外汇交易通过银行进行结算、收付货币,交割通常表现为交易双方按对方的要求,将卖出的货币解入对方指定的银行,因此,交割日也叫起息日,意味着买卖双方解入账户的货币从这一天开始计息。

②成交地和交割地。

A. 成交地是指外汇交易双方达成买卖协议的地点。

B. 交割地也称结算地。是指交易货币的发行国家或地区。

我们所说的货币交割就是货币到账,而所谓到账是指该货币汇入到该货币发行国或地区的银行账户。

(2)交割日的确定

根据不同的市场习惯,即期外汇交易的交割日不同,主要有以下 3 种类型:

①标准日交割。标准交割日是指采用 T+2 的交割方式。目前大部分的即期外汇交易都采用这种方式,尤以欧美市场为典型。如果遇上非营业日,则向后递延到下一个营业日。目前,大部分的即期外汇交易都是采用这种方式。

②隔日交割。隔日交割是指采用 T+1 的交割方式。采用这种类型的主要是亚洲的一些国家,如日本、新加坡、马来西亚等。香港外汇市场复杂一些,在香港港元兑日元、新加坡元、澳元、马来西亚林吉特采取这种 T+1 交割方式,而对其他货币采取 T+2 交割方式。

③当日交割。当日交割是指采用 T+0 的交割方式。一般银行与境内客户的零星即期外汇买卖都是采用当日交割。以前在香港市场上美元与港元的交易可以在当日进行交割,1989 年改为标准日交割。我国个人外汇交易的交割方式属于当日交割。

（3）交割日的顺延

根据国际金融市场惯例,交割日必须是两种货币的发行国家或地区的营业日,若在两天中恰逢两种货币发行国中某国银行(美国银行除外)的假日则交割时间顺延。顺延有以下两种情况:

①如果成交后的第一天是两个结算国中某国银行的假日,这一天不算营业日,交割时间顺序推迟。

②如果成交后的第一天是两国银行的营业日,但第二天是其中某一国银行的假日,这一天不算营业日,交割时间顺序推迟。

但涉及美元时,情况特殊一些。如果两天中的头一天在美国是银行的假日,但在另一国不是,这一天也算作是营业日。这样在对美元进行的即期交易中,交割日的确定可能出现 4 种情况。

例如,某交易者以美元买入即期欧元,星期一成交,则可能会出现以下 4 种情况:

A. 星期二、星期三两国银行都营业,交割日为星期三。

B. 星期二是德国银行的假日,但美国星期二是营业日,交割日推迟到星期四。

C. 星期二是美国银行的假日,但德国星期二是营业日,交割日仍为星期三。

D. 星期二是美国和德国的营业日,但星期三是美国银行或德国银行的假日,交割日都要顺延到星期四。

课堂练习 5.3

1. 如果今天是 2019 年 10 月 23 日(星期三),在纽约某交易者以澳元买入即期欧元,交割日是哪一天?( )。

    A. 10 月 25 日   B. 10 月 26 日   C. 10 月 27 日   D. 10 月 28 日

2. 在一笔即期外汇交易中,付款风险最大的是哪一天?( )。

    A. 今天   B. 明天   C. 标准交割日   D. 每天都一样

3. 一笔星期三交割的即期外汇买卖,本应该在星期五交割,但星期五是一结算国银行的假日,那么交割日是哪一天?

5.2.2　即期外汇交易的操作程序

1)银行间即期外汇交易的程序

（1）询价

一家银行在自报家门之后,向另外一家银行询问某种即期外汇交易的买入价、卖出价。询价是交易的起点,询价行无须表明自己是买者还是卖者的身份,其实在一定程度上身份的选择取决于对方的报价。但询价行要向对方表示交易的数量,因为它会影响汇率的数值。询价有一些约定俗成的规则或惯例要求交易双方在交易时严格遵守。

询价行需要报清所询价格的交易类型、交易币种和交易金额,并可以按照惯例使用缩写。

（2）报价

接到询价的外汇银行,应该迅速、完整地报出所询问的有关货币的买入价、卖出价,它对报价行具有法律约束力。在外汇市场上,报价通常采用简单形式。只报出汇率的最后两位小数,但遇到汇率波动时要将大数同时报出。在成交后的证实中也必须将大数标明。

只要询价行愿意按所报出的汇率进行交易,报价行必须同意,不能反悔、变更或撤销。

（3）成交

询价行接到报价后,表示愿意以报出的价格买入或卖出某个期限多少数额的某种货币,然后由报价银行对此交易承诺。一旦成交,便对交易双方具有约束力。除非双方同意,否则任何一方无权对交易细节进行修改和否认。

（4）证实

当报价行的外汇交易员说“成交”,外汇交易合同即告成立,双方都应遵守自己的承诺。依照惯例,交易得到承诺后,双方当事人都会将交易的所有细节以书面形式互相确认一遍。

通过路透交易机做成的即期外汇交易,交易对话在打印纸上的记录可以作为交易契约,无须进一步确认。若交易是借助电话进行的,则需要再次确认。

（5）交割

交割是外汇交易的最后环节,也是最重要的环节。交易双方需按照对方的要求将已经卖出的货币及时、准确地汇入对方指定的银行存款账户中。

以上过程可以下面的例子来说明:

询价行:即期交易,英镑兑美元,金额 500 万英镑。

报价行:35/37。

询价行:我方卖出英镑。

报价行:500 万英镑成交,证实我方在 1.573 5 买入英镑,卖出美元,起息日为 2018 年 10 月 25 日,英镑请付我伦敦分行账户。谢谢,再见。

询价行:同意,美元请付我纽约分行账户。谢谢,再见。

2)银行与客户间即期外汇交易的程序

下面,以中国银行对公司客户交易为例,说明银行为客户即期外汇买卖的程序。

（1）开立账户

开立相应外汇账户或持转账支票到银行（公司客户须持有进出口贸易合同），在银行开证并开立相应的外币账户,账户中有足够支付的金额,或携带以银行为收款人的转账支票,直接将卖出的货币转入银行。外汇买卖有最低金额限制,如有的银行规定外汇买卖金额不得低于 5 万美元。

（2）填表

填制《保值外汇买卖申请书》（有企业法人代表或有权签字人签字并加盖公章）。客户在填制《保值外汇买卖申请书》时,须向银行预留买入货币的交割账号,交易达成后,银行在交割日当天把客户买入的货币划入上述指定的账户。

客户可通过电话或预留交易指令的方式在银行办理即期外汇买卖。客户申请通过电话交易,须向银行提交由企业法人代表签字并加盖公章的《委托交易授权书》,指定被授权人可通过电话方式与银行叙做即期外汇交易,同时,被授权人必须在银行预留电话交易密码。通过电话交易后的第二个工作日,客户还需向银行补交成交确认书,若对已达成的交易有争议,以银行的交易电话录音为准。

（3）询价

客户向银行询价交易。外汇买卖价格由银行参照国际市场价格确定,客户一旦接受银行报价,交易便成立,客户不得要求更改或取消该交易,否则由此产生的损失及费用由客户承担。

（4）交易

具体内容略。

（5）交割

具体内容略。

5.2.3 即期外汇交易的结算方式

即期汇率交易的结算方式有信汇、票汇和电汇 3 种。一般来说,采用信汇和票汇较少,大部分交易都采用电汇的方式。

1977 年 9 月,环球同业银行金融电讯协会（SWIFT）正式启用,这是一个国际计算和联络网,专门用来处理国际上银行转账和结算。目前,大多数国际性大银行都已加入该系统,凡是该协会的成员银行都有自己特定的 SWIFT 代码。在电汇时,汇出行按照收款行的 SWIFT 代码发送付款电文,就可将款项汇至收款行。这使国际上银行的转账极其迅速和安全。

课堂练习5.4

比较以下 3 种交易结算方式,并完成表 5.3。

表 5.3 即期外汇交易结算方式比较

交易方式	汇款凭证	是否密押	时间长短	费用高低	适用范围	能否转让
电汇						
信汇						
票汇						

5.2.4 即期外汇交易的应用

即期外汇交易是最基本的外汇交易形式,主要应用在以下几个方面。

1)银行与客户之间的即期外汇业务

银行与客户之间的即期外汇业务主要有:汇出汇款、汇入汇款、出口收汇和进口付汇 4 种类型。

(1)汇出汇款

汇出汇款是汇出行接受国内汇款人的委托向国外收款人支付一定金额外币的行为。有外币的汇款人委托汇出行直接汇出;无外币的汇款人则要向汇出行支付本币,兑换成外币后委托汇出行汇出。

(2)汇入汇款

汇入汇款是汇入行接受国外汇款人的委托向国内收款人解付一定金额外币的行为。收款人收到外币后,可存入自己的外币账户,也可以将其卖给银行兑换成本币。

(3)出口收汇

出口收汇是在信用证结算方式下,出口商根据信用证发货并取得全套单据后交银行议付货款,收回一定金额货款的行为。出口商将收回的外币货款卖给银行兑换成本币,称为银行结汇。目前我国的银行结汇制度规定,单位各类外汇收入可自愿按银行挂牌汇率结售给外汇指定银行。

(4)进口付汇

进口付汇是在信用证结算方式下,进口商为取得全套单据,根据信用证规定通过银行向出口商支付一定金额货款的行为。进口商用本币向银行兑换外币,称为银行售汇。我国的银行售汇制度规定,获取经常项目下的正常对外支付用汇,可用人民币到外汇指定银行办理兑付。

银行与客户之间的交易主要是本币与外币的相互买卖,通常与国际结算、投资、借贷等对客户的服务相联系。对客户的外汇支付,银行可按照客户的要求使用电汇、信汇、票汇等方式指示国外账户行借记本行外汇结算账户来办理。对客户的外汇收入,只有在收到外国账户行已贷记本行外汇结算账户的通知后才可给付。

2）银行同业间的即期外汇业务

银行从事银行与客户之间的即期外汇交易,主要是为了获取买卖价差。通常情况下,银行的外汇头寸是不平衡的,处在持有外汇多头或空头的状态。汇率的变动使得持有外汇多头或空头的风险极大。银行同业间的即期外汇业务主要是为了平衡外汇头寸。当某种外汇处于空头状态时,为了防止该外汇汇率上升,必须将空头部分及时补进。银行同业间相互交易,各自得到平衡。

银行同业间的交易主要是各种自由外汇之间的相互买卖,交付时使用电报、电传发文通知账户行借记本行账户、贷记对方行账户来办理交付手续。

3）进行外汇保值、分散风险

对于从事对外贸易及其他国际经济交往的人来说,经常会面临外汇汇率波动的风险。假设 2020 年 8 月 29 日,美元兑日元即期汇率为 133.50。某进口商根据贸易合同,将在 12 月 25 日支付 2 亿日元的进口货款,进口商的资金来源只有美元,由于进口商担心美元兑日元贬值增加换汇成本,因此通过外汇买卖对汇率风险进行保值,进口商通常可做即期外汇买卖:用美元按即期价格 133.50 买入日元,并将日元存入银行,到 6 个月后支付。

4）进行外汇投机

外汇市场上行情起伏不定,甚至暴涨暴跌,从而产生了投机的机会。投机是根据对汇率变动的预期,有意持有外汇的多头或空头,利用汇率变动来获取利润。当预期某种货币升值时,买进该货币;当预期某种货币贬值时,抛出该货币。

资料链接 5.4

中国银行即期外汇交易简介

产品说明:

即期外汇交易业务是指交易双方按当天外汇市场的即期汇率成交,并在交易日以后第二个工作日(T+2)进行交割外汇交易。

产品特点:

1.客户委托银行买入一种货币,卖出另一种货币,实现不同外币之间的转换。

2.直接报价,无须通过人民币搭桥折算,更加贴近市场报价水平,为客户节约交易成本。

币种:

美元、欧元、港币、英镑及其他主要货币。

适用客户：

1.适用于有外币之间买卖需求的客户,用于公司进出口贸易结算,支付信用保证金等。

2.客户需在银行开立外币账户。

办理流程：

1.签订协议。申请者在与中国银行叙做即期外汇交易以前,需保证账户中存有足够的卖出货币余额,并提交《办理外汇买卖申请书》。

2.询价。申请者通过书面委托形式确定即期外汇交易的细节,以此向中国银行询价。

3.成交。交易一旦达成,中国银行以书面形式向申请者发送交易证实。

4.结算。在交割日进行实际交割。

温馨提示：

1.如遇起息日不是银行的营业日或是节假日的情况,则顺延起息日同客户交割。

2.我行也可以按客户的要求,进行当天成交、当天起息和当天成交、第二天起息的外汇交易。

5.3　远期外汇业务操作

5.3.1　认识远期外汇交易

1)远期外汇交易的概念

远期外汇业务,即预约购买与出卖的外汇业务,亦即买卖双方先行签订合同,规定买卖外汇的币种、数额、汇率和将来交割的时间,到规定的交割日期,再按合同规定,卖方交汇,买方付款的外汇业务。远期外汇交易的交割期限,短的几天,长的可达几年,但常见的交易期限为:1 个月、2 个月、3 个月、6 个月、9 个月、1 年。远期外汇交易所使用的汇率就是各种不同交割期限的远期汇率。期限越长,远期汇率的买卖差价越大。

2)交易方式

远期外汇交易主要有两种方式:

①固定交割日的远期交易,即交易双方事先约定在未来某个确定的日期办理货币收付的远期外汇交易。这在实际中是较常用的远期外汇交易方式,又称为标准交割日的远期交易,但它缺乏灵活性和机动性。因为在现实中,外汇买卖者(如进出口商)往往事先并不知道外汇收入和支出的准确时间,所以,他们往往希望与银行约定在未来的一段期限中的某一天办理货币收付。这时,就需采用择期交易方式,即选择交割日的交易。

②选择交割日的远期交易,是指主动请求交易的一方可在成交日的第三天起至约定的期限内的任何一个营业日,要求交易的另一方,按照双方事先约定的远期汇率办理货币收付的远期外汇交易,又称为非标准交割日的远期交易。

3)交割日的确定

远期外汇买卖交割日在大部分国家是按月计算的,但为了客户交易需求,在少数情况下,也可以进行带零头日期的远期交易,如 45 天或 86 天等的远期外汇交易。通常由客户与银行的外汇交易员个别进行协商。远期外汇交易交割日确定有以下几种规则:

①"节假日顺延"规则。远期外汇交易到期时的交割日恰逢银行假日,一般将交割日顺延。

②"日对日"规则。它是以即期外汇交易的交割日加上相应的月数,而不管本月是几天。例如,在 1 月 4 日达成的 2 月期远期外汇合约,即期外汇交易于 1 月 6 日交割,远期交割日则是 2 月 6 日。

③"月底对月底"规则。如果即期交割日恰逢该月最后一个工作日,则远期交割日也安排在相应月份的最后一个工作日。例如,在 1 月 28 日达成的 1 月期远期外汇合约,即期交割日为 1 月 30 日,远期交割日则是 2 月 30 日,但 2 月没有 30 日,1 月期远期交割日在 2 月的最后一个营业日。

④不跨月规则。如果即期交割日恰逢月底,且该日是银行休假日,则即期交割日向前移动一天,远期交割日的推算也按此做出相应调整。例如,3 个月的远期外汇交易的成交日是 4 月 28 日,即期交割日为 4 月 30 日,3 个月期对应的 7 月 30 日、31 日均不是营业日,则交割日不能顺延,否则就跨过 7 月了。因此,按此规则,这笔远期外汇的交割日应退到 7 月 29 日,如果 7 月 29 日仍为假日,则再退到 7 月 28 日,依此类推。

5.3.2 远期汇率的标价方法与计算

远期交易的汇率也称作远期汇率,其标价方法有 3 种:直接报价法、差价法和点数法。

1)直接报价法

直接报价法,即外汇银行直接报出远期外汇交易使用的汇率。这种报价一目了然,通常用于银行对顾客的远期外汇报价,见表 5.4。目前,瑞士和日本的银行同业间远期交易也采用这种方法。在直接报价法下,远期汇率无须计算。

表 5.4　中国银行远期结售汇牌价

货币名称	货币代码	交易期限	买入价	卖出价	中间价	汇率日期
英镑	GBP	1 周	914.359 759	927.999 459	921.179 609	2019-10-22
英镑	GBP	1 个月	915.423 116	929.403 916	922.413 516	2019-10-22

货币名称	货币代码	交易期限	买入价	卖出价	中间价	汇率日期
英镑	GBP	2 个月	916. 733 374	930. 745 174	923. 739 274	2019-10-22
英镑	GBP	3 个月	918. 652 41	932. 718 31	925. 685 36	2019-10-22
英镑	GBP	4 个月	919. 537 132	933. 802 032	926. 669 582	2019-10-22
英镑	GBP	5 个月	920. 334 646	934. 596 946	927. 465 796	2019-10-22
英镑	GBP	6 个月	921. 796 573	936. 252 473	929. 024 523	2019-10-22
英镑	GBP	7 个月	922. 706 62	937. 253 92	929. 980 27	2019-10-22
英镑	GBP	8 个月	923. 617 577	938. 176 277	930. 896 927	2019-10-22
英镑	GBP	9 个月	924. 422 061	939. 054 761	931. 738 411	2019-10-22
英镑	GBP	10 个月	925. 324 067	940. 025 667	932. 674 867	2019-10-22
英镑	GBP	11 个月	926. 226 07	940. 958 57	933. 592 32	2019-10-22
英镑	GBP	1 年	927. 080 065	941. 823 065	934. 451 565	2019-10-22

2）差价法

差价法是指报出远期汇率与即期汇率的差价,即远期差价,也称远期汇水。在差价法下,远期汇率用升水、贴水、平价来表示。升水是远期汇率高于即期汇率时的差额;贴水是远期汇率低于即期汇率时的差额。就两种货币而言,一种货币的升水必然是另一种货币的贴水。平价是指远期汇率等于即期汇率的情况。

在不同的汇率标价方式下,远期汇率的计算方法不同。

（1）直接标价法

在直接标价法下,远期汇率＝即期汇率+升水;或远期汇率＝即期汇率-贴水。

例如,巴黎市场某日（USD/EUR）

即期　　5. 213 0 ~ 5. 216 0

1 个月　0. 007 0 ~ 0. 003 0

2 个月　0. 012 0 ~ 0. 008 0

3 个月　0. 016 0 ~ 0. 011 0

6 个月　0. 010 0 ~ 0. 001 0

12 个月　0. 002 0 ~ 0. 018 0

若远期汇水前大后小时,表示单位货币的远期汇率贴水,计算远期汇率时应用即期汇率减去远期汇水。则 1 个月的远期汇率为:

$$5. 213 0 ~ 5. 216 0$$

$$- 0. 007 0 ~ 0. 003 0$$

1 个月远期汇率: USD1 = EUR 5. 206 0 ~ 5. 213 0

若远期汇水前小后大时,表示单位货币的远期汇率升水,计算远期汇率时,应把即期汇率加上远期汇水。则 12 个月的远期汇率为:

$$\begin{array}{r} \text{EUR } 5.213\,0 \sim 5.216\,0 \\ +\ 0.002\,0 \sim 0.018\,0 \end{array}$$

12 个月远期汇率： USD1＝EUR 5.215 0 ～ 5.234 0

（2）间接标价法

在间接标价法下,远期汇率＝即期汇率－升水　或　远期汇率＝即期汇率＋贴水。

例如,伦敦市场某日（GBP/USD）

即期　　1.697 5 ～ 1.698 5

1 个月　0.001 2 ～ 0.000 2

2 个月　0.002 5 ～ 0.001 5

3 个月　0.003 0 ～ 0.002 0

6 个月　0.004 0 ～ 0.003 0

12 个月　0.002 0 ～ 0.005 0

若远期汇水前大后小时,表示单位货币的远期汇率升水,计算远期汇率时,应用即期汇率减去远期汇水。则 1 个月的远期汇率为：

$$\begin{array}{r} \text{USD } 1.697\,5 \sim 1.698\,5 \\ -\ 0.001\,2 \sim 0.000\,2 \end{array}$$

1 个月远期汇率： GBP1＝USD 1.696 3 ～ 1.698 3

若远期汇水前小后大时,表示单位货币的远期汇率贴水,计算远期汇率时,应把即期汇率加上远期汇水。则 12 个月的远期汇率为：

$$\begin{array}{r} \text{USD } 1.697\,5 \sim 1.698\,5 \\ +0.002\,0 \sim 0.005\,0 \end{array}$$

12 个月远期汇率： GBP1＝USD 1.699 5 ～ 1.703 5

3）点数法

点数法是在银行之间远期汇率的一种标价方法,用点数来表示远期汇率。所谓点数,就是表明货币比价数字中的小数点后的第四位数。日元的 1 个点则为 100 日元。表示远期汇率的点数有两栏,分别代表买入价和卖出价。在直接标价法下,买入价在前,卖出价在后;在间接标价法下,卖出价在前,买入价在后。我们也可以这样理解:点数法的报价规则是点数前小后大,代表单位货币升水;点数前大后小,代表单位货币贴水。所以,如果在远期汇率下第一栏的点数大于第二栏的点数,其实际远期汇率的计算方法则从相应的即期汇率减去远期的点数;如果在远期汇率下第一栏的点数小于第二栏的点数,其实际远期汇率的计算方法则从相应的即期汇率加上远期的点数。

例如,巴黎外汇市场

即期汇率： USD1 ＝ CHF 1.603 0/40

3 个月远期汇率： 35/20

6 个月远期汇率： 15/25

则 3 个月的远期汇率为：

$$1.603\ 0 \sim 1.604\ 0$$
$$\underline{-0.003\ 5 \sim 0.002\ 0}$$

3 个月的远期汇率为:1.599 5 ~ 1.602 0

则 6 个月的远期汇率为:

$$1.603\ 0 \sim 1.604\ 0$$
$$\underline{+0.001\ 5 \sim 0.002\ 5}$$

6 个月的远期汇率为:1.604 5 ~ 1.606 5

资料链接5.5

中国银行远期外汇买卖业务

办理程序

1. 银企双方签署《保值外汇买卖总协议》。

2. 在银行开立外币保证金账户,交存不低于交易本金 10% 的保证金,保证金币种限于美元、港币、日元和欧元。在我行贷款或信用证项下的远期外汇买卖及中行 100% 担保项下的外汇买卖可视具体情况,经批准后,相应地减免保证金。

3. 填妥《保值外汇买卖申请书》,经企业法人代表或有权签字人签字,并加盖公章,到银行询价交易。在中国银行分支机构贷款、信用证或担保项下的远期外汇买卖,客户可填妥《保值外汇买卖申请书》,委托相应的分支机构进行询价交易。在交易方式上,客户也可以预留指令,要求在什么价位购买何种货币,或者向银行提交授权书。授权书内容具有法律约束力,原则上客户必须在交易前填写;也可以在授权书中授权有权交易人通过电话向银行询价交易。客户通过电话达成交易后第二个工作日必须向银行补交成交确认书。若有分歧,以银行交易电话录音为准。

如何办理交割手续

1. 客户应在交易起息日当天到银行办理交割手续。如不按期交割,银行将按有关规定给予处罚。在外汇买卖如期交割后,客户将剩余保证金转走时,须凭企业出具的保证金支取通知书办理有关支取手续。

客户需要做的远期外汇买卖因汇率波动可能会形成浮动亏损,当亏损达到客户存入保证金的 80% 时,银行将随时通知客户追加保证金,客户应及时补足保证金,如客户不及时或拒绝追加保证金,银行将视情况予以强制平仓,由此产生的一切费用及损失由客户负责。

2. 客户因故不能按期办理交割,需要展期的,应在不迟于交割日 3 个工作日前向银行提出展期电请,经银行审核同意后,填写《保值外汇买卖申请书》,通过办理掉期外汇买卖进行展期。反之,客户要对已达成的远期交易提前交割,应在提前交割的 3 个工作日前向银行提出申请,经银行审核同意后,填写《保值外汇买卖申请书》,通过办理掉期外汇买卖调整交割日期。

(资料来源:中国银行全球门户网站)

课堂练习 5.5

根据表 5.5 所给资料计算各货币的远期汇率。

表 5.5　**远期汇率标价**

货　币	即　期	1 月期	2 月期	3 月期	6 月期	12 月期
GBP/USD	1.582 1/35	26/23	51/47	73/68	125/120	615/605
EUR/USD	1.315 2/78	53/51	101/98	150/147	305/300	620/610
USD/CHF	0.916 5/79	64/59	122/115	174/165	337/321	645/615
AUD/USD	1.081 9/37	38/58	110/135	185/215	350/390	545/645
USD/JPY	76.64/83	37/32	66/60	96/81	195/165	227/180

5.3.3　远期汇率和利率的关系

远期汇率和利率的关系极为密切,在其他条件不变的情况下,远期汇率主要受两种货币之间的利息率水平和即期汇率的影响。一般来讲,利率低的国家货币远期汇率会上升,而利率高的国家货币的远期汇率会下跌。

汇率的本质是两国货币的相对价格,在开放经济条件下,两国货币之间的汇率由金融资产市场上两国货币资产的收益率来决定。假设有两个国家货币:A 和 B,理性的投资者将比较 A 或 B 的投资收益率,据此制定投资策略,并产生对 A 和 B 的相对供求。当 A 利率低于 B 时,投资者为获得较高收益,会将其资本从 A 国转移到 B 国,以进行套利活动,获取利息差额。但他能否达到此目的,必须以两国货币汇率保持不变为前提条件。如果货币 B 汇率未来下降,他有可能不仅不能获得较高收益,反而会遭受损失。为避免这种情况,投资者会在远期外汇市场,按远期汇率将其在 B 国投资所得收益卖为 A 货币,并将此收益同在 A 国投资所得收益进行对比。这种对比的结果,便是投资者确定投资方向的依据。这种远期交易令 B 货币远期供给增多,A 货币远期需求增多,最后使得利率高的 B 货币远期贴水,利率低的 A 货币出现远期升水,两种货币投资收益的差异,形成了资本在国际间移动。直到通过汇率的调整,两国的投资收益相等时,国际资本移动才会终止。基于这些分析认为:同即期汇率相比,利率低的国家货币的远期升水,而利率高的国家货币的远期贴水,升贴水的幅度约等于两国间的利率差。具体计算公式为:

$$升(贴)水数 = \frac{即期汇率 \times 两地利率差 \times 月数}{12}$$

$$升(贴)水的幅度 = \frac{升(贴)水数/月数 \times 12}{即期汇率}$$

比较两个公式,可以得出:升(贴)水的幅度=两地利率差

例如,某年某月某日,英镑的年利率为 6%,美元的年利率为 8.25%,如伦敦市场的即期汇率为 1 英镑=1.522 5 美元,如其他条件不变,问该市场 3 个月远期美元是升

水,还是贴水?为什么?具体数字是多少?3 个月远期美元的实际汇率是多少?

答:3 个月远期美元是贴水。因为美元的利率高,根据利率平价理论,利率高的货币远期贴水。

$$贴水数字 = 即期汇率 × 两地利率差 × 月数 /12$$
$$= 1.522\ 5 × (8.25 - 6)\% × 3/12$$
$$= 0.008\ 6$$

3 个月远期美元的实际汇率是:1.522 5+0.008 6 = 1.531 1

$$1\ 英镑 = 1.531\ 1\ 美元$$

5.3.4　远期外汇交易的应用

采用远期外汇交易的方式,可以在成交日将未来交割的汇率予以事先确定。因此,远期外汇交易可以被进出口商、外汇银行等用来进行套期保值或投机。

1)保值性远期外汇交易

保值性远期外汇交易是指交易者在已知未来远期外汇头寸的情况下,利用远期外汇交易对未来的外汇头寸进行抛补,从而发挥保值的作用。

在浮动汇率制下,汇率经常会波动。而在国际贸易中,进出口商从签订贸易合同到执行合同、收付货款通常需要经过一段相当长的时间。在此期间,进出口商可能因汇率的变动遭受损失。因此,进出口商可以通过与外汇银行进行远期外汇交易进行保值。

客户与银行之间的远期外汇交易使外汇风险转移到了银行身上。如果银行不愿承担这种外汇风险,可将超卖部分的远期外汇买入,将超买部分的远期外汇卖出。

2)投机性远期外汇交易

投机性远期外汇交易是指投机者基于预期而主动在远期创造外汇头寸以谋利。利用远期外汇交易进行投机有买空和卖空两种基本形式。

买空是指投机者在预期某种货币的未来即期汇率将会高于远期汇率的基础上所进行的单纯买入该种货币远期的交易。如果投机者预期准确,即交割日的即期汇率高于双方协定的远期汇率,投机者会获得买空收益。但是,如果预期不准确,投机者就会遭受损失。

卖空与买空是相对的,是指投机者在预期某种货币的未来即期汇率将会低于远期汇率的基础上所进行的单纯卖出该种货币远期的交易。如果投机者预期准确,即交割旧的即期汇率低于双方协定的远期汇率,投机者会获得卖空收益。但是,如果预期不准确,投机者则会遭受损失。

与保值性的远期外汇交易一样,投机性的远期外汇交易能否获得投机收益,取决于未来的即期汇率与远期汇率的差距是否有利于交易方。对于某种远期货币的买入方说,如果未来的即期汇率高于远期汇率,则带来投机收益;反之,则有损失。而对于某种远期货币的卖出方说,损益状况恰好相反;如果未来的即期汇率低于远期汇率,则带来投机收益;反之,则有损失。对于同种货币远期外汇交易的买卖双方来说,买方的收益(或损失)等于卖方的损失(或收益)。

课堂练习 5.6

表 5.6　远期外汇交易和即期外汇交易比较

	使用汇率	交割日期	交割方式	主要作用
即期外汇交易				
远期外汇交易				

资料链接 5.6

人民币 NDF

NDF 是指无本金交割远期外汇(Non-delivery Forward),是一种远期外汇交易的模式。作为一种衍生金融工具,用于对那些实行外汇管制国家和地区的货币进行离岸交易。在交易时,交易双方确定交易的名义金额、远期汇价、到期日。在到期日前两天,确定该货币的即期汇价。在到期日,交易双方根据确定的即期汇价和交易伊始时的远期汇价的差额计算出损益,由亏损方以可兑换货币如美元,交付给收益方。

其做法是:交易双方在签订买卖契约时"不需交付资金凭证或保证金",合约到期时也不需要交割本金,"只需就双方议定的汇率与到期时即期汇率间的差额"从事清算并收付的一种交易工具。

NDF 市场是一个离岸市场,对中国政府来说,可以从中参考人民币汇率的走势,对人民币币值并没有实质影响。

人民币 NDF 市场,是存在于中国境外的银行与客户间的远期市场,主要的目的是帮助未来有人民币支出或人民币收入的客户对冲风险。但到期时,只计算差价,不真正交割,结算货币是美元。

5.4　套汇与套利业务操作

5.4.1　套汇业务

1)套汇业务的概念

套汇业务是指套汇者在同一时间、不同地点、两种相同货币汇率出现差异时,从低价一方买进,高价一方卖出,从中赚取利润的一种外汇交易。

在各个不同的外汇市场上,在信息交流不充分的条件下,不同货币的汇率可能会因外汇供求或其他关系的变动,出现不一致的情况。在这种情况下,套汇者利用"贱买贵卖"的方式,大量套汇,就可获取丰厚的利润。套汇的结果是:汇率低的市场供不应求,原本较低的货币汇率上涨,汇率高的市场供过于求,原本较高的货币汇率下降,从而使不同外汇市场的汇率差异很快消失。现在,各外汇市场大都采用互联网技术,信息传递的速度相当快,各地同一种货币汇率的差异越来越小,而且汇率差异持续的时间越来越短,因此,套汇者很难捕捉到获取丰厚利润的时机。西方的大商业银行往往是最大的套汇投机者。

2)套汇交易的条件

①在不同外汇市场,同一种货币汇率出现差异。

②套汇者具备一定数量的资金,而且在主要外汇市场拥有分支机构或代理行。

③套汇者具备一定的技术或经验,能够在千变万化的市场风云中迅速做出判断,果断操作。

3)套汇业务的类型

套汇业务有两种类型:直接套汇和间接套汇。

(1)直接套汇

直接套汇又称为两地套汇。是利用在两个不同的外汇市场上某种货币汇率发生的差异,同时在两地市场上贱买贵卖,从而赚取汇率的差额利润。

例如,某日,纽约外汇市场上的汇率为:1 USD = JPY 122.22/122.53

东京外汇市场上的汇率为:1 USD = JPY 122.63/122.90

很明显,纽约和东京存在明显的汇率差,如果一个投资者在东京市场花100万美元,买到12 263万日元,同时在纽约市场买进100万美元,支付12 253万日元,顷刻之间,即可获得10万日元的套汇利润。

两地的汇率差导致套汇者在东京花美元低价买日元,日元需求增加,推动日元的汇率上涨。同时,套汇者在纽约卖日元买美元,日元供给增加,促使日元的价格下跌。可见套汇者的投机行为会自发地把东京和纽约两个外汇市场的价格拉平。

直接套汇比较简单,易于计算,但在当前信息传递非常迅速的前提下,各地汇率差异极小,差异存在的时间也非常短暂,使得套汇者很难把握,所以作直接套汇的投资者极少。

(2)间接套汇

间接套汇又称三套汇,是在3个或3个以上地方发生汇率差异时,利用同一种货币在同一时间内进行贱买贵卖,从中赚取差额利润。

假如某年某月某日同一时间:伦敦外汇市场上,GBP1 = USD1.600 0

巴黎外汇市场上,GBP1 = EUR1.168 0

纽约外汇市场上,USD1 = EUR0.730 0

在这种情况下,如果不考虑买卖外汇的手续费,某套汇者在伦敦以100英镑买

160 美元,同时,在纽约外汇市场用 160 美元买 116.8 欧元,在巴黎外汇市场以 116.8 欧元再买 100 英镑。交易结束,套汇者拿出 100 英镑收回 100 英镑,一分钱没有增加而且还白花电报费。

这个例子说明,三角套汇不值得进行,不像两角套汇那样分明。首先要看,上面涉及的英镑、美元、欧元 3 种货币之间的交叉汇率与公开汇率是否一致。根据上面的情况,在伦敦外汇市场上,GBP1 = USD1.600 0,在巴黎外汇市场上 GBP1 = EUR1.168 0,由此可得,USD1.600 0 = EUR1.168 0,USD1 = EUR0.730 0。

这里的 USD1 = EUR0.730 0 是利用英镑与美元的公开汇率、英镑与欧元的公开汇率套算出来的。这个套算汇率与公开汇率 USD1 = EUR0.730 0 完全一致。同样,根据美元与欧元的汇率,美元与英镑的汇率也能算出英镑与欧元之间的套算汇率与公开汇率完全一致。由此可以得出结论:如果套算汇率与公开汇率完全一致,就不存在三角套汇的条件,不能进行三角套汇。只有套算汇率与公开汇率不一致的情况下,才可以进行三角套汇,才能有利可图。比如:

在伦敦外汇市场上,GBP1 = USD2.000 0

在巴黎外汇市场上,GBP1 = EUR1.138 0

在纽约外汇市场上,USD1 = EUR0.686 8

根据伦敦和巴黎外汇市场上英镑与美元的汇率,英镑与欧元的汇率,套算出的美元与欧元的套算汇率为 USD1 = EUR0.569 0,而美元与欧元的公开汇率为 USD1 = EUR0.686 8。可见套算汇率与公开汇率不一致,为从事三角套汇提供了条件。套汇者在伦敦花 100 英镑买 200 美元,同时在纽约外汇市场上用 200 美元买 137.36 欧元,在巴黎外汇市场上用 137.36 欧元买 120.7 英镑。套汇者拿出 100 英镑,收回 120.7 英镑,三角套汇利润为 20.7 英镑。

三角套汇对外汇市场所起的作用与两角套汇的作用一样。当美元与欧元的公开的汇率与交叉汇率不一致时,公开汇率高于交叉汇率,套汇者就会增加美元的供给,高价卖出美元买欧元。美元的供给增加,美元的价格逐渐下跌,欧元的美元价格逐渐上升,最终美元的价格降到 1 美元 = 0.569 0 欧元,使交叉汇率与公开汇率一致,消除了三角套汇的条件。所以,三角套汇也能调节 3 个不同的外汇市场的供求关系,使外汇市场运行更有效率。

因为套汇是同时进行的,所以没有风险。因此,外汇市场上的参与者始终盯着不同外汇市场上各种货币的汇率差异,一有机会就进行套汇,以赚取无风险利润。随着套汇的进行,汇率差异便趋于消失。

从上面的套汇例子中可以看出:套汇者在进行套汇时,必须是从某种货币开始,最后再回到该种货币,否则会遭受汇率波动带来的风险。

至于三地以上的四地、五地等套汇,由于现代通信技术的发达,汇率差异持续的时间较短,再加上随着外汇市场数目的增多,交易成本(包括时间)迅速上升,因此超过三地以上的套汇无实际意义。

5.4.2 套利业务

1)套利业务的概念

套利是指利用两地之间的利率差异,将资金从利率较低的地区转移到利率较高的国家和地区,而获利的行为。

关于套利,有以下需要说明的事项。

①套利是以存在利差的两国对货币的兑换和资金的流动不加任何限制为前提的。如果两国货币不可自由兑换或资金流动受到限制,套利都无法进行。

②两国的利率差异是就同一种类的货币市场工具而言的,如都是 3 个月、6 个月的定期存款等,否则不具有可比性。

③套利行为都是短期的,其投资期限一般都不超过 1 年。

④由于目前各外汇市场联系十分紧密,且短期资金流动非常频繁且规模巨大,一旦有套利机会,大银行或大公司便会迅速投入大量资金,很快货币远期升(贴)水率使两国利差相等,使套利无利可图。因此,套利的机会也是很小的。但是,套利活动使各国的利率和汇率形成一种有机联系,两者相互影响和制约,推动了国际金融市场的一体化。

2)套利业务类型

套利按照套利者套利时是否反向做一笔远期交易,可分为非抵补套利和抵补套利。

(1)非抵补套利

非抵补套利是指套利者在将资金从利率较低的国家转移到利率较高的国家时,不同时做一笔反向的远期交易以回避风险的行为。这种套利具有投机性,投机者要承担高利率货币贬值的风险。

非抵补套利流程如图 5.1 所示:A 货币利率低,B 货币利率高。

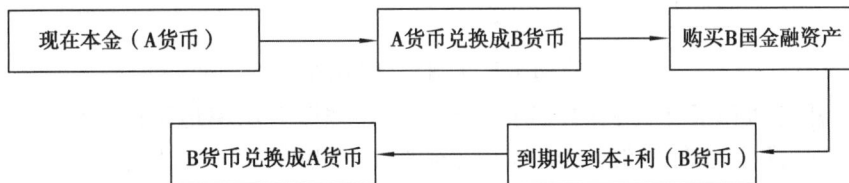

图 5.1 非抵补套利的流程

(2)抵补套利

抵补套利是指套利者在将资金从利率较低的国家转移到利率较高的国家时,同时做一笔反向的远期交易(卖出高利率货币),以回避风险的行为。抵补套利实际上是一种掉期交易,因此是无风险获利。

关于抵补套利有两点注意事项。

①抵补套利的条件。当两国利率存在差异时（忽略交易成本），抵补套利会引起高利率货币即期汇率上升，远期汇率下降；低利率货币即期汇率下降时，远期汇率上升。当高利率货币的远期贴水率（或低利率货币的远期升水率）等于两国利差时，套利终止。因此，抵补套利的条件是两国利差大于高利率货币年贴水率或低利率货币年升水率。

②货币的升（贴）水与远期汇率和两国利差的关系。如果忽略交易成本，则抵补套利停止的条件是升（贴）水率等于两国利差，即：

$$升（贴）水率 = \frac{升（贴）水}{即期汇率}$$

$$= \frac{远期汇率 - 即期汇率}{即期汇率}$$

$$= 两国利差$$

转换成年率，表示如下：

$$年升（贴）水率 = \frac{远期汇率 - 即期汇率}{即期汇率} \times \frac{12}{月数} \times 100\%$$

$$= \frac{升（贴）水}{即期汇率} \times \frac{12}{月数} \times 100\%$$

$$= 两国年利差$$

只有当两国利差大于高利率货币年贴水率或低利率货币年升水率，套利活动才能进行。为了回避汇率波动的风险，套利者在套利时，通常要做一笔反向的远期交易（即卖出高利率货币的远期）。

抵补套利的流程如图5.2所示：A货币利率低，B货币利率高。

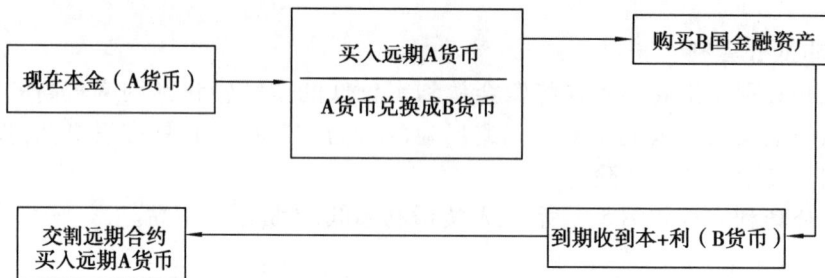

图5.2 抵补套利的流程

非抵补套利和抵补套利的区别在于：后者在把资金从甲地调往乙地以获取较高利息的同时，还通过在外汇市场上卖出远期的B国货币进行"抵补"以防止汇率风险。

例如，如果在2018年10月11日，一美国进出口公司有暂时闲置的资金1 000美元，期限是3个月。此时伦敦3个月英镑资产的年利率为8%，纽约3个月美元资产的年利率为6%。当天市场的即期汇率为1英镑＝2美元，3个月远期汇率为1英镑＝2.1美元。在2019年1月11日这一天外汇市场汇率为1英镑＝1.8美元。试计算该出口商进行抵补和非抵补套利活动的收益分别是多少？

分析：存入本国银行收益：1 000×（1+ 6%÷4）＝1 015美元，收益分析见表5.7。

表 5.7　收益分析

套　利	2018 年 10 月 11 日		2019 年 1 月 11 日				
	汇率 （GBP/USD）	本金折合 （GBP）	本利合 （GBP）	汇率 （GBP/USD）	收到美元 （USD）	盈亏 （USD）	考虑机会 成本盈亏
非抵补	2	1000÷ 2＝500	500×(1+ 8%/4)＝ 510	1.8	510×1.8＝ 918	−82	−82−15＝ −97
抵补	2	1 000÷ 2＝500	500×(1+ 8%/4)＝ 510	2.1	510× 2.1＝ 1 071	+71	71−15＝ 56

由于套利活动的存在,各国间利率的差异会引起资金在国家之间的流动。以上例来说,由于英镑持有者纷纷将手中资金兑成美元存入美国银行,美国的利率会因资金供给的增加而下降。反之,英国的利率会因资金供给的减少而上升,这一趋势会一直持续到两地的利率不再存在差异时才停止。此时套利活动会因无利可图而终止。套利活动的这一作用对于各国经济政策的制定有着极为重要的意义,它使得各国政府可以通过对利率的调控来影响资本的输出、输入,从而调节本国的国内经济和国际收支。

5.5　掉期外汇业务操作

5.5.1　掉期外汇交易的概念

掉期外汇交易是指外汇交易者在外汇市场上买进（或卖出）某种外汇的同时卖出（或买进）相同金额、但期限不同的同种外币的交易活动。

5.5.2　掉期外汇交易的种类

掉期交易根据交割日不同有 3 种类型。

1）即期对远期的掉期交易

即期对远期的掉期外汇是指同时进行即期和远期的同种外汇、相同金额的交易,但两者的交易方向相反。即买入某种即期外汇的同时卖出该种远期外汇;反之,卖出即期外汇的同时买进与即期交易金额相同、币种相同的远期外汇。这是外汇市场上最常见的掉期交易形式。期汇的交割期限大都为 1 星期、1 个月、2 个月、3 个月、6 个月。这是掉期交易中最常见的一种形式。

例如,假设某日一美国投资者在现汇市场上以 GBP1 = USD1.95 的汇价,卖出 195 万美元,买入 100 万英镑,到英国进行投资,期限为 6 个月。为避免投资期满时英镑汇率的下跌,同时在期汇市场上卖出 6 个月期 100 万英镑,若 6 个月期汇汇率为 GBP1 = USD1.945 0,则 100 万英镑可换回 194.5 万美元。如果真如投资者所料,英镑汇率下跌至 GBP1 = USD1.94,则投资者可少损失 0.5 万美元。

2)明日对次日的掉期交易

明日对次日的掉期交易是指一笔交易在成交后第二个营业日(明日)交割,另一笔交易则在成交后的第三个营业日(次日)交割的掉期交易。这种掉期交易主要用于银行同业的隔夜资金拆借。

3)远期对远期的掉期交易

这是指将一笔较近期的期汇交易与一笔较远期的期汇交易结合起来进行的掉期交易。这种掉期交易多为转口贸易中的中间商所使用。

例题 1:

已知新加坡某进口商根据合同进口一批货物,1 个月后需支付货款 10 万美元,其将这批货物转口外销,预计 3 个月后收回以美元计价结算的货款。

新加坡市场美元行市如下:

1 个月美元远期汇率 USD1 = SGD1.821 3/1.824 3

3 个月美元远期汇率 USD1 = SGD1.812 3/1.816 3

为了避免美元汇率波动的风险,该商人做以下掉期。

第一步,买进 1 个月远期美元 10 万,应支付 18.243 万新加坡元。

第二步,卖出 3 个月远期美元 10 万,收取 18.123 万新加坡元。付出掉期成本为 18.243-18.123 = 0.12 万新加坡元。此后,无论美元如何变动,该商人均无汇率风险,而且还可以根据美元的有利行情,具体操作而获利。

进出口商经常出现不同期限的外汇应收款和应付款并存的情况,他们通常利用掉期业务进行套期保值。

例题 2:

某公司 2 个月后将收到 100 万英镑的应收款,同时 4 个月后应向外支付 100 万英镑。该公司为了固定成本,避免外汇风险,并利用有利的汇率机会套期图利,而从事掉期业务。

假定市场汇率行情如下:

2 个月期,GBP1 = USD1.650 0/1.655 0

4 个月期,GBP1 = USD1.600 0/1.605 0

该公司进行以下掉期业务:买长卖短,即买入 4 个月远期英镑 100 万,付出 160.5 万美元;卖出 2 个月远期英镑,获得 165.00 万美元,赢利 4.5 万美元。通过掉期交易,该公司可赢利 4.5 万美元,又避免了英镑的汇率风险。

5.5.3　掉期交易的作用

掉期交易作用主要表现在 3 个方面。

1)使保值者能够防范汇率风险

掉期交易具有固定汇率、使银行轧平头寸、消除汇率变动风险的作用。保值是掉期交易第一个也是最重要的作用。

例如,美国某公司因业务需要,以美元购买 10 000 英镑存放于伦敦英国银行,期限为 1 个月。为防止 1 个月后英镑汇率下跌,存放于英国银行的英镑不能换回如数的美元而受损失,该公司在买进英镑现汇的同时,卖出 10 000 英镑的 1 个月期汇。假设纽约外汇市场英镑即期汇率为 GBP1 = USD 1.750 0 ~ 1.751 0,1 个月远期汇率贴水是 0.30 ~ 0.20 美分,买进 10 000 英镑现汇需支付 17 510 美元,而卖出 10 000 英镑期汇可收回 17 470 美元。这样,该公司只需支付即期汇率与远期汇率之间十分有限的买卖差额 40 美元(= 17 510-17 470)。不管 1 个月后英镑如何下跌,都再不会蒙受损失。

2)保证实现投资收益目标

在进行跨国投资时,汇率变动对投资收益产生很大影响。通过掉期交易,可以保障投资目标实现。

例如,纽约一家银行存款准备金账户有 84 万美元将闲置 3 个月,决定向英国投资。过程如下:银行首先把美元兑换成英镑现汇进行投资,3 个月后收回英镑,需要把英镑兑换成美元。如果这时英镑汇率下跌、美元汇率上升,该银行的预期投资收益率就会降低。当然,如果汇率出现反向变动,其投资收益率会上升。为了避免投资收益率降低或因美元汇率大幅度上升超过利差而出现投资亏损,该银行在投资时就进行一笔掉期交易,即在买进英镑现汇的同时,卖出相同数量的 3 个月的远期英镑。

3)调整银行资金期限结构

资金期限结构是指外汇银行的外汇收付期限上的数量构成。当收与付期限不能相平衡时,通过掉期交易将即期外汇变成远期外汇或将远期外汇掉成即期外汇,使外汇收付在时间上、数量上相一致。

例如,银行卖给客户 3 个月远期英镑 100 万,银行立即在同业市场上买进 100 万英镑现汇进行掉期交易。这样,既可以避免英镑升值带来的损失,又能有如数的英镑按期交割。

掉期外汇交易方式与远期外汇交易方式相比,大大方便了外贸企业,增加了企业的活动余地。但在采用这一方式进行交易时,企业应注意国内外各银行对择期的时间范围的不同规定。如果中国银行开办的择期外汇交易时间范围是 3 个月,则在成交后的第 3 天起到 3 个月的到期日止的任何一天,客户都有权要求银行进行交割,但必须提前 5 个工作日通知银行。

5.6 进出口报价折算业务操作

汇率的买入价与卖出价之间一般相差 1‰～3‰,进出口商如果在货币折算对外报价与履行支付义务时考虑不周,计算不精,合同条款订得不明确,就会遭受损失。在运用汇率的买入价与卖出价时,应注意下列问题:

5.6.1 本币折算外币时,应该用买入价

如某香港出口商的商品底价原为本币(港元),但客户要求改用外币报价,则应按本币与该外币的买入价来折算。出口商将本币折外币按买入价折算的道理在于:出口商原收取本币,现改收外币,则需将所收外币卖予银行,换回原来本币。出口商卖出外币,即为银行买入,故按买入价折算。

例如,2018 年 10 月 30 日香港市场美元兑港元的汇率是:

$$USD1 = HKD7.789\ 0 ～ 7.791\ 0$$

设某港商出口机床的底价为 100 000 港元,现外国进口商要求以美元向其报价,应报多少美元?

分析:该港商应使得美元报价在折算为港元后仍收入 100 000 港元。7.789 0 为买入价,7.791 0 为卖出价。因此应报价:100 000/ 7.789 0 = 12 838.6 美元。如果报价 100 000/7.791 0 = 12 835.32 美元,则折成港元为:12 835.32×7.789 = 99 999.97 港元,少于原定底价。

5.6.2 外币折算本币时,应该用卖出价

出口商的商品底价原为外币,但客户要求改用本币报价时,则应按该外币与本币的卖出价来折算。出口商将外币折成本币按卖出价折算的道理在于:出口商原收取外币,现改收本币,则需以本币向银行买回原外币。出口商的买入,即为银行的卖出,故按卖出价折算。

例如,2018 年 10 月 25 日,香港市场美元兑港元的汇率是:

USD1 = HKD7.788 9 ～ 7.791 5

设某港商出口货物底价为 100 000 美元,现外国进口商要求以港元向其报价,应报多少美元?

分析:该港商应使得港元报价在折算为美元后仍收入 100 000 美元。7.788 9 为买入价, 7.791 5 为卖出价。外币折算成本币,用卖出价折算。所以,出口商报价时应用卖出价计算。即报价为:

$$100\ 000×7.791\ 5 = 779\ 150\ 港元$$

5.6.3　以一种外币折算为另一种外币,按国际外汇市场牌价折算

无论是用直接标价市场的牌价,还是用间接标价市场的牌价,外汇市场所在国家的货币视为本币。如果将外币折算为本币,均用卖出价;如果将本币折算为外币,均用买入价。

上述买入价、卖出价折算原则,不仅适用于即期汇率,而且适用于远期汇率。买入价与卖出价的折算运用是一个外贸工作者应掌握的原则,但在实际业务中应结合具体情况,灵活掌握。例如,出口商品的竞争能力较差,库存较多,款式陈旧而市场又较呆滞,这时出口报价也可按中间价折算,甚至还可给予适当折让,以便扩大商品销售,但实际工作中对这个原则要"心中有数"。

课堂练习 5.7

已知某日伦敦外汇市场,英镑/瑞士法郎的汇率为:即期汇率 7.935 5/85,3 个月远期汇率为:140/150。

我国某外贸公司出口冻猪肉报价 1 200 英镑/吨,现外商要求改报瑞士法郎,问:

1. 如即期付款,我方应报多少瑞士法郎?
2. 若 3 个月远期付款,应报多少瑞士法郎?

本章主要内容概要

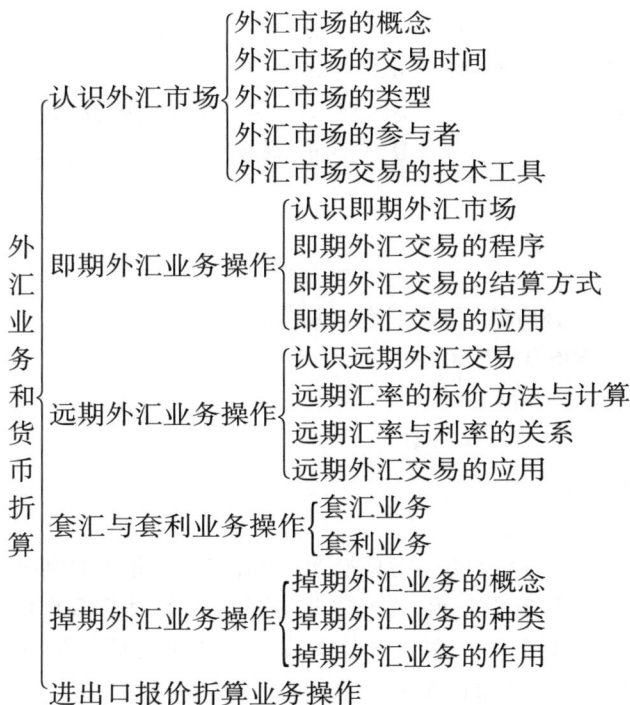

外汇业务和货币折算
- 认识外汇市场
  - 外汇市场的概念
  - 外汇市场的交易时间
  - 外汇市场的类型
  - 外汇市场的参与者
  - 外汇市场交易的技术工具
- 即期外汇业务操作
  - 认识即期外汇市场
  - 即期外汇交易的程序
  - 即期外汇交易的结算方式
  - 即期外汇交易的应用
- 远期外汇业务操作
  - 认识远期外汇交易
  - 远期汇率的标价方法与计算
  - 远期汇率与利率的关系
  - 远期外汇交易的应用
- 套汇与套利业务操作
  - 套汇业务
  - 套利业务
- 掉期外汇业务操作
  - 掉期外汇业务的概念
  - 掉期外汇业务的种类
  - 掉期外汇业务的作用
- 进出口报价折算业务操作

课后习题与技能训练

课后习题

1. 判断题

(1)外汇市场都是无形市场。 （ ）

(2)两种货币的利率差会影响其远期汇率,所以利率高的货币一定贴水,利率低的货币一定升水。 （ ）

(3)掉期交易可以由两笔期限不同的远期交易构成。 （ ）

(4)套利行为可以不考虑汇率的变化的因素。 （ ）

(5)套汇是在即期市场上进行的。 （ ）

2. 选择题

(1)外汇市场的主体包括( )。

    A. 外汇经纪人　B. 外汇银行　C. 客户　D. 中央银行　E. 政府

(2)即期外汇交易的结算方式有( )。

    A. 电汇　　　　B. 信汇　　　C. 邮汇　D. 网汇

(3)远期外汇交易的目的主要有( )。

    A. 管制　　　　B. 兑换　　　C. 保值　D. 投机

(4)套汇交易都要利用( )进行。

    A. 信汇　　　　B. 电汇　　　C. 票汇　D. 邮汇

(5)与其他种类的汇率相比,电汇汇率的特点是( )。

    A. 汇率最高　　　　　　B. 银行在一定时间可以占用顾客资金

    C. 汇率最低　　　　　　D. 交付时间最快

技能训练

1. 纽约某银行的几种货币即期汇率分别为:

1 美元 = 港元 7.506 0 ~ 7.508 0

1 美元 = 日元 103.50 ~ 103.60

1 英镑 = 美元 1.480 0 ~ 1.481 0

问:A. 港元的买入价。

B. 日元的卖出价。

C. 某客户要求将 1 000 万的英镑兑换为美元,按即期汇率能够得到多少美元?

2. 某日,苏黎世外汇市场美元/瑞士法郎的即期汇率为:2.000 0 ~ 2.003 5,3 个月远期点数为 130 ~ 115,某公司从瑞士进口机械零件,3 个月后付款,每个零件瑞士出口商报价 100 瑞士法郎。如要求以美元报价,应报多少美元?

3.设香港某银行的即期汇率牌价为:1 美元＝港元 7.240 0～7.243 0,

3 个月远期 360～330

问:(1)3 个月远期实际汇率为多少?

(2)某商人如卖出 3 个月远期 10 000 美元,届时可换回多少 3 个月远期港元?

(3)如按上述即期外汇牌价,我公司出口机床原报价每台 30 000 港元,现法国进口商要求我改用美元向其报价,则我应报多少美元? 为什么?

4.分小组实训操作

每组 4 名学生,分别扮演出口商、进口商、A 银行、B 银行,重点训练即期汇率的应用以及即期支付方式的选择,了解即期支付方式的流转程序。

假定某日,A 银行收到该出口商出口外汇收入 100 万美元,当天的外汇汇率是 USD/CNY＝6.306 4/85,那么,A 银行买入这笔美元,应付给出口商多少元人民币?

假定我国某进口商某日需要支付 300 万美元的进口货款,汇率同上,那么进口商需要从其账户上划转多少元人民币来购买所需要的美元? 假如进口商所需支付的国外客户在 B 银行所在国,该进口商如何委托 A 银行进行支付?

案例分析题

某企业与外商签订了进口合同,6 个月后需付货款 1 200 万美元,换汇成本价为 1 美元兑 8.291 0 人民币。企业为防止美元升值使企业遭受损失,按国家当天即期美元购汇价 8.290 6 购美元,为此企业需支付人民币 9 948.72 万元;如果企业不买即期美元,等 6 个月以后再买,若 6 个月后汇价低于 8.291 0,企业便能避免损失;若高于 8.291 0,成本则会增加。但是,如果企业买入 6 个月远期美元,按国家当天 6 个月远期美元卖出价是 8.212 3,企业只需与银行签订一份远期结售汇合约。

请分析:企业与银行签订远期结售汇合约的做法对企业有哪些好处?

第6章
外汇衍生交易

学习目标

1. 能够正确理解外汇期货的含义。
2. 能够看懂外汇期货的报价。
3. 明白期货交易制度。
4. 能够利用货币期货进行套期保值和投机。
5. 能够正确理解期权的含义。
6. 能够计算外汇期权的盈亏。
7. 能够利用外汇期权进行保值的操作。
8. 对我国商业银行的期权业务有所了解。

案例导入

上市公司白银有色拟开展外汇套保和外汇期权业务

　　白银有色集团股份有限公司 2018 年 7 月 24 日发布的公告称,为有效规避外汇市场的风险,防范汇率大幅波动对公司造成开展相关业务时的不良影响,提高外汇资金使用效率,公司拟与银行等金融机构开展外汇汇率套期保值和外汇期权业务。公司董事会一致审议通过《关于开展外汇汇率套期保值和外汇期权业务的提案》,同意公司在 2018 年 6 月末外币负债敞口范围内开展不超过 6.67 亿美元外汇汇率套期保值和外汇期权业务。

　　根据公告,白银有色开展的外汇套期保值和期权业务只限于从事与公司生产经营所使用的主要结算货币相同的币种,主要外币币种为美元。

（资料来源:期货日报,2018-07-25）

思考:

1. 公司为什么要开展外汇套期保值业务和外汇期权业务?

2. 你所了解的外汇业务有哪些?

6.1　外汇期货业务操作

6.1.1　认识外汇期货业务

1)相关概念

（1）金融衍生产品的概念

金融衍生产品是指从传统的基础金融工具,如货币、利率、股票等交易过程中,衍生发展出来的新金融产品,其主要形式有期货、期权等。

（2）期货的概念

期货是期货合约、期货合同的简称,是由期货交易所统一制定的标准化合约。期货合约的买卖双方同意在未来的某一个确定日期按照合约约定的条件交收某种资产（这种资产称为期货合约的标的资产）。期货合约的条款是由期货交易所设计和制定的。期货合约的买卖也只能在期货交易所进行。

期货合约的买卖双方在期货交易所买卖的是合同,而不是像现货交易那样买卖的是基础性标的资产。例如,在上海黄金交易所的黄金交易中,双方买卖的是黄金实物。而在上海期货交易所交易中,双方买卖的是期货交易所制定的一纸合同。

期货合约在期货交易所内完成。目前,世界各大洲均有期货交易所。国际期货交易中心主要集中在芝加哥、纽约、伦敦和东京等地。我国国内期货经过20多年的探索和发展,现在已经成立4家期货交易所。表6.1列出了国内和国际主要的期货交易所及其交易品种。

表6.1 国内和国际主要的期货交易所及其交易品种

	期货交易所名称	期货合约品种
国内	上海期货交易所	黄金、铜、铝、天然橡胶、燃料油、铅、螺纹钢、线材
	大连商品交易所	黄豆、豆粕、豆油、聚乙烯、棕榈油、焦炭
	郑州商品交易所	小麦、棉花、白糖、菜籽油、绿豆
	中国金融期货交易所	沪深300指数期货、5年期国债
国际	纽约商业交易所	民用燃料油、无铅汽油、电、煤、黄金
	芝加哥期货交易所	玉米、大豆、豆油、小麦、美国国债、道·琼斯指数
	芝加哥商业交易所	牛肉、黄油、瘦猪肉、活牛、木材、黄金、外汇、3个月期欧洲美元、标准普尔500指数
	伦敦金属交易所	铜、铝、锌、镍、铅、锡、铝合金
	伦敦国际石油交易所	布伦特原油、天然气、电
	伦敦国际金融期货交易所	3个月期的欧元、英镑、瑞士法郎、日本国债

(3)外汇期货的概念

外汇期货交易是指交易双方在有组织的交易市场上通过公开竞价的方式,买卖在未来某一日期以既定的汇率交割一定数额货币的标准化期货合约的外汇交易。在不同的交易所,交易的货币种类不同。有的都是外币,如新加坡国际货币交易所;有的既有外币也有本币,如伦敦国际金融期货交易所。因此,外汇期货交易也称外币期货交易或货币期货交易。

世界上第一张外汇期货合约是1972年5月16日由美国芝加哥商业交易所的分部国际货币市场(IMM)推出的。自IMM推出第一份外汇期货合约后,这项新型衍生工具的交易便迅猛发展起来。目前,世界上主要的金融中心都相继引进外汇期货交易,全世界一共有数十个金融期货市场,其中比较著名和成功的,除了芝加哥国际货币市场、伦敦国际金融期货交易所、新加坡国际货币交易所外,还有东京国际金融期货交易所、法国国际期货交易所等。

2)期货交易的参与者

(1)交易所

期货交易都在交易所进行。但交易所并不参加交易,对交易活动起约束作用,是非营利机构。它提供交易设施,监督和管理交易所会员的日常活动以及发布有关信息,负责制定和实施交易规则,规定期货合同的主要条款,确定期货保证金比例,设计和监督期货的交割程序。

进入交易所的交易大厅人员一般限于场内经纪人交易职员即交易厅经纪人。他们是交易所内实际进行交易的人,是执行客户委托订单的关键人物。

每笔期货合约都在该品种交易特定的区域进行。大部分交易所都禁止在指定交易所或指定的交易时间以外发生合约交易。

每一笔期货交易均由期货交易所分别与买卖双方订立合约,买卖双方不直接见面,交易所下设清算机构。

（2）清算公司

清算公司,又称清算所、结算公司等。清算公司是期货交易所下的负责期货合约清算的营利性机构,具有法人地位。每个交易所都指定一个清算公司负责期货合约的交易与登记。清算公司可以是一个独立的组织,也可以是交易所的附属公司。

清算公司充当交易双方最后结算者。对于外汇期货的买方来说,清算公司是卖方;对于卖方来说,清算公司又是买方。交易所会员在买进或卖出交易合同时,先不做现金结算,而是由清算公司办理结算。

（3）佣金公司

佣金公司,又称经纪公司,是期货交易中起中介作用的法人实体。佣金公司代表那些不具有会员资格的客户,代表客户下达交易指令,征收客户履约保证金,提供基本会计记录、处理账户、管理资金,并为客户传递市场信息和市场研究报告,充当交易顾问,为客户提供设施和人员。佣金公司的收入是向客户收取的佣金。

（4）参与货币期货交易者

参与货币期货交易者主要是企业、银行和个人。任何单位和个人只要交纳保证金,都可以参与货币期货交易。这些交易者以保值或投机或投资为目的。

3）外汇期货合约

外汇期货合约是交易所制定的一种标准化的外汇期货合同。表 6.2 列举了芝加哥商业交易所国际货币市场分部(IMM)英镑期货合约的主要内容。

表 6.2　芝加哥商业交易所(CME)货币期货合约规格

货币名称	英镑
交易单位	62 500 英镑
最小变动价位	0.000 2 英镑(每张合约 12.50 英镑)
每日价格最大波动限制	开市(上午 7:20—7:35)限价为 150 点,7:35 分以后无限价
合约月份	1,3,4,6,7,9,10,12 和现货月份
交易时间	上午 7:20—下午 2:00(芝加哥时间),到期合约最后交易日
	交易截止时间为上午 9:16(市场在假日或假日之前将提前收盘)
最后交易日	从合约月份的第三个星期三倒数的第二个工作日上午
交割日期	合约月份的第三个星期三
交易场所	芝加哥商业交易所(CME)

一份期货交易合约通常明确以下事项：

（1）交易单位

交易单位是指一个合约所规定的标准交易数量。每份外汇期货合约都由交易所规定标准交易单位，如上例每一份英镑合约的交易单位为 62 500。不同的交易所可能有不同规定，不同的期货品种规定也不同。

所有合约的标价均以美元为报价货币，其他货币为基础货币。

（2）期货合约中的最小的变动价位

期货合约中的最小变动价位是指合约价格变动至少需要达到的幅度。以瑞士法郎为例，最小变动位价为 0.000 1。在交易场内，经纪人所做的出价或叫价只能是最小波动幅度的倍数。

（3）最大价格波动幅度

为限制期货交易中可能出现的过度投机，合约里还规定了每日最大价格波动幅度，即每日涨跌停板额。一旦报价超出这一幅度，该期货合约就会被暂时停止交易一段时间。

（4）合约月份

合约月份是指合约的到期月份，也就是期货合约的交割月份。国际货币市场所有外汇期货合约的交割月份都是一样的，为每年的（按国际货币基金组织规定）1 月、3 月、4 月、6 月、7 月、9 月、10 月、12 月和现货月份。标准交割日为到期月份的第三个星期三，该星期三的前两日即为合约的最后交易日。交割期限内的交割时间随交易对象而定。

（5）通用代号

在具体操作中，交易所和期货佣金商以及期货行情表都是用代号来表示外汇期货，如英镑 BP、加元 CD、日元 JY、墨西哥比索 MP、瑞士法郎 SF。

6.1.2　外汇期货交易制度

期货市场是一个高度组织化的市场，为了保障期货交易者有一个公开、公平、公正的环境，保证期货市场平稳运行，期货交易所制定了一系列的交易制度，下面作简单介绍。

1）保证金制度

投资者在进行期货交易时，由于期货交易买卖双方资信互不了解，进行交割或者对冲的时候都是通过清算所进行的，因此，为了防止信用风险，经纪商会要求客户在期货交易所指定的清算所开立保证金账户，并存入相应的保证金。保证金是用来确保期货买卖双方履约并承担价格变动风险的一种财力保证。

例如，每份欧元期货缴纳的保证金为 6 075 美元，市场交易价格为 1.456 7 美元。那么，投资者买入（或者卖出）1 份欧元期货合约，合约价值为 $1.456\ 7 \times 125\ 000 = 182\ 087.5$ 美元，需要缴纳的保证金是 6 075 美元。这部分保证金保留在投资者的保证金账户上。也就是说，该投资者只需在保证金账户里存入较少的 6 075 美元，就可以进行价值高达 182 087.5 美元的期货合约交易,杠杆倍数为 30 倍(182 087.5/6 075)。

保证金的收取是分级进行的,可分为期货交易所向会员收取的结算保证金和期货经纪公司向客户收取的交易保证金,即会员保证金和客户保证金。期货的买方和卖方都需要缴纳保证金。

期货交易所保证金分为初始保证金和维持保证金。初始保证金是初次买入或卖出期货合约时应缴纳的保证金。维持保证金是在保证金一部分用于弥补亏损后,剩下的保证金所达到的最低水平。当维持保证金不足时,交易所通知经纪公司或经纪公司通知客户追加保证金,追加后的保证金水平应达到初始保证金标准。

例如,欧元期货合约的初始保证金是每份合约 6 075 美元,维持保证金是每份合约 4 500 美元。如果投资者买进 1 份欧元期货合约,应缴纳初始保证金 6 075 美元。当价格下跌时,投资者发生亏损,假如亏损 2 040 美元,此时投资者账户里的保证金只剩下 4 035 美元,低于 4 500 美元的维持保证金水平,经纪公司就通知客户追加保证金,追加到不低于初始保证金 6 075 美元的水平。

我国的保证金是按照合约面值的比例收取的,而国际上通行的方式是每份合约收取一定的金额。

2) 每日无负债结算制度

每日无负债结算制度也称"逐日盯市"制度。简单地说,经纪商每日闭市后根据当日结算价与上一个交易日结算价的差额对投资者所持有的合约计算盈亏。如果赢利就向其保证金账户打入相应赢利的资金;如果亏损就从其保证金账户扣除相应资金,同时,适时发出保证金追加单,使保证金余额维持在一定水平上,防止负债发生。

例如,某投资者 2019 年 1 月 7 日星期一以 1.265 0 美元价格买入 1 份欧元期货合约,初始保证金为 6 075 美元/份,维持保证金为 4 500 美元/份。1 月 20 日,该投资者将该份合约以 1.263 3 美元卖出,进行对冲平仓。每日无负债结算操作实例见表 6.3。

表 6.3　每日无负债结算操作实例

单位:美元

日期	结算价格	当日盈亏	保证金账户余额	追加保证金
	建仓 1.265 0		6 075	
1 月 7 日	1.262 0	−375	5 700	
1 月 8 日	1.260 0	−250	5 450	
1 月 9 日	1.261 8	+225	5 675	
1 月 12 日	1.240 0	−2 725	2 950	追加 3 125
1 月 13 日	1.250 2	+1 275	7 350	取出 1 000
1 月 14 日	1.257 2	+875	7 225	取出 1 100
1 月 15 日	1.255 5	−212.5	5 912.5	
1 月 16 日	1.259 8	+537.5	6 450	

续表

日期	结算价格	当日盈亏	保证金账户余额	追加保证金
1月19日	1.260 5	+87.5	6 537.5	
1月20日	平仓1.263 3	+350	6 887.5	

从表6.3可以看出,在1月12日,该投资者保证金账户余额低于维持保证金,因此该投资者必须在第二天开盘前将余额补充到初始保证金6 075美元的水平。对于保证金账户余额超过6 075美元的部分,投资者可以保留在账户里,也可以转作他用。1月20日平仓后该账户余额为6 887.5美元。该投资者损失了212.5美元,即:

$$(1.263\ 3-1.265\ 0)\times125\ 000=-212.5(美元)$$

3)平仓制度

在外汇的即期交易中,只能采取实物交割的方式。而在外汇期货的交易中,还允许采取对冲的交易方式。如果交割以前买入期货合约,投资者可以卖出相同交割月份、相同数量、同样标的资产的外汇期货合约;如果交割以前卖出期货合约,投资者可以买入相同交割月份、相同数量、同种标的资产的期货合约,从而使投资者不再持有任何多仓或者空仓,这种交易行为称为平仓,也称为对冲交易。

在期货交易中,大部分投资者都是在最后交易日以前用平仓的方式进行对冲操作,极少有投资者会真正等到交割日进行实物交割。

建仓又叫开仓,是指投资者买入或卖出某种期货合约的行为。开仓有两种操作,即开多仓和开空仓。开仓时买入期货合约称为开多仓,开仓时卖出期货合约称为开空仓。对个人投资者而言,持仓量是开多仓和开空仓时合约数量之和。

由于开仓和平仓有不同的含义,因此交易者在买卖期货合约时必须指明开仓还是平仓。

例如,某投资者在2019年1月13日开仓买进10份3月份欧元期货,成交价为1.452 8,这时,他就有了10份多头持仓。到1月15日,期货价格上涨,该投资者在1.468 8的价格上平仓卖出6份3月份欧元期货合约。成交后,该投资者的实际持仓只有4份多单。如果当日该投资者在报单时报的是开仓卖出6份3月份期货合约,成交之后,该投资者则是10份多头持仓和6份空头持仓。

4)强行平仓制度

当投资者的交易保证金不足且没有在规定的时间时补足,或当投资者的持仓量超过规定的限额,或当投资者违规时,交易所为了防止风险的进一步扩大,将对其持有的未到期合约进行强制性平仓处理,这就是强行平仓制度。

5)持仓限额制度

交易所为了防范市场操纵和少数投资者风险过度集中的情况,对会员和投资者手中持有的期货合约数量的上限进行一定限制,这就是持仓限额制度。限仓数量是指交易所规定结算会员或投资者可以持有的、按单边计算的某一合约的最大限额。一旦会员或客户的持仓总量超过这个数额,交易所可按规定强行平仓或者提高保证金比例。

6)大户报告制度

大户报告制度是指当投资者的持仓量达到交易所规定的持仓限额时,应通过结算会员向交易所或监管机构报告其资金和持仓情况,这是与持仓限额制度紧密联系的一种防范大户操纵市场价格、控制市场风险的制度。

6.1.3 期货交易的流程

客户参与期货交易的一般过程如下。

①期货交易者在经纪公司输开户手续,包括签署一份授权经纪公司代为买卖合同及缴付手续费的授权书,经纪公司获此授权后,就可以根据该合同的条款,按照客户的指标办理期货的买卖。

②经纪人接到客户的订单后,立即用电话、电传或其他方式迅速通知经纪公司驻在交易所的代表。

③经纪公司交易代表将收到的订单打上时间图章,即送至交易大厅内的出市代表。

④场内出市代表将客户的指令输入计算机进行交易。

⑤每一笔交易完成后,场内出市代表须将交易记录通知场外经纪人,并通知客户。

⑥当客户要求将期货合约平仓时,要立即通知经纪人,由经纪人用电话通知驻在交易所的交易代表,通过场内出市代表将该笔期货合约进行对冲。同时,通过交易电脑进行清算,并由经纪人将对冲后的纯利或亏损报表寄给客户。

⑦如客户在短期内不平仓,一般在每天或每周按当天交易所结算价格结算一次。如账面出现亏损,客户需要暂时补交亏损差额;如有账面盈余,即由经纪公司补交盈利差额给客户,直到客户平仓时,再结算实际盈亏额。

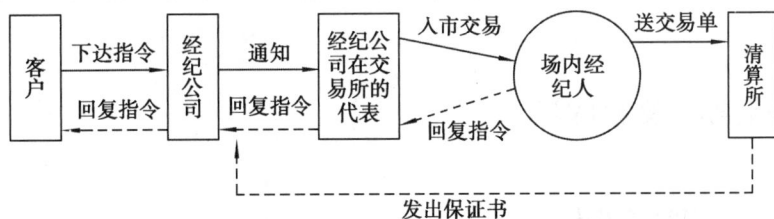

图6.1 期货交易过程示意图

6.1.4　外汇期货和远期外汇交易比较

要真正理解外汇期货交易的含义,有必要将外汇期货和远期外汇交易进行比较。同时,这对外汇期货的运用也有实际意义。

1)外汇期货和远期外汇交易的相同点

①都是通过合同形式,把购买或出卖外汇的汇率固定下来。
②都是一定时期以后交割,而不是即时交割。
③购买与出卖外汇追求的目的相同,都是为了保值或投机。

2)外汇期货和远期外汇交易的不同点

外汇期货和远期外汇交易的不同点见表6.4。

表6.4　外汇期货和远期外汇交易的不同点

不同点	外汇期货交易	远期外汇交易
买卖双方的关系	买方—期货交易所—卖方	银行与客户直接签订合约
标准化规定	对买卖外汇的合同规模、交割期限、交割地点做统一规定	无统一规定,可灵活掌握
交易场所与方式	在交易所内进行场内交易,双方委托经纪人在市场上公开喊价	以电讯联系进行场外交易,双方可直接接触成交
报价内容	买方或卖方只报出一种价格	买入价/卖出价
手续费	双方都须支付给经纪人佣金	远期双向报价的买卖价
清算	每日清算所结清未冲抵的期货合同,有现金流动	到期日一次性交割结算
实际交割	在完善的市场中基本无交割,实际交割量小于1%	基本都交割,多于90%

6.1.5　外汇期货交易的运用

1)运用外汇期货套期保值

所谓外汇套期保值是指在现汇市场上买进或卖出的同时,又在期货市场上,卖出或买进金额大致相当的期货合约。在合约到期时,因汇率变动造成的现汇买卖的盈亏可由外汇期货交易上的盈亏弥补。

什么人做套期保值呢? 外汇持有者、贸易商、银行、企业等均可采用套期保值,规避外汇风险。例如,在国际进出口业务中,出口商担心在未来时间内,应收外汇汇率会下降,出口的利润就会减少。为了稳定货物的经营利润,在出口货物同时,立即到期货市场卖出与出口货物价值相等的外汇期货,即使将来外汇汇率下跌,出口利润受损,期货的盈利却能够弥补出口商的外汇损失。一般出口商运用卖出期货,进口商运用买进期货。进口商或有短期负债者,为防范在未来时间内外汇汇率的升值,在签订进口合约时,可在外汇期货市场买进与货款金额相等的外汇期货。如果进口货款的货币汇率上升,进口商在外汇现货上遭受损失,但期货盈利也可以弥补进口损失。

在国际金融市场做信贷业务,发生的对外应收款项或者给国外附属分公司贷款,为了防范贷款货币贬值,就可以到期货市场做卖出外汇期货。

银行为避免某种货币因汇率变化造成的损失,其交易员可以通过在期货市场上买入或卖出相应货币的期货合约来达到控制汇率风险的目的。如果交易员预期某种货币将升值,则可以买入相应的期货合约;如果预期某种货币将贬值,则可以卖出相应的期货合约。

(1)买入套期保值

买入套期保值又称多头套期保值,是指在现货市场处于空头地位者,在期货市场上买进期货合约,其目的是防止汇率上升带来的风险。它适用于进口商和短期负债者。

例如,美国某公司在 3 月买进英国分公司设备 100 万英镑,双方商定 3 个月后付款。美国公司担心 3 个月内英镑升值,公司会更多地支付美元货款。为此,美方决定通过期货市场防范风险。设 3 月份 1 英镑=1.8 美元,此时,期货市场 6 月份汇率 1 英镑=1.95 美元,于是美国公司以 6 月份期货汇率价格买进 100 万英镑期货合约。到了 6 月份美国公司向英方付款 100 万英镑,现货(即期)汇率果然升值至 1 英镑=1.98 美元。与此同时,英镑 6 月份期货汇率价 1 英镑=2.15 美元。这时,美方公司及时在期货市场抛出 100 万英镑期货,从而结束了套期保值,见表 6.5。

表 6.5　美国公司外汇现货和期货市场盈亏情况表

现　货	期　货
3 月份现汇 1 英镑=1.8 美元,3 个月后支付 100 万英镑	3 月份买进 6 月份英镑期货合约 100 万英镑期货价(汇率):1 英镑=1.95 美元
6 月份美国公司支付 100 万英镑货款现汇汇率:1 英镑=1.98 美元	6 月份期货价(汇率):1 英镑=2.15 美元。立即卖出 6 月份英镑期货合约 100 万英镑
亏:(1.98−1.8)×100 万美元=18 万美元	盈:(2.15−1.95)×100 万美元=20 万美元

这里有 3 点需要说明:

①在实际交易中,两个市场的交易金额不一定相等。期货市场的交易金额是标准化的,因此现货市场的交易金额不一定正好为期货合约金额的整数倍。

②两个市场的价格走势一样,但差额不一定相等。

③当预测错误时,则由现货市场的赢利弥补期货市场的亏损。

(2)卖出套期保值

卖出套期保值又称空头套期保值,是指在现货市场上处于多头地位的人,为了防止汇率下跌的风险,在期货市场上卖出期货合约。这样即使汇率下降,交易者也可以从期货交易中获得补偿。它适用于出口商、应收款的债权人等。

例如:美国某出口商订立一份出口合同,3 个月后商品到货后可取得 5 000 万日元贷款,签约时汇率为 100 日元=1.01 美元,出口商预期可得到 50.5 万美元。为了避免日元兑美元贬值,给出口商带来损失,出口商预先在期货市场上进行套期保值,见表6.6。

表 6.6　出口商外汇现货和期货市场盈亏情况表

现货市场	期货市场
6 月 3 日签订出口合同,预计 9 月初获得 5 000 万日元,现汇率:1 美元=99 日元(相当于 100 日元=1.01 美元),这笔款项折合 50.5 万美元	6 月 3 日卖出 4 份 9 月日元期货合约(每份 1 250 万日元),期货价(汇率)为 100 日元=1.01 美元,价款 50.5 万美元
9 月 3 日汇率为 1 美元=103.09 日元(相当于 100 日元=0.97 美元)(日元贬值),收到 5 000 万日元,折合 48.5 万美元	9 月 3 日买回 4 份 9 月日元期货合约,期货价为 100 日元=0.97 美元,付款48.5 万美元
结果:现货市场因日元贬值,净损失 2 万美元,(50.5-48.5)万美元=2 万美元	结果:期货市场获利 2 万美元(50.5-48.5)万美元=2 万美元
结论:现货市场亏损恰好由期货市场盈利完全补偿	

本例所举的期货收益与现货亏损完全相同的情况并不多见,但只要遵循"均等而相对"的原则,大部分损失都会得到补偿。

2)运用外汇期货投机获利

并不是所有的外汇期货交易者都为了避险,有些人参与期货交易的目的是利用汇率变动牟利。投机有两种行为,买空和卖空。买空是指当预期某种外币的汇率会上升时,投机者就可以买进这种货币的期货合约,等外币汇率上涨后再卖出,先贱买再贵卖,从中获利。卖空是指当预测某种外币汇率下跌时,则卖出该货币的期货合约,也就是先贵卖再贱买,从中获利。

(1)买空

例如,某年 4 月 3 日,期货价格为 USD0.627 7/CAD,费用为 USD0.02/CAD。某投机者预测 2 个月后加元上升,于是买入 10 份(每份合约 10 万加元)6 月期加元期货合约。某日价格变为 USD0.689 0/CAD,则将 10 份合约卖出。获利为:

$$10×10×(0.689\ 0-0.627\ 7-0.02×2)=21\ 300(美元)$$

(2)卖空

例如,某年 4 月 3 日,期货价格为 USD0.689 0/CAD,费用为 USD0.02/CAD。某投机者预测 2 个月后加元下降,于是卖出 10 份(每份合约 10 万加元)6 月期加元期货合

约。某日价格变为 USD0. 627 7/CAD,则再买入 10 份 6 月期合约,获利为:

$$10×10×(0.689 0-0.627 7-0.02×2)= 21 300(美元)$$

以上所举的都是投机者赚钱的案例,如果投机者预测错误,就会赔钱。

资料链接6.1

巴林银行倒闭事件:28 岁交易员搞垮巨头

1995 年 2 月 27 日,英国中央银行宣布,英国商业投资银行——巴林银行因经营失误而倒闭。消息传出,立即在亚洲、欧洲和美洲地区的金融界引起一连串强烈的波动。东京股市英镑兑马克的汇率跌至近两年最低点,伦敦股市也出现暴跌,纽约道·琼斯指数下降了 29 个百分点。

巴林银行:历史显赫的英国老牌贵族银行,世界上最富有的女人——伊丽莎白女王也信赖它的理财水准,并是它的长期客户。

尼克李森:国际金融界"天才交易员",曾任巴林银行驻新加坡巴林期货公司总经理、首席交易员,以稳健、大胆著称。在日经 225 期货合约市场上,他被誉为"不可战胜的李森"。

1994 年下半年,李森认为,日本经济已开始走出衰退,股市将会有大涨趋势。于是大量买进日经 225 指数期货合约和看涨期权。然而"人算不如天算",事与愿违,1995 年 1 月 16 日,日本关西大地震,股市暴跌,李森所持多头头寸遭受重创,损失高达 2.1 亿英镑。

这时的情况虽然糟糕,但还不至于能撼动巴林银行。只是对李森先生来说已经严重影响其光荣的地位。李森凭其天才的经验,为了反败为胜,再次大量补仓日经 225 期货合约和利率期货合约,头寸总量已达十多万手。要知道这是以"杠杆效应"放大了几十倍的期货合约。当日经 225 指数跌至 18 500 点以下时,每跌一点,李森先生的头寸就要损失两百多万美元。

2 月 24 日,当日经指数再次加速暴跌后,李森所在的巴林期货公司的头寸损失,已接近其整个巴林银行集团资本和储备之和。融资已无渠道,亏损已无法挽回,李森畏罪潜逃。

巴林银行面临覆灭之灾,银行董事长不得不求助于英格兰银行,希望挽救局面。然而这时的损失已达 14 亿美元,并且随着日经 225 指数的继续下挫,损失还将进一步扩大。因此,各方金融机构竟无人敢伸手救助巴林这位昔日的贵宾,巴林银行从此倒闭。

一个职员竟能短期内毁灭一家老牌银行,究其各种复杂原因,其中,不恰当地利用期货"杠杆效应",并知错不改,以赌博的方式对待期货,是造成这一"奇迹"的关键。

课堂练习6.1

2019 年 3 月 26 日,美国某出口商预计 3 个月后收入 6.25 万英镑(即 1 份合约量）。为了防止将来英镑下跌造成损失，出口商进行卖出套期保值交易以防范风险。请完成表6.7空白部分填写并说明其操作方法。

表6.7 出口商外汇市场盈亏情况

外汇现汇市场	外汇期货市场
3月26日,GBP/USD=1.414 0	3月26日,GBP/USD=1.420 0
预计收入_____	卖出/买入 _____
6月26日,GBP/USD=1.390 0	6月26日,GBP/USD=1.390 0
卖出62.5万英镑,实际获得美元_____	卖出/买入 _____
亏损/盈利 _____	亏损/盈利 _____
净盈利/净亏损_____	

6.2 外汇期权业务操作

6.2.1 认识外汇期权业务

1) 概念

外汇期权又称货币期权，是指期权购买者在向期权出售者支付相应期权费后获得一项权利，即期权购买者有权在约定的到期日或期满前按照双方事先约定的协定汇率向期权出售者买卖约定数量的外汇。外汇期权买卖的直接对象是期权合约，主要以美元、欧元、日元、英镑、瑞士法郎、加拿大元及澳大利亚元等为标的物。

外汇期权的交易实际上是买卖一种权利。期权合同的买方可根据市场情况决定是否执行权力。

例如，某进出口公司手中持有美元，并需要在1个月后用日元支付进口货款。为防止美元兑日元的汇率风险，该公司向银行购买一份买入日元、卖出美元的期权，期限1个月，并且为美式期权。假设约定的汇率为USD/JPY108，该公司则有权在合约有效期内的任何一天按USD/JPY108的价格向银行购买约定数额的日元。如果在这1个月内，美元升值，日元贬值，市场汇率为USD/JPY110以上，该公司不执行期权，而将原拟卖出的美元直接在市场上按即期汇价卖出，并同时买进日元。如果在这1个月内，美元贬值，日元升值，市场汇率为USD/JPY105，那么，B公司则可行使期权，银行按USD/JPY108的汇率买进日元卖出美元。

2) 外汇期权种类

（1）根据行使选择权的时间划分为欧式期权和美式期权

欧式期权是指期权的买方只能在到期日当天的交割时间之前，决定执行或不执行期权合约。目前市场上大多为欧式期权。

美式期权是指在期权合约规定的有效期内任何一个工作日,决定执行或不执行期权合约。美式期权的灵活性较大,期权卖方的风险大,因此期权费也较高。在有效期内任何时候都可以行使权利。

(2)根据期权内容分为看涨期权和看跌期权

看涨期权又称买入期权,是指期权的买方在到期日或期满前按约定的汇率从对方买入特定数量的外币。这是买方在预期某一货币将会升值时,所采取的交易策略。

看跌期权又称卖出期权,是指期权的买方在到期日或期满前按约定的汇率向对方卖出特定数量的外币。这是卖方在预期某一货币将会贬值时,所采取的交易策略。

3)期权的特点

期权有如下三大特点。

(1)买卖双方风险和收益的不对称性

期权的购买者在支付了期权费之后,他的最大损失是期权费,而最大收益是无限的。但对于期权的卖出方来说,正好相反,他的最大损失是无限的,而最大收益是期权费。

(2)履约的灵活性

期权的买方支付了期权费之后,即获得了能以确定的时间、价格、数量和品种买卖某种外汇的权利。买方可根据自己意愿,选择执行该权利,或放弃该权利,甚至可将权利出售他人直接获利。

(3)期权费不能退回

如果市场汇率对期权的购买者不利,购买者不能要求退回期权费。

4)外汇期权合约的主要条款

期权合约是一种标准化合约。所谓标准化合约,即除了期权的价格是在市场上公开竞价形成的之外,合约的其他条款,如合约到期日、交易品种、交易金额、交易时间、交易地点等要素都是事先规定好的,是标准化的。

外汇期权交易由美国费城证券交易所于1982年12月率先推出。目前,费城证券交易所仍然是外汇期权的主要交易场所,经常交易的有英镑、欧元、澳元、加元、日元和瑞士法郎6种外汇期权。下面以表6.8费城证券交易所的欧元期权合约主要条款为例,解释外汇期权合约的具体内涵(各条款的释义与期货合约类似)。

表6.8 费城证券交易所欧元期权合约主要条款

合约标的	欧元
合约代码	XDE
合约规模	10 000 欧元
期权类型	欧式期权
交割月份	3月、6月、9月、12月4个季月及最近2个非季月,共6个交易品种

续表

期权价格报价单位	美分
期权价格最小变动价位	0.01 美分或者每份合约 100 美元
执行价格间距	0.5 美分
最后交易日	交割月份的第三个星期五
合约到期日	交割月份的第三个星期五后的星期六
持仓限制	20 万份(同一部位)
交易时间	东部时间 9:30—16:00
交割方式	现金交割

6.2.2　外汇期权交易的功能及案例

外汇期权主要有回避风险和投机两种功能。

1)买入看涨期权(主要适用于进口商或借款人)

例 1:2019 年某月某日,美国一交易者认为 AUD 兑 USD 的汇率将上升,他以 1AUD 需要支付 USD0.04 为期权费,买进一份 3 个月后到期的协议价格为 1AUD=USD0.588 0 的 AUD 看涨期权(欧式)。合同金额为 62 500AUD,试问该交易者的盈亏状况如何?

答:①合同到期日,AUD 的市场汇率≤0.588 0,不会行使权力,损失为期权费。

②合同到期日, 0.588 0<AUD 的市场汇率<0.628 0,会行使权力,但汇率上的收益抵不上支付的期权费,总体上仍受损,损失小于期权费,执行权力。

③合同到期日, AUD 的市场汇率=0.628 0,汇率上的收益=期权费,执行权力。

④合同到期日, AUD 的市场汇率>0.628 0,汇率上的收益>期权费,执行权力。

买入看涨期权损益情况如图 6.2 所示。

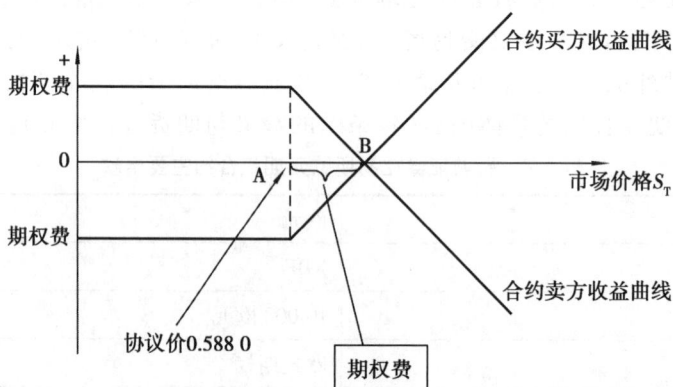

图 6.2　买入看涨期权损益情况

通过期权交易,该美国交易者将最大损失锁定为期权费,当市场汇率上升时,进口商可获得执行期权的收益。

2)买入看跌期权(主要适用于出口商或贷款人)

例2:2019年某月某日,一期权交易者认为GBP兑USD的汇率下跌,因此买入一份2个月后到期的看跌期权(欧式),合同金额2.5万GBP,协定价格是GBP1=USD 1.561 0,期权费GBP1支付USD0.002,交易者的盈亏状况如何?

答:①市场汇率>1.561 0,不会行使权力。

②合同到期日,市场汇率=1.559 0,汇率上的收益=期权费。

③合同到期日,1.559 0<市场汇率<1.561 0。

会行使权利但汇率上的收益抵不上支付的期权费,总体上仍受损。

④市场汇率<1.559 0,汇率上的收益>期权费。

买入看跌期权损益情况如图6.3所示。

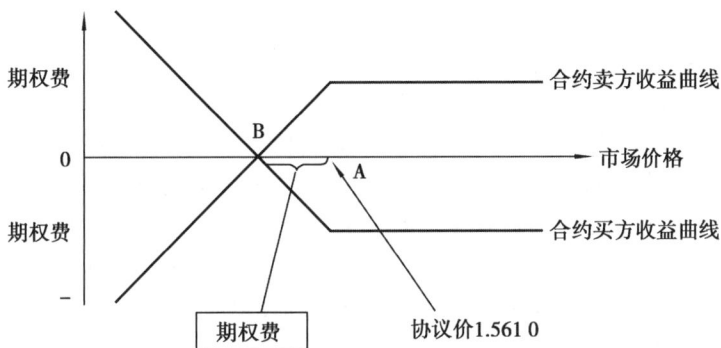

图6.3 买入看跌期权损益情况

6.2.3 外汇期权和外汇期货的区别

1)外汇期权和外汇期货的不同点

①标的物不同。期货交易的标的物是代表具体形态的金融资产的合约,而期权交易的标的物只是一种选择权。

②买卖双方的权利和义务不同。期货交易买卖双方的权利和义务是对等的,到期必须交割;而期权交易的买方具有履约的权利而无义务,期权的卖方有履约的义务而无权利,到期是否交割依买方意愿而定。

③交易场所不同。期货交易一般属于场内交易;而期权交易既可在场内交易,也可在场外交易,且大部分在场外交易。

④费用不同。若在场内交易,期货和期权都需要缴纳保证金;若在场外交易,期权不用缴纳保证金。无论场内交易还是场外交易,期权买方都要缴纳期权费,而期货不用。

⑤损益不同。期货交易买卖双方的损失和收益都可能是无限的,具体情况随市场行情变化而变化,而期权交易中,买方的收益无限而亏损有限,卖方的收益有限而亏损无限。因此,期货交易是一种"零和游戏",而期权交易是一种行"非零和游戏"。

2）外汇期权和外汇期货的相同点

①客体相同,都是以货币为标的物的交易。
②目的相同,都是为了回避风险或投机。
③原理相同,都是一种远期合约。

资料链接6.2

中国银行"期权宝"业务介绍

1. 产品介绍

期权宝是中国银行个人外汇期权产品之一,是指客户根据自己对外汇汇率未来变动方向的判断,向银行支付一定金额的期权费后买入相应面值、期限和执行价格的期权(看涨期权或看跌期权)。期权到期时如果汇率变动对客户有利,则客户通过执行期权可获得较高收益;如果汇率变动对客户不利,则客户可选择不执行期权。

交易时间:每个营业日北京时间 10:00—16:30,国际金融市场休市期间停办。

交易币种:美元、欧元、日元、英镑、澳大利亚元、瑞士法郎和加拿大元的直盘及主要交叉盘,现钞或现汇均可。

期权面值根据情况设置一定的起点金额。

外汇期权交易的标的汇价为欧元兑美元、美元兑日元、澳元兑美元、英镑兑美元、美元兑瑞士法郎、美元兑加元。

大额客户还可以选择非美货币之间的交叉汇价作为标的汇价。

交易期限:最长期限为 6 个月,最短为 1 天,具体期限由中国银行当日公布的期权报价中的到期日决定。

2. 产品优势

起点金额低,各期限结构丰富,三档执行价可选,支持委托挂单及提前平盘,提供主要交叉盘报价。

3. 适用对象

凡在中行开立外币账户、具有完全民事行为能力的自然人均可申请与我行叙做个人外汇期权业务。请亲自到中国银行分行办理。

4. 办理流程

开立中国银行外币账户(活期)—亲自到中国银行理财中心与银行签订《外汇期权交易协议书》—银行扣划客户期权费用—到期日银行视期权是否执行交割资金。

向银行买入期权。您可根据自己对外汇汇率未来变动方向的判断,选择:

(1)挂钩货币,即到期日您有权选择交割的另一种货币。

（2）期权面值，即在期权到期日行使外汇买卖的金额。

（3）期权到期日，即协议书中指明的期权到期日。

银行会与您预订协定汇率（即双方在《外汇期权交易协议书》中约定期权买方在期权到期日行使外汇买卖所采用的汇率），同时您向银行支付一定金额的期权费。

期权到期时如果汇率变动对您有利，银行将代您执行期权；如果汇率变动对您不利，则您可选择不执行期权，损失仅限为期权费。到期日如为非银行工作日或相关国际市场假期，则根据有关国际市场惯例调整到期日。

（资料来源：中国银行全球门户网站）

课堂练习6.2

某人于 2019 年 3 月 5 日买进 1 份 6 月底到期的英镑期权合约，合约协议价格为 GBP1 = USD1.600 0，期权费为每英镑 4 美分，1 份期权合约的金额为 6.25 万英镑。请问：

1. 此人应花多少期权费买进权利？

2. 6 月底的交易价格是多少？

3. 6 月底，即期汇率为 GBP1 = USD1.599 0，该如何操作？若即期汇率为 GBP1 = USD1.610 0，又该如何操作？

本章主要内容概要

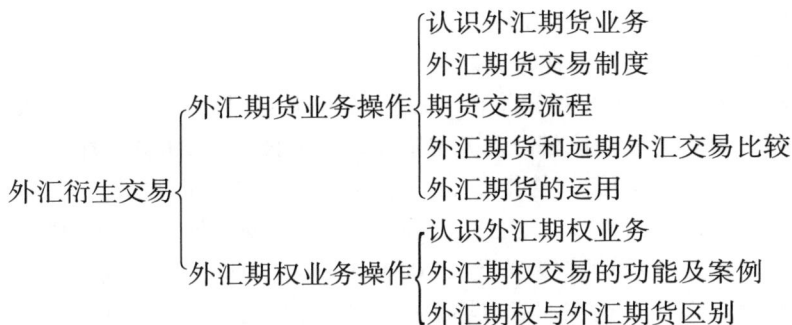

外汇衍生交易
- 外汇期货业务操作
  - 认识外汇期货业务
  - 外汇期货交易制度
  - 期货交易流程
  - 外汇期货和远期外汇交易比较
  - 外汇期货的运用
- 外汇期权业务操作
  - 认识外汇期权业务
  - 外汇期权交易的功能及案例
  - 外汇期权与外汇期货区别

课后习题与技能训练

课后习题

1. 判断题

（1）欧式期权的期权费比美式期权的期权费贵。　　　　　　　　　　　　　（　　）

（2）金融期货交易所是专门从事金融商品期货交易的场所，它是一个无形的市场。

（　　）

（3）期权合同的买入者为了选择权，必须支付给出售者一定的费用，这种费用称为保险费，也称期权费或期权价格。（　　）

（4）外汇期货交易买卖的对象是外汇。（　　）

（5）期权交易的买卖双方风险和收益是对称的。（　　）

2. 选择题

（1）在期权交易中，需要支付保证金的是期权的（　　）。

    A. 买方　　　　　　　　B. 卖方　　　　　　C. 买卖双方

（2）进行外币期货业务时，由（　　）来签订买卖合同。

    A. 买方与卖方　　　　　B. 买方与经纪人

    C. 卖方与经纪人　　　　D. 代表买方与卖方的经纪人分别同结算所

（3）交易者能在短时间内获利的是（　　）。

    A. 套汇　　　B. 套利　　　C. 货币期货　　　D. 货币期权

（4）期权合约的买方无论是否执行选择权，所支付的期权费（　　）。

    A. 可以收回　　B. 不能收回　　C. 可部分收回　　D. 视情况而定

案例分析题

案例1：一家中国企业于2019年7月1日出口100万美元商品，结算日为9月30日，7月1日即期汇率为1美元＝8.0元人民币，收入100万美元，可兑换800万元人民币。9月30日，即期汇率跌为1美元＝7.9元人民币，收入100万美元，只兑换到790万元人民币，少收入人民币10万元。

案例2：总经理与财务主管的对话。

某美国企业在3月1日得知将在7月底收到10亿日元。9月份日元期货的现价为1日元＝0.8500美分。该公司财务主管在3月1日卖空80份9月份的日元期货，并准备在7月底收到日元时，将期货合约平仓。当7月底收到日元时，即期价格为0.8750，期货价格为0.8800，财务主管将期货平仓，期货损失＝100000×（0.8800－0.8500）＝3000万日元，折算为美元＝3000×0.8750/100＝26.25万美元。

总经理：我们3个月内在期货市场上损失了26万美元，我需要你的解释。

财务主管：采用期货是为了对冲暴露的日元面临的风险，而不是为了获利。不要忘了我们的日元在现货市场上也获得了更好的价格。

总经理：那有什么关系？这好像是说我们在纽约的销售量上升了就可以不用担心加利福尼亚的销售量下降。

财务主管：如果日元贬值了……

总经理：我不关心日元贬值会出现什么情况，事实上日元升值了。我不得不向我们的股东说明你的行为使利润减少了近30万美元。这恐怕会影响你今年的奖金了。

财务主管：这不公平。这全在于你怎么看待它……

从以上两个例子我们可以看出，汇率风险对企业经营业绩的影响还是比较明显的。从案例2看,即使在经济高度发达的美国,当财务人员运用套期保值手段对冲外汇风险时,有时仍不能得到高层管理人员的理解。

分组讨论:

1. 案例中所涉及的汇率风险是指什么? 它是如何产生的?

2. 企业在哪种情况下会面临该风险? 具体影响如何?

3. 对中国企业来讲,应该如何规避此类风险?

技能训练

1. 某银行交易员认为在近期内美元兑瑞士法郎(USD/CHF)汇率将上升,于是卖出一项期权:美元卖权,瑞士法郎买权(USD PUT CHF CALL)。金额1 000万美元,协议价格1.400 0,有效期限1个月,期权费为1.5%。

请回答:

(1)该项期权费的金额是多少英镑?

(2)如何计算该项期权卖方卖权的盈亏平衡点?

(3)该项期权卖方卖权期权的最大亏损是多少?

(4)该项期权卖方卖权期权的最大收益是多少?

(5)当市场汇率高于执行价格1.400 0时,交易对手是否要求执行该项期权? 此时,交易员盈亏情况如何?

(6)当市场汇率为多少时,交易对手将会执行该项期权? 此时,交易员盈亏情况如何?

(7)当市场汇率为多少时,交易对手将执行该项期权? 此时,交易员盈亏情况如何?

(8)到期日市场汇率为多少时,该卖方卖权的策略就能获益?

2. 假定某家美国公司1个月以后有一笔外汇收入500 000英镑,GBP/USD即期汇率为1.320 0美元。为避免1个月后英镑贬值的风险,决定卖出8份1个月后到期的英镑期货合约(8×62 500英镑),成交价为1英镑=1.322 0美元。1个月后英镑果然贬值,即期汇率为1英镑=1.280 0美元,相应地英镑期货合约的价格下降到1英镑=1.282 0美元。如果不考虑佣金、保证金及利息,试计算其净盈亏。

实训项目

1. 实训目的

学会运用外汇期权理财产品进行投资。

2. 实训方式

实际调查。

3. 项目内容

比较国内各家银行的外汇期权理财产品。

4. 调研部门

（1）国有商业银行

中国银行、中国工商银行、中国建设银行、中国农业银行。

（2）股份制银行

招商银行、交通银行、中信实业银行、光大银行、广发银行、浦发银行、民生银行。

5. 调研渠道

网上、电话和实地调查。

6. 实训指导

第一步：调研。每组一题，每组中的每个成员按题目要求分别调研 3 家银行。

第二步：以组为单位整理、汇总和分析写出调研报告。

第三步：以调研报告为题在课堂进行交流。采取模拟方式，发言者以银行理财室的客户经理身份介绍外汇期权理财产品，其他同学作为客户，向"客户经理"咨询。

第7章
外汇风险管理

学习目标

1. 能够正确理解外汇风险的含义。

2. 能够识别外汇风险。

3. 能够正确运用防范外汇风险的方法。

案例导入

人民币汇率狂飙　海康威视遭受巨额汇兑损失

2020年5月底,人民币对美元汇率开启升值之旅,无论是从持续时长还是从变动幅度看,本轮升值都是2015年"8·11"汇改后所罕见。截至11月25日,在岸人民币对美元汇率报6.5796元,较5月末低点涨近6000个基点,重返6.5时代。

人民币汇率升值使得出口商品以外币计算的价格上升,从而可能导致产品竞争力减弱、出口订单减少。此外,对于出口企业来说,发出产品和收到货款有一定间隔期,人民币汇率快速升值,让不少商家在收到以外币支付的货款时,所面临的人民币结算价格大幅降低。

国内安防行业龙头海康威视在第三季度就遭受了5亿元左右的汇兑损失,而2019年同期,海康威视有约4亿元的汇兑收益。"第三季度人民币汇率升值太快了,变化的速度和力度超出一家企业所能控制的范围,可能没有一家涉及外贸的公司可以完全吸收(人民币汇率升值的)冲击。"海康威视相关人士在11月举行的投资者关系活动中说。

(资料来源:中证网,2020-11-26)

思考:

1. 什么是外汇风险?

2. 汇兑损失风险属于什么类型的风险?

3. 你能想出什么办法帮助该公司规避外汇风险?

7.1　认识外汇风险

7.1.1　外汇风险的概念

1)外汇风险的概念

外汇风险又称汇率风险,是指经济主体持有或运用外汇的经济活动中,因汇率变动而蒙受损失的一种可能性。

从事对外经济、贸易、投资及金融的主体经常在国际范围内收付大量外币,或持有外币债权债务,或以外币标示其资产、负债价值。当汇率发生变化时,一定数量的某种外汇兑换或折算成本币或另一种货币的数额就可能减少,使得外汇持有者或运用者受损。当然,汇率的变化也可能使数额增加,使外汇持有者或运用者获利。但是,稳健的经济主体一般不愿意让经营成果蒙受这种自身无法预料和控制的汇率变化的影响,因此会采取措施对外汇风险进行规避。

在目前浮动汇率制占主流的情况下,货币汇率波动日益频繁,不仅幅度大,而且各种主要货币之间经常出现强弱、地位相互转换的局面。由此,外汇风险问题显得更为突出。如何防范外汇风险就成为有关经济主体经营管理的一个重要方面。

2)外汇风险的构成因素

一个国际性企业在其经营活动中所发生的外币收付,均需与本币进行折算,以便结清债权债务并考核其经营成果,本币是衡量企业经营效果的共同指标,从交易达成到应收账款的最后收进、应付账款的最后付出、借贷本息的最后偿付均有一个期限。这个期限就是时间因素。在确定的时间内,本币和外币的折合比率可能发生变化,从而产生外汇风险。可见,外汇风险的构成因素有 3 个——本币、外币和时间。

一个企业在其对外经营活动中使用本币收付,不使用外币,就不存在外汇风险,因为不涉及外币与本币的折算问题,所以不存在外汇风险。反过来,一个企业在其对外经营活动中使用外币收付,在浮动汇率制度的环境下,在确定的时间内,本币和外币存在折算比率,就会有风险。从一般意义上说,一笔应收外汇或应付外汇账款的时间对汇率风险的大小具有直接影响。时间越长,汇率波动的可能性就越大,汇率风险也就相对较大。

7.1.2 外汇风险的分类

一个国际企业,在其经营活动过程中,都存在着由于外汇汇率变化而造成的外汇风险。具体地讲,外汇风险主要包括以下 3 种:

1)交易风险

交易风险是指在运用外币进行计价收付的交易中,经济主体因外汇汇率变动而蒙受损失的可能性,是一种流量风险。交易风险与结算某一笔具体交易有关,其交易包括已完成的交易和未完成的交易。已完成的交易已经列入资产负债表项目,例如以外币表示的应收账款和应付账款;未完成的交易则主要为表外项目,例如以外币表示的将来的采购额、销售额、租金以及预期发生的收支等。

凡涉及外币计算或收付的任何商业活动或投资行为都会产生交易风险。下面以案例来说明交易风险的主要表现。

①对外贸易。

案例分析7.1

中国某汽车制造商因生产需要,每个月要从欧盟进口价值 1 亿欧元的汽车零配件。2017 年年初,1 欧元仅兑换 7.29 元人民币。随后欧元涨势不停,到 2017 年 8 月,1 欧元兑换 7.89 元人民币。人民币兑欧元汇率大幅度下跌,对此,该企业未采取防范汇率风险的措施,使该企业每个月要多支付数千万元人民币换汇。

分析:该企业是进口商,在未来时间支付欧元,当支付欧元时,人民币兑欧元汇率下跌,使该企业要用较多的本币买入外汇,买入外汇成本增加,从而蒙受经济损失。

结论:对于进口商而言,计价货币兑本国货币升值,会使其受损;计价货币兑本国货币贬值,会使其受益。对于出口商而言,计价货币兑本国货币升值,会使其受益;计价货币兑本国货币贬值,会使其受损。

②国际借贷。

案例分析7.2

2017 年 1 月 10 日,世界银行执行董事会批准了向中国提供两笔各 2 亿美元的贷款,期限 2 年,支持湖南省和重庆市大渡口区将财政建立在牢固和可持续的基础之上。这是中国首次利用世界银行的发展政策贷款工具,款项在同年 8 月底到账。当时汇率 1 美元兑 6.37 元人民币。还款时,美元升值,汇率 1 美元兑 7.14 元人民币,汇兑损失 1 540 万元。

分析:湖南和重庆向世界银行借款美元,属于债务人。还款时,美元兑人民币升值,导致湖南和重庆支付更多的人民币,从而蒙受损失。

结论:对债务人而言,还款时,还款货币兑本国货币升值,会使其受损;还款货币兑本国货币贬值,会使其受益。对债权人而言,还款货币兑本国货币升值,会使其受益;还款货币兑本国货币贬值,会使其受损。

③国际筹资。

案例分析7.3

中国某金融机构某年 1 月在日本东京发行一笔债券。债券货币单位为日元,发行总额为 100 亿日元,年利率为 8.7%,期限 12 年,到期还本付息总额 204.4 亿日元。根据当时的外汇管理体制和其他情况,该金融机构到期清偿日元时需用美元购买日元,发行日元债券时美元兑日元汇率为 1∶222.22,清偿时美元兑日元汇率下跌为 109.89,日元兑美元汇率上涨幅度高达 102%,从而使中国某金融机构蒙受了 102%(以美元计)的经济损失。

分析:中国该金融机构在国际金融市场发行日元债券,是一种筹资行为,实际上属于债务人,当清偿时,日元兑美元汇率上涨,导致该金融机构支付更多的美元从而蒙受经济损失。

结论:对筹资者而言,当清偿时,筹资的货币(计价货币)兑本国货币升值,会使其受损;当清偿时,筹资的货币(计价货币)兑本国货币贬值,则使其受益。

④国际投资。

案例分析7.4

中国某公司于某年9月向澳大利亚进行直接投资所使用的实物资本和货币资本以澳大利亚元计为4000万澳元。投资后的第一年获税后利润700万澳元,这些利润全部以美元汇回本国。澳大利亚元兑美元时即期汇率在投资日为0.8456,到1年后的利润收回日,澳大利亚元兑美元下跌至0.6765,下跌幅度为20%,导致该公司蒙受20%(以美元计)的经济损失。

分析:中国公司向澳大利亚进行直接投资是一种投资行为,实际上属于债权人,以澳大利亚元计值。当投资者要将第一年税后利润700万澳元兑换美元汇回本国时,按照投资日的即期汇率计算,可以收入519.92万美元;而按照收回日的即期汇率办理,由于澳大利亚元兑美元汇率下跌,则仅收473.55万美元,从而蒙受20%的经济损失。

结论:对投资者而言,由于投资的货币兑本国货币贬值,使投资者投资的货币折合较少的本币,使投资收益减少,甚至会出现投资大于收益的情况,从而蒙受经济损失。

⑤外汇买卖。银行所面临的汇率风险主要表现在外汇头寸。外汇头寸也就是在某个时点上以外币表示的债权(资产)和债务(负债)的差额。这种差额就是外汇银行在营业日终了后买卖各种外币的净余额。

外汇头寸有多头、空头和平衡头寸3种状态。多头(超买)是指当银行的外汇买入额大于卖出额时,出现持有额净增加,说明银行持有"长余的外币头寸"。在这种情况下,存在此种外汇汇率下跌的风险。

空头(超卖)是指当银行的外汇卖出额大于买入额时,出现持有额净减少,说明银行持有"短缺的外币头寸"。在这种情况下,存在此种外汇汇率上涨的风险。

平衡头寸(轧平)是指银行外汇买进和卖出的金额相等,说明银行持有"轧平的外币头寸",在这时银行的汇率风险为零。

外汇头寸不管多头还是空头,都有汇率风险。所以,银行经营外汇采取"买卖平衡"的原则。银行管理汇率风险的主要方法是如何使外汇头寸的持有额为零。

案例分析7.5

日本某银行在某年某日分别买入1月期10万美元和卖出同样期限的8万美元,当时美元兑日元汇率为1∶100。若1个月后美元兑日元汇率为1∶90,该银行承担了什么风险?

分析:该银行处于美元的多头,银行要平衡头寸,卖出同样期限美元的多头的部分,若该银行不采取应对措施,1个月后美元兑日元汇率下跌,卖出美元时,获得的日元数额相对少,则蒙受经济损失,该银行承担了交易风险。

结论:在外汇收付或办理外汇买卖交易时,如果对某种货币没有及时补进或抛出,留下风险敞口,就极容易遭受汇率风险造成的损失。

将以上案例进行归纳,交易风险的主要表现见表7.1。

表7.1 交易风险的主要表现

交易方		计价货币升值	计价货币贬值
进口方	应付方	受损(换汇成本增加)	受益(换汇成本减少)
非贸易付汇方			
债务方			
空头	银行需买入此种外汇		
出口方	应收方	受益(换汇成本减少)	受损(换汇成本增加)
非贸易收汇方			
债权方			
多头	银行需卖出此种外汇		

交易风险具有静态性和客观性的特点。因为交易风险产生于经营过程中,其风险衡量的时间是在过去已发生的交易的某一时点上。其造成的损失是真实的,损失结果可以用一个明确的数字来表示。

2)经济风险

经济风险是指由于未预料到的汇率变动,使企业未来一定期间的收益发生变化。它是一种潜在的风险,其程度大小取决于汇率变动对产品数量、价格及成本的影响程度。

值得注意的是,经济风险定义中汇率的变动不包括预测到的汇率变动,因为公司管理部门或广大投资者在评价预期收益或市场价值时,已经把预期汇率变动考虑进去了。经济风险的分析在很大程度上取决于该公司的预测能力,特别是预测汇率变动的能力,带有一定的动态性和主观性。经济风险直接影响海外企业在融资、销售、经营目标与生产等方面的战略决策。经济风险造成的损失比会计风险或交易风险更具重要性和严重性,因为这种风险的影响是长期的,而其他风险的影响是一次性的。

3)会计风险

会计风险有时又称为"折算风险",是指汇率变动对企业财务账户的影响。

一般来说,企业的外币资产、负债、收益、支出等都必须按一定的会计规则,把外币变成本国货币(记账货币)来表示,这一过程叫"折算"。当汇率变化时,即使企业的外币资产或负债的数额没有发生变化,但会计账目、记账货币数目也会发生相应变化,给企业带来会计账目上的损失。这种账面损失会影响企业向股东和社会公开营业报告书的结果,可能导致企业股票价格的变动,进而对企业经营管理、企业效益的评估、税收等产生影响。因此,会计风险也引起了企业决策和管理者的重视。

会计风险是一种会计行为,多发生在跨国公司的母公司与子公司之间。跨国企业需要根据某些会计准则,将以外币表示的资产和负债换算成以母国货币表示的资产和负债,以编制企业财务报表。

例如,某跨国电脑公司在美国有一子公司,2017年1月3日(1美元兑6.94元人民币),该子公司在美国购入一批零件,货款为20万美元,以支票支付。2017年8月5日,这批零件全部入库。入库当日汇率1美元兑6.72元人民币,这批零件在账面上的损失折算成人民币为4.4万元。

会计风险产生于经营活动后,是从母公司的角度来衡量其受损程度。造成的损失不是实际交割时的真实损失,只是账面上的损失。

以上3种汇率风险的区别见表7.2。

表7.2 3种汇率风险的区别

区别点	经济风险	交易风险	会计风险
发生的时间	预测企业的未来收益	经营过程中	经营结果
造成损益的真实性	潜在的	真实的	账面的
衡量损益的角度	企业整体	单笔的交易	母公司
衡量风险的时间	长期的	一次性的	一次性的
损益表现的形式	动态性和主观性	客观性	客观性

交易风险是我们讨论的重点。经济风险是国际投资研究的范畴,不作为这里论述的重点。会计风险受不同国家的会计制度所制约,有不同的折算方法,折算损益的金额及处理也不同,也不作为论述的重点。

资料链接7.1

引爆2015瑞郎黑天鹅灾难的"火与油"

"2015年1月15日瑞士央行黑天鹅事件"是很多外汇经纪商挥之不去的痛。回顾历史,任何一次灾难性事件的发生绝非由单一因素造成的。瑞士央行只是点燃这场灾难的"导火索",而这把"火"之所以威力如此大,后果如此严重,原因是这把"火上浇的油"——算法交易。

当日,瑞士央行意外宣布放弃欧元/瑞郎1.20下限汇率,欧元/瑞郎随即崩盘。市场一边倒做多瑞郎,流动性稀缺,加剧市场崩盘。许多外汇经纪商正是因此受到重挫,死的死,伤的伤,非常惨烈!

瑞士央行当初肯定没想到自己的一次意外决定会酿成如此大祸。而当我们再回过头来看这件事时,责任到底在谁呢?通过分析外汇交易所订单和一些可识别的算法交易行为,我们发现,在 2015 年 1 月瑞士央行意外宣布取消瑞郎汇率上限的决定时,算法交易加剧了市场的恶化。

第一,在对瑞郎事件的反应上,算法交易(机器电脑)倾向于"消耗"流动性,并加剧价格的混乱、崩溃,导致了瑞郎汇率不可预知的波动性。相反,人类交易员则会采取相反的行为,补充流动性,消除市场价格的混乱局面,让价格回归正常。

第二,在瑞郎黑天鹅事件当日,算法交易对市场恶化的加速影响,只限于和瑞郎相关的货币对上,如欧元/瑞郎、美元/瑞郎。而一些和瑞郎无关的货币则基本没受到什么影响,如美元/日元、欧元/日元、欧元/美元。这说明,算法交易的模式是有某种程度的分割性的,这和人类交易员一样,有助于维持非瑞郎的货币对的市场正常秩序。

瑞士央行的意外决定,诱发了市场价格的巨大波动,点燃了这场金融灾难的导火索。与此同时,算法交易在出现市场极端情况时会起到"加速恶化"的作用,达到"火上浇油"的效果,一场威力巨大的金融灾难由此爆发!

课堂练习7.1

学生分组调研外贸企业存在的主要风险及避险的方法。

7.2 外汇风险的管理

涉外经济主体的外汇风险管理是指对外汇市场可能出现的变化做出相应的决策,以避免汇率变动可能造成的损失。对于不同类型的外汇风险,应采取不同的管理方法。

7.2.1 交易风险的管理

对于交易风险,可供选择的管理方法有 3 类。

1)签订合同时选择的防范措施

在有关对外贸易和借贷等经济交易中,选择哪种货币签订合同作为计价结算的货币或计值清偿的货币,直接关系到经济主体是否承担汇率风险。在选择合同货币时,应遵循以下原则:

第一,争取使用本国货币作为合同货币。选择本币作为计价货币,不涉及货币的兑换,进出口商则没有外汇风险。目前,主要工业国家尤其是一些储备货币发行国的出口贸易,很大部分是以本币计价结算的,如英国和德国分别高达73%和87%。随着日元的国际化,日本企业以日元计价的出口也与日俱增。当然,并不是任何国家的货币都可以用于国际支付,即使可以,对方也不一定能接受。

资料链接7.2

上海：去年人民币跨境贸易结算量逾7万亿元

2009年7月，人民银行等六部委共同颁布《跨境贸易人民币结算试点管理办法》和《跨境贸易人民币结算试点管理办法实施细则》，人民币国际化正式起航。10年来，人民币国际化取得长足发展。跨境贸易人民币结算试点启动之际，人民银行上海总部同时配套出台了《上海市跨境贸易人民币结算试点操作规程》。上海与广州、深圳、珠海、东莞5个城市，中国香港地区、中国澳门地区以及东盟地区为首批试点地区。

2019年7月6日，跨境贸易人民币结算试点在上海启动，标志着人民币在国际贸易中正式成为结算货币，开启了人民币跨境使用的进程。中国银行、交通银行办理首单业务，涵盖了汇出、汇入和信用证等多种跨境结算方式。

人民币跨境业务呈几何倍数增长。从整个上海地区来看，2009年，人民币跨境贸易结算量为81.5亿元。2010年，人民币跨境业务量为465亿元。到2018年已增长到72 893亿元。2019年前5个月达到40 432亿元，同比增长46.3%。至2019年5月末，上海地区累计跨境人民币业务量达到26.4万亿元。

10年来，人民币正在逐渐成为全球贸易和投资的新选择。据不完全统计，2016年人民币正式纳入SDR货币篮子，当年已有60多个国家和地区将其纳入外汇储备。截至2018年3月，与我国发生人民币跨境业务的国家和地区达到242个。

2019年年初出炉的《上海国际金融中心建设行动计划（2018—2020年）》进一步明确，上海将加强金融对外开放，在风险可控的前提下有序推动人民币资本项目可兑换，扩大人民币跨境使用，完善人民币计价结算功能，创新面向国际的人民币金融产品。

展望未来，人民币国际化仍将稳步推进，并伴随着我国金融市场深度、广度、流动性的提升而进一步深化国际货币的职能，特别是储备货币的职能。人民币国际化达到一定水准后，会走得更稳，终将达到与我国经济规模相匹配的地位。相应地，商业银行面向全球企业和个人提供人民币产品服务的空间无可限量。

（资料来源：新浪财经综合，2019-07-15）

思考：跨境人民币结算对出口企业来说，有什么好处？

第二，选择有利的外币计价。选择有利的外币计价，注意货币汇率的变化趋势，选择有利的货币作为计价结算货币，这是一种根本性的防范措施。一般的基本原则是"收硬付软"，即应收外汇应选择汇率相对稳定并具有上浮趋势的"硬货币"，而应付外汇则应选择汇率相对不稳定且有贬值趋势的"软货币"。对于资产、债权用硬货币，对于负债、债务用软货币，以减少外汇风险。

例如，美国出口商向日本出口一批商品，计价1 500 000日元，即期汇率为USD1＝JPY150，到期应收回10 000美元。然而到期支付时，汇率变成USD1＝JPY125，美出口商到期可收回 12 000 美元(1 500 000÷125 = 12 000),比合同签订时,多收入 2 000 美元。

同样,当进口(或构成债务)时,应尽量采用"软币",即汇率呈下浮趋势的货币。如果计价结算或计值清偿时使用"硬币",则汇率上升,进口商或债务人兑换同额"硬币"所付出的本币或其他外币就会较发生时多,相当于提高了进口价格或借款利率。

例如,2018 年德国某公司进口 10 000 英镑商品,即期汇率为 GBP1 = EUR1.20。但 3 个月后实际付款时,汇率为 GBP1 = EUR1.10。此时该公司购买 10 000 英镑只需要支付 11 000 欧元,节省 1 000 欧元。

遵循这一原则,其实质在于将汇率风险的损失转嫁给交易对方。在实际业务中,货币选择对交易双方来说是对立的,选择何种货币并非一厢情愿,双方往往各持己见。因此,采用这种方法只有在对方处于被动(或劣势)的交易情况下进行,否则难以成交。

2)在合同中加列货币保值条款

货币保值是指选择某种与合同货币不一致的、价值稳定的货币,将合同金额转换用所选货币来表示,在结算或清偿时,按所选货币表示的金额以合同货币来完成收付。目前,各国所使用的货币保值条款主要是"一篮子"货币保值条款,就是选择多种货币对合同货币保值,即在签订合同时,确定好所选择的多种货币与合同货币之间的汇率,并规定每种所选货币的权数。如果汇率发生变动,则在结算或清偿时,根据当时汇率变动幅度和每种所选货币的权数,对收付的合同货币金额做相应调整。

例如,某出口商有一出口合同金额为 90 万美元,以瑞士法郎、英镑、澳元 3 种货币为"一篮子"货币加以保值。它们所占的权数分别为 1/3,与美元的汇率分别为:5SFR/USD,0.5GBP/USD,2AUD/USD,则以这 3 种货币计算的合同金额各为 30 万美元,相当于 150 万瑞士法郎、15 万英镑和 60 万澳元。如到期结算时,3 种货币的汇率分别为:5.5SFR/USD,0.45GBP/USD,1.8AUD/USD,按这些汇率将以法国法郎、英镑和德国加元计算的部分折成美元,分别为 27.3 万美元(150/5.5)、33.3 万美元(15/0.45)和 33.3 万美元(60/1.8),合计 93.9 万美元,即到期付款时,进口商支付给出口商 93.9 万美元。

课堂练习7.2

小李的公司最近联系了一家美国公司,这家公司打算从小李的公司购买一批设备,约合 300 万美元。目前外汇市场,美元是下跌趋势,人民币表现坚挺,欧元汇率相对美元呈上升趋势。如果你是小李,你准备怎样防范风险?

3)价格调整法

价格调整法是指承担外汇风险的进出口商人通过在贸易谈判中调整商品价格,以减少使用外币结算给自己带来的损失的外汇风险管理办法。价格调整法主要有加价保值和压价保值两种。

（1）加价保值法

主要用于出口交易中，它是出口商接受软货币计价成交时，将预计的汇价损失计入出口商品的价格中，以转嫁汇价风险。

根据国际惯例，即期交易加价的公式为：

加价后的商品价格＝加价前的商品价格×（1＋货币贬值率）

远期交易加价时，要考虑到货币预期贬值的因素和货币时间价值因素，公式为：

加价后的商品价格＝加价前的商品价格×（1＋货币贬值率×期数＋利率×期数）

例如，某公司出口设备，以美元计价成交。即期交易成套设备单价为 100 000 美元。远期交易期为 5 年，预计 5 年内美元的年贬值率为 5%，年利率水平为 12%，成套设备单价应调整为多少？

加价后的商品价格＝100 000×（1＋5%×5＋12%×5）＝219 245 美元

（2）压价保值法

压价保值法用于商品进口交易中，进口商在进行硬币计价的国际贸易中，通过压低进口商品的价格来减少硬币升值可能带来的损失。

根据国际惯例，即期交易的压价公式为：

压价后的商品价格＝压价前的商品价格×（1－预期货币升值率）

远期交易的压价公式为：

压价后的商品价格＝压价前的商品价格×（1－预期货币升值率×期数＋利率×期数）

应当注意的是，价格调整法不能消除外汇风险，只能转嫁外汇风险。

7.2.2　金融市场操作

交易合同签订后，涉外经济实体可以利用外汇市场和货币市场来消除外汇风险。主要方法有：

1）现汇交易

现汇交易主要是指外汇银行在外汇市场上利用即期交易对自己每日的外汇头寸进行平衡性外汇买卖，即具有近期外汇债权或债务的公司与外汇银行签订卖出或购买外汇的即期合同，以消除外汇风险的方法。即期交易防范外汇风险需要实现资金的反向流动。企业若在近期预定时间有出口收汇，就应卖出手中相应的外汇头寸；企业若在近期预定的时间有进口付汇，则应买入相应的即期外汇。

例如，美国 A 公司在两天内要支付进口货款 10 000 英镑，可立即进行英镑的即期买进，即期汇率为 GBP1＝USD1.520 6/1.521 6，两天后交割时公司付银行美元，银行付公司英镑，公司把英镑付给出口商。

A 公司以 USD15 216 购进 GBP10 000，实现了外汇资金的反向流动，消除了两天内的汇率风险。

2）远期合同法

远期合同法是指具有外汇债权或债务的公司与银行签订卖出或买进远期外汇的

合同,以消除外汇风险的方法。

具体做法:出口商在签订贸易合同后,按当时的远期汇率预先卖出合同金额和币别的远期,在收到货款时再按原定汇率进行交割。进口商则预先买进所需外汇的远期,到支付货款时按原定汇率进行交割。这种方法优点在于:一方面,将防范外汇风险的成本固定在一定的范围内;另一方面,将不确定的汇率变动因素转化为可计算的因素,有利于成本核算。

例如,德国 A 公司在两个月后要支付给美国 B 公司一笔 50 000 美元的货款,该公司则可直接通过远期外汇市场与其德国银行签订为期两个月的以欧元购入美元的远期合同,假定签订合同时,美元兑欧元的远期汇率为 0.833 5 ~ 0.837 5EUR/USD,两个月后,A 公司可以 41 875 欧元购入 50 000 美元,并将这笔美元支付给 B 公司。

利用远期合同法,通过合同的签订把时间结构从将来转移到现在,并在规定时间内实现本币与外币的冲销,因此该方法能消除所有风险,即时间风险和价值风险。

3)LSI 法

LSI 法就是提早收付——即期合同——投资法(Lead-Spot-Invest)。具有应收外汇账款或应付外汇账款的公司,在征得债务方或债权方同意后,通过提前或延期收付货款,即期外汇交易和投资的程序,争取消除汇率风险的管理方法。具体做法如下:

①具有应收账款的企业,在征得债务方同意后,以一定折扣为条件提前收回货款(以此消除时间风险),并通过在即期外汇市场上将外汇兑换成本币(以此消除价值风险)。然后,将换回的本币进行投资,所获得的收益用以抵补因提前收汇的折扣损失。

例如,德国的 D 公司 90 天后有一笔 USD100 000 的应收货款。为防止届时美元贬值给公司带来损失,该公司征得美国进口商的同意,在给其一定付现折扣的情况下,要求其在 2 天内付清款项(暂不考虑折扣数额)。D 公司提前取得美元货款后,立即进行即期外汇交易换成本币,随即 D 公司用兑换回的本币进行 90 天的投资(暂不考虑利息因素)。

②具有应付账款的企业,在征得债权方同意后,先从银行借入本币,并通过在即期外汇市场上将本币兑换成应付外汇(以此消除价值风险)。紧接着以一定折扣为条件提前支付账款(以此消除时间风险),所获的折扣可完全或部分抵补借款利息的损失。

LSI 法消除外汇应收账款和应付账款的汇率风险的操作程序都是三部曲,其收入和支出的外币完全抵消,付出的成本以投资收益可完全或部分抵补。两者的区别在于,前者是请付款方提前支付货款,将外币换本币,用本币投资;后者是借本币,将本币换外币,提前支付账款。

4)外币票据贴现

这种方法既有利于加速出口商的资金周转,又能达到消除外汇风险的目的。出口商在向进口商提供资金融通,而拥有远期外汇票据的情形下,可以拿远期外汇票据到银行要求贴现,提前获取外汇,并将其出售,取得本币现款。

5) BSI 法

BSI 法就是借款—即期合同—投资法(Borrow-Spot-Invest)。拥有外汇应收账款或应付账款的公司,为了防止汇率变动,通过借款、即期外汇交易和投资的程序,争取消除外汇风险的管理方法。其做法如下:

①拥有应收账款的出口商,为了防止汇率变动,先借入与应收外汇等值的外币。同时,通过即期交易把外币兑换成本币。然后,将本币存入银行或进行投资,以投资收益来贴补借款利息和其他费用。届时应收款到期,就以外汇归还银行贷款。

例如,德国 C 公司在 90 天后有一笔 USD100 000 的应收款。为防止将来收汇时美元贬值带来损失,该公司向银行借入 90 天期限的 USD100 000 借款。该公司借款后用美元在外汇市场兑换成本币,随即将所得本币进行 90 天的投资。90 天后,C 公司以收回的 USD100 000 应收款归还银行贷款,用本币投资所得收益贴补借款利息和其他费用。

②拥有应付账款的公司,在签订贸易合同后,借入相应数量的本币,同时以此购买结算时的外币,消除了价值风险。然后,以这笔外币在国际金融市场上做相应期限的短期投资,改变时间风险。付款时限到期时,该企业收回外币投资,并向出口商支付货款。

上述消除应收账款和应付账款汇率风险的操作程序,虽然都是借款—即期外汇交易—投资三部曲,使收入和支出的外币完全抵消,但币种操作顺序不同。前者借款是借外币,投资用本币;后者借款是借本币,投资用外币。

BSI 法与借款法的主要区别在于操作中多出一道投资程序,既可以提前利用资金,也可以投资收益完全或部分抵补承担借款利息的代价。

课堂练习 7.3

河北省进出口公司出口一批纺织品到德国,我方报价 5 万欧元,报价当日汇率为 EUR1 = USD1.404 3 ~ 1.406 7,德国进口商提出要用美元成交,请思考:

1. 若改用美元成交,新的报价是多少?

2. 假如最近欧元呈升值趋势,美元呈贬值趋势,你是否愿意用美元成交?为什么?

3. 若进口商坚持用美元成交,你该怎么办?

4. 你还有其他方式帮助公司吗?

6) 期货交易合同法

期货交易合同法是指具有远期外汇债务或债券的公司,委托银行或经纪人购买或出售相应的外汇期货,以消除外汇风险的方法。这种方法主要有:多头套期保值和空头套期保值。

例如,美国向英国出口货物,价格为 10 万英镑。美国出口商为防止 6 个月后英镑汇率下跌所带来的损失,可到外汇期货市场卖出 6 个月期英镑期货。6 个月后,如果外汇市场的英镑现汇汇率下跌,期货市场上的英镑价格也会下跌,这样该企业可以低价买回英镑期货合约,用期货上的赢利抵销出口货款的损失。

7）期权合同法

期权合同法与远期外汇合同法相比，更具有保值作用。因为远期法届时必须按约定的汇率履约，保现在值不保将来值。但期权合同法可以根据市场汇率的变动做任何选择，即既可履约，也可不履约。最多损失期权费。进出口商利用期权合同法的具体做法是：进口商应买进看涨期权，出口商应买进看跌期权。

例如，美国公司从加拿大进口设备，3 个月支付价款 140 万加元。即期汇率为：1.4CAD/USD。按现货价计算，该公司须支付 100 万美元。为防范汇率波动的风险，该公司以 2 万美元费用为条件，按 1.4CAD/USD 的协议价，买进 140 万加元期权。3 个月后合同到期，加元汇率可能出现的情况是：

1. 仍为 1.4CAD/USD，此时，该公司除支付 2 万美元的费用外，无任何损益，也无所谓是否执行弃权合同。

2. 加元升值，汇率为：1.2CAD/USD，如果该公司没有签订期权合同，在市场上购买加元需要支付 116.67 美元，与 3 个月前相比，多支付 16.67 万美元。现由于签订了期权合同，公司执行合约，以 2 万美元防范了 16.67 万美元的损失。

3. 加元贬值，汇率为 1.6CAD/USD。显然，该公司从市场上购买加元合算，买进 140 万加元支付 87.5 万美元。与 3 个月前相比，少付 12.5 万美元。扣除 2 万美元之后，实际还赚了 10.5 万美元。

8）掉期合同法

掉期合同法是指具有远期的债务或债权的公司，在与银行签订卖出或买进即期外汇的同时，再买进或卖出相应的远期外汇，以防范风险的一种方法。它与套期保值的区别在于：套期保值是在已有的一笔交易的基础上所做的反方向交易，而掉期则是两笔反方向的交易同时进行。掉期交易中，两笔外汇买卖币种、金额相同，买卖方向相反，交割日不同。这种交易常见于短期投资或短期借贷业务外汇风险的防范上。

例如，日本某公司现筹得资金 100 万美元，在美国订购价值 100 万美元的机械设备，3 个月后支付货款。当前国际金融市场上汇率为 153 日元/美元，而 3 个月日元远期为 150 日元/美元。为获取汇率差价的收益，又保证将来按时支付美元货款，防止汇价风险，该公司按 1∶153 的比价与银行签订以 100 万美元购买 1.53 亿日元的即期外汇合同。与此同时，还按日元兑美元 3 个月远期 1∶150 比价，出卖 1.5 亿日元，购回 100 万美元的远期合同。掉期合同的签订保证美元付款义务的按期完成不致遭到汇价损失，同时又能盈利 300 万日元并存 300 万日元的利息。

7.2.3 其他管理方法

除上述签订合同的方法、借助金融操作的方法外，还有一些方法，主要是提前或错后、平衡法、保险。

1）提前或错后收付外汇

提前或错后收付外汇是指涉外经济实体根据对计价货币汇率的走势预测，将收付外汇的结算日或清偿日提前或错后，以达到防范外汇风险或获取汇率变动收益的目的。提前错后法的一般原则是：

①外币债权人和出口商在预测外币汇率将要上升时，争取延期收汇，以获得计价货币汇率上涨的利益；预期汇率下降时，争取提前收汇。

②外币债务人和进口商在预期外币将要上升时，争取提前付汇，以免受该计价货币升值的损失；预期外币汇率将要下降时，争取推迟付汇。

表 7.3　汇率变化与结汇日期变化的关系

交易商	预计外币上升 （本币疲软）	预计外币下跌 （本币上升）
出口商（收取外币）	推迟收汇	提前收汇
进口商（支付外币）	提前付汇	推迟付汇

2）平衡法

平衡法是指涉外主体在一笔交易发生时或发生后，再进行一笔与该笔交易在币种、金额、收付日上完全相同，但资金流向正好相反的交易，使两笔交易所面临汇率变动的影响相互抵消的一种做法。

在一般情况下，一个国际企业取得每笔交易的应收应付货币"完全平衡"是难以实现的。一个国际公司采用平衡法，依赖于公司领导下的采购部门、销售部门与财务部门的密切配合。金额较大的、存在一次性外汇风险的贸易，可以采取平衡法。

3）保险

保险是指涉外主体向有关保险公司投保汇率变动险，一旦因汇率变动而蒙受损失，便由保险公司给予合理的赔偿。汇率风险的保险一般由国家承担。

7.2.4　折算风险的管理

涉外主体对折算风险的管理，通常是实行资产负债表保值。这种方法要求在资产负债表上各种功能货币表示的受险资产与受险负债的数额相等，以使其折算风险头寸（受险资产与受险负债之间的差额）为零。只有这样，汇率变动才不致带来任何折算上的损失。

实行资产负债表保值，一般要做到以下几点：

①弄清资产负债表中各账户、各科目上各种外币的规模，并明确综合折算风险头寸的大小。

②根据风险头寸的性质确定受险资产或受险负债的调整方向,如果以某种外币表示的受险资产大于受险负债,就需要减少受险资产,或增加受险负债,或双管齐下。

③在明确调整方向和规模后,要进一步确定对哪些账户、哪些科目进行调整。这正是实施资产负债表保值的困难所在,因为有些账户或科目的调整可能会带来相对于其他账户、科目调整更大的收益性、流动性损失,或造成新的其他性质的风险(如信用风险、市场风险等)。从这一意义上说,通过资产负债表保值获得折算风险的消除或减轻,是以经营效益的牺牲为代价的。因此,需要认真对具体情况进行分析和权衡,决定科目调整的种类和数额,使调整的综合成本最小。

7.2.5　经济风险的管理

经济风险的管理方法主要有经营多样化和财务多样化。

1)经营多样化

经营多样化是指在国际范围内分散其销售、生产地址以及原材料来源地。在汇率出现意外变化后,通过比较不同地区生产销售和成本的变化趋利避害,迅速调整其经营策略,改善竞争条件而增加一些分支机构的生产,减少另一些分支机构的生产,使得产品更有竞争力。

课堂练习 7.4

请分小组调研企业转型的成功案例,并将调研结果与同学们分享。

2)财务多样化

财务多样化是指在多个金融市场、以多种货币寻求资金来源和资金去向,即实行筹资多样化。在筹资方面,公司应该从多个金融市场、多种货币着手。同样,在投资方面,公司也应该向多个国家投资、创造多种外汇收入。这样,在有的外币贬值、有的外币升值的情况下,公司就可以使一大部分的外汇风险相互抵消。另外,由于资金来源和去向的多渠道,公司就有更好的条件在各种外币的资产和负债之间进行对抵配合。

课堂练习 7.5

仔细阅读本章"案例导入"部分的《人民币汇率狂飙　海康威视遭受巨额汇兑损失》,为该企业提出防范汇率变动风险的具体方案。

本章主要内容概要

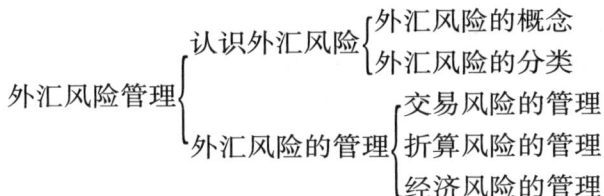

外汇风险管理 {
认识外汇风险 {
外汇风险的概念
外汇风险的分类
}
外汇风险的管理 {
交易风险的管理
折算风险的管理
经济风险的管理
}
}

课后习题与技能训练

课后习题

1. 判断题

（1）BSI 法是一种综合规避外汇风险的方法,可以完全消除外汇风险。　　（　　）

（2）在国际贸易中,偿付外汇的时间越长,风险越大。　　（　　）

（3）利用价格调整法,可以消除全部的外汇风险。　　（　　）

（4）运用货币选择法来防范外汇风险时,企业进口应该选择硬币计价。　（　　）

2. 选择题

（1）（　　）是指由于外汇汇率发生波动而引起国际企业未来收益变化的一种潜在的风险。

　　A. 交易风险　　　B. 会计风险　　　C. 经济风险　　　D. 转换风险

（2）造成实际损失的外汇风险是（　　）。

　　A. 交易风险　　　B. 折算风险　　　C. 经营风险　　　D. 经济风险

（3）能避免风险环境的方法有（　　）。

　　A. 保值法　　　B. 易货法　　　C. 本币计价法　　　D. 择期合同法

　　E. 掉期合同法

（4）在运用外币进行计价收付的交易中,因外汇汇率变动致使经济主体蒙受损失的可能性,这种外汇风险叫作（　　）。

　　A. 交易风险　　　B. 折算风险　　　C. 经济风险　　　D. 经营风险

案例分析题

2017 年 3 月 12 日,美国出口商 A 与瑞士进口商 B 签订 50 万瑞士法郎的出口合同,预定在 3 个月后进行货款结算。签约时,即期汇率为 USD/CHF＝1.795 0/63,出口商 A 认为 3 个月后瑞士法郎贬值的可能性很大,届时将影响其出口收入。该出口商有以下方案可选择:

方案 1:不做任何外汇风险的防范措施。

方案 2:采用远期外汇交易来防范外汇风险(3 月 12 日,USD/CHF 3 个月的远期汇率为 70/80)。

方案 3:采用外汇期货交易来防范外汇风险。该出口商指示外汇期货经纪人卖出 4 份 6 月 16 日交割的瑞士法郎期货合约,期货价格为 CHF1 = USD0.564 8。假设 6 月 12 日即期外汇市场贬值,汇率为 USD/CHF = 1.822 3/48,期货市场价格为 CHF1 = USD0.545 0,该出口商指示外汇经纪人买入 4 份 6 月 16 日交割的瑞士法郎期货合约,同时将收到的出口货款 50 万瑞士法郎在即期外汇市场上卖出。

分组讨论:

1.计算该出口商签约时计划出口收入的美元金额。

2.如果执行方案 1,该出口商将蒙受多少汇率风险损失?

3.如果执行方案 2,请计算 3 个月远期汇率,并分析方案 2 是否起到防范汇率风险的作用?若是比较方案 1,减少了多少损失?

4.如果执行方案 3,比较该出口商到期收入与计划出口收入情况,分析方案 3 是否起到汇率风险防范的作用。

5.比较方案 2 和方案 3,哪一种方案的汇率风险防范效果更好?

技能训练

1.某跨国公司的母公司在美国,一个子公司在英国,一个子公司在德国,如预测欧元兑美元将上浮,英镑兑美元将下浮,为消除外汇风险,跨国公司之间在进口与出口业务中,将如何运用提前结汇和推迟结汇?请填表 7.4。

表 7.4　跨国公司提前结汇和推迟结汇的应用

	英　国	美　国	德　国
英镑计价 (对英国收付)	—	进口: 出口:	进口: 出口:
美元计价 (对美国收付)	进口: 出口:	—	进口: 出口:
欧元计价 (对德国收付)	进口: 出口:	进口: 出口:	—

2.美国 A 公司 2017 年 1 月 20 日与日本出口商签订了购买一批聚氯乙烯的合同,以日元计价,货价总值为 5 亿日元,交货期在 2017 年 4 月中旬,但具体日期不能确定,当日东京市场美元兑日元的外汇牌价为:

即期汇率　　　3 个月远期

115.48 ~ 120.74　120.88 ~ 128.79

进出口双方议定,出口商将货物装船后,凭其交付的有关单证,A 公司要立即付款。A 公司考虑采用远期合同、美式期权、欧式期权和择期 4 种方法以规避日元汇价上涨。请分析解答下列问题：

（1）既能规避汇率波动风险，降低进口成本，又不影响 A 公司对出口商及时支付的最佳防险方法是（　　）。

    A. 远期合同法　　　B. 美式期权法　　　C. 欧式期权法　　　D. 择期法

（2）如果不考虑其他因素，采用远期合同法，A 公司购买 5 亿日元 3 个月远期（　　）。

    A. 需花费美元成本 423.73 万美元

    B. 需花费美元成本 416.67 万美元

    C. 该美元成本是按买入汇率计算的

    D. 该美元成本是按卖出汇率计算的

（3）远期合同法对 A 公司来讲（　　）。

    A. 可降低进口成本

    B. 可不交保险费

    C. 远期合同到期前，一旦进口货物装船，A 公司有权要求银行实行交割

    D. 远期合同到期前，一旦进口货物装船，A 公司无权要求银行实行交割

（4）美式期权法对 A 公司来讲（　　）。

    A. 增加进口成本

    B. 要交保险费

    C. 期权合同到期前，一旦进口货物装船，A 公司有权要求银行立即交割

    D. 期权合同到期前，一旦进口货物装船，A 公司无权要求银行立即交割

（5）欧式期权对 A 公司来讲（　　）。

    A. 要交保险费，增加进口成本

    B. 只有在到期日 A 公司才能要求银行实行交割

    C. 合同到期日前，一旦进口货物装船，A 公司有权要求银行实行交割

    D. 合同到期日前，一旦进口货物装船，A 公司无权要求银行实行交割

（6）择期合同法对 A 公司来讲（　　）。

    A. 最有利于进口成本降低

    B. 不交保险费

    C. 择期合同到期前，一旦进口货物装船，有权要求银行进行交割

    D. 择期合同到期前，即使进口货物装船，也无权要求银行进行交割

3. 中国一家跨国公司获得了 5 亿欧元的德国政府采购合同，合同将延续 3 年，德国政府以欧元付款。德国政府的采购约占该公司销售量的 60%，公司 10% 的经营费用是欧元，其余是人民币。公司的财务主管要求你提供一份报告，要求如下：

（1）该公司在未来 3 年中会出现多大的经济风险？

（2）应该采取哪些行动来降低欧元汇率波动所产生的经济风险？

（3）可以获得哪些外部资源来实现外汇风险管理？

4. 假定某企业从日本进口一条生产线，合同金额为 600 000 000 日元，支付期 6 个月，当时市场即期汇率 USD/JPY144.50，种种迹象表明日元将会升值。试述如何运用 BSI 法和 LSI 法消除日元汇率的风险？

实训项目

1. 实训目的:学会识别汇率风险,掌握运用防范汇率风险的方法。

2. 实训形式:实地调查。

3. 项目内容:通过调查企业(包括银行)或身边的人和事,列举案例说明在兑换外汇、存款、个人外汇买卖、进出口、国际投资、国际融资等方面的汇率风险的表现,并提出防范汇率风险的建议或方案。

4. 调查渠道:企业(包括银行)或身边的人。

5. 实训指导:

第一步,调查,收集资料。

第二步,在调查研究基础上,每人写出实训报告。

第三步,分组讨论上述项目内容,每组推荐发言人在课堂进行交流。讨论时通过分析实际案例,提出防范汇率风险的建议或方案。

第 8 章
国际金融市场

学习目标

1. 熟悉国际金融市场的形成条件。

2. 能够区别传统的国际金融市场和欧洲货币市场。

3. 能够正确理解欧洲货币市场的概念和特点。

4. 能够区分欧洲债券和外国债券。

5. 熟悉欧洲货币市场商业银行贷款的特点和基本要求,熟悉离岸金融中心的类型。

6. 了解国际货币市场和国际资本市场的构成。

7. 明确国际金融市场的发展趋势。

8. 正确运用国际金融市场投融资。

9. 能够分析一国建立国际金融中心的可行性。

案例导入

《上海国际金融中心建设行动计划(2018—2020 年)》发布

2019 年 1 月 17 日,经国务院同意,中国人民银行会同发展改革委科技部、工业和信息化部、财政部、银保监会、证监会、外汇局联合印发《上海国际金融中心建设行动计划(2018—2020 年)》(以下简称《行动计划》)。

《行动计划》提出,到 2020 年,上海基本确立以人民币产品为主导、具有较强金融资源配置能力和辐射能力的全球性金融市场地位,基本形成公平法治、创新高效、透明开放的金融服务体系,基本建成与我国经济实力和人民币国际地位相适应的国际金融中心,迈入全球金融中心前列。

具体包括 3 个方面的预期性指标:

一是金融国际化程度进一步提升,到 2020 年,参与上海金融市场的境外投资者规模显著扩大,国际债券规模显著增加,上海金融市场国际影响力显著提升,上海外汇市场交易规模显著扩大。

二是金融服务功能进一步完善。显著提高直接融资特别是股权融资的比重,人民币跨境支付清算安排更加完善。

三是金融发展环境进一步优化。到 2020 年,上海金融人才结构明显优化,金融发展环境的国际竞争力明显增强,金融监管和风险防范能力有效提高。

(资料来源:证券时报网,2019-01-22)

思考:

根据国际金融市场的形成条件,你认为上海成为国际金融中心的优势和不足有哪些?

8.1 认识国际金融市场

8.1.1 国际金融市场概念

国际金融市场在概念上有广义和狭义之分。广义的国际金融市场,是指从事长、短期资金借贷、外汇和黄金、证券的买卖等各种国际金融业务活动的场所,这些业务分别形成了货币市场、资本市场、外汇市场、黄金市场、证券市场和衍生市场。狭义的国际金融市场仅指国际间的长、短期资金借贷市场。本章介绍的是狭义的国际金融市场。

一个国家的国内金融市场,如果条件具备时可以逐步发展或上升为国际金融市场,并以所在地城市名字命名。由于这些国际金融市场都是各种国际金融业务集中的场所,因此,习惯上又把它们叫作国际金融中心。

目前,世界上主要的国际金融中心可以划分为 5 个区域(图 8.1)。

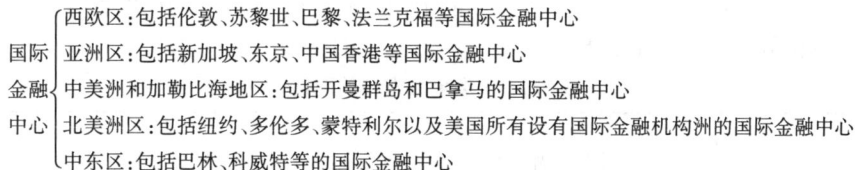

国际
金融
中心 {
西欧区:包括伦敦、苏黎世、巴黎、法兰克福等国际金融中心
亚洲区:包括新加坡、东京、中国香港等国际金融中心
中美洲和加勒比海地区:包括开曼群岛和巴拿马的国际金融中心
北美洲区:包括纽约、多伦多、蒙特利尔以及美国所有设有国际金融机构洲的国际金融中心
中东区:包括巴林、科威特等的国际金融中心

图 8.1　世界上主要的国际金融中心

8.1.2　国际金融市场的类型

国际金融市场按照不同的标准可以分成不同的种类,各种金融市场相互交叉。按资金融通期限的长短划分,可分为国际货币市场和国际资本市场;按经营业务的种类划分,可分为货币市场、资本市场、外汇市场和黄金市场;按金融资产交割的方式不同,可分为现货市场、期货市场和期权市场;按性质不同,可分为传统的国际金融市场和新型的国际金融市场。这里我们主要介绍传统的国际金融市场和新型的国际金融市场。

1)传统的国际金融市场

传统的国际金融市场,又称在岸国际金融市场,是指从事市场所在国货币的国际信贷和国际债券业务,交易主要发生在市场所在国的居民与非居民之间,并受市场所在国政府的金融法律法规管辖。这类市场一般经历了由地方性金融市场到全国性金融市场,最后发展为国际金融市场的历史发展过程。它由一国的金融中心发展成为世界性金融市场,是以其强大的工商业、对外贸易与对外信贷等经济实力为基础的。

在传统的国际金融市场上,货币可以自由兑换,非居民可以发行债券、筹集资金等,经营的货币是市场所在国货币,市场的资金来源都是由市场所在国提供,即使有一些外国资金参加市场交易,也都是外国存放于该国的资金。传统的国际金融市场所在国必须是资本净提供国,只有拥有巨额剩余资金和源源不断的海外利润收入的国家,如英、美等国家才能做得到,所以传统的国际金融市场也只有伦敦、纽约等。

2)新型的国际金融市场

新型的国际金融市场,又称离岸国际金融市场。离岸国际金融市场经营的是境外货币,范围很广,所以它的交易涉及所有的可自由兑换货币,其中大部分交易是在市场所在国的非居民之间进行的,业务活动也不受任何国家金融体系规章制度的管辖。离岸国际金融市场,由于不受市场所在国政策的管制,是完全自由化的国际金融市场,因此,目前已成为国际金融市场的核心和最主要的部分。新型的国际金融市场最早起源于欧洲,所以也称为欧洲货币市场。

综上所述,国内金融市场、传统的国际金融市场和新型的国际金融市场三者之间既有联系,又有区别。一方面,三者之间在业务发展上存在延续性和交叉性。传统国际金融市场是国内金融市场的延伸和发展,而新型国际金融市场又是传统国际金融市场的新发展。目前许多国际金融中心同时具备了国内、在岸和离岸市场3种功能,如伦敦市场、纽约市场等。另一方面,三者在市场主体、使用货币和受当地政府管制程度上均不相同,其关系见表8.1。

表8.1 3类金融市场的区别

市场类型 不同点	国内金融市场	传统的国际金融市场	新型的国际金融市场
交易主体	居民—居民	居民—非居民	非居民—非居民
交易对象	市场所在地货币	市场所在地货币	境外货币
受当地政府管制程度	受管制	管制较松	不受管制

8.1.3　国际金融市场的形成条件

国内金融市场超越国界而形成国际金融市场,是必须具备一些基本条件的。这些条件主要有:

第一,政局稳定。这是最基本的条件,一国只有政局稳定,资本安全才有保障,国际资本才会流向那里,才能积聚向外国借款人提供贷款所需的资金,因此才会形成国际金融市场。如果一国政局动荡,经常发生政变或大的变革,就无法保证国内经济和金融的稳定,更谈不上建立一个国际金融市场了。

第二,宽松的金融环境。这里主要是指实行自由外汇制度或外汇金融管制较松,资金调拨灵活,在存款准备金、税收、利率等方面的待遇较优惠,非居民参与金融活动不受歧视等,充分保证了国际资金的自由出入,容易形成国际资金的集散地,进而形成国际金融市场。

第三,发达的国内金融市场。国际金融市场是在国内金融业务发展的基础上和国际金融业务活动不断增长的条件下产生的。因此,一个国家只有在机构、信用、体制、设施等领域发展成熟之后,才能形成一个正常运转、安全高效的国际金融市场。

第四,现代化的通信设施和良好的地理位置。一国或地区要成为国际金融中心,必须有现代化的通信设施,并且具有不断地吸收高新科技的能力,这样才能迅速、准确地保证国际信息的通畅。当然,良好的地理位置,如时区、气候、风景、海陆空交通等,也有利于国际金融市场的形成。中国香港、新加坡之所以成为国际金融中心,与它们优越的地理位置有很大关系。

第五,具有国际金融人才。一国或地区要拥有既具备现代国际金融专业知识,又具备丰富实践经验的国际金融专门人才。拥有这些人才,才能为国际金融市场提供高质量、高效率的各种服务。

8.1.4　国际金融市场的作用

1）积极作用

（1）促进国际贸易、国际投资和生产的国际化

国际金融市场能在国际范围内把大量闲散资金聚集起来,从而满足了国际经济贸易发展的需要。同时,通过金融市场的职能作用,把"死钱"变为"活钱",由此推动了生产与资本的国际化。欧洲货币市场的形成与发展,又为跨国公司在国际进行资金储存与借贷、资本的频繁调动创造了条件,促进了跨国公司经营资本的循环与周转,由此推动世界经济全球化的巨大发展。

（2）调节国际收支

有国际收支顺差的国家,将其外汇资金盈余投放于国际金融市场;而有国际收支逆差的国家,则越来越以国际金融市场的贷款来弥补国际收支逆差。如"石油美元"的回流,缓解了石油进口国的赤字问题。国际金融市场还可以通过汇率变动影响国际收支状况。同时,国际金融市场资本分配的职能,还为各国特别是发展中国家的经济发展提供了资金,如欧洲货币市场促进了日本和西德经济复苏,亚洲美元市场对亚太地区经济建设起到了积极作用。

（3）促进金融业的国际化

国际金融市场的发达,吸引着无数的跨国金融组织,尤其是银行业汇集于此。国际金融市场成了国际大银行的集散地。金融市场通过各种活动把这些银行有机地结合在一起,使世界各国的银行信用突破空间制约而成为国际的银行信用,在更大程度上推动诸多金融业务国际化。

（4）规避风险和套期保值

金融市场上有很多交易工具有规避风险的功能,通过正确的投资组合能实现规避风险和套期保值的目的。

2）消极作用

国际金融市场对世界经济的发展也有消极作用。国际金融市场的发展日益与实体经济脱节,成为世界经济中的不稳定因素。大量积聚的跨国资本势必影响到一些国家国内金融政策的实施,同时也造成了外汇市场的波动和风险,助长国际储备的自发增长。国际金融市场一体化增加了风险在国际传递和扩散的可能性,国际金融市场的过度借贷还可能引发外债危机。

8.1.5　国际金融市场的发展趋势

随着全球经济的快速发展,国际资本市场与国际资本流动日趋活跃,市场规模不断扩大,业务品种不断创新,市场结构和资金流向也呈现出巨大的变化。国际金融市场发展的鲜明特征和基本趋势表现在:

1）国际金融市场的全球化趋势

金融市场的全球化是指各国金融市场与国际金融市场日益紧密联系，逐渐走向统一的过程。主要表现在：

①各国银行和金融机构的跨国化。不仅发达国家的金融机构在世界范围内普遍设立分支机构，而且发展中国家也纷纷在境外设立金融机构。

②金融资产交易的全球化。即筹资者和投资者都可跨国进行交易，并可在离岸市场经营以任何一国货币为面值的金融资产，从而为投资者在全球范围内投资和分散风险以及为借款者选择市场和降低筹资成本提供了极大的便利。

③各国金融市场的网络化、全球化。由于电子计算机的广泛应用以及跨国银行的长足发展，跨国资金流动可在瞬间完成。这就使各国金融市场日益成为一个全时区、全方位的统一的国际金融市场，投资者可以在任何一个主要金融市场进行 24 小时连续不断的金融交易。全球各金融市场的高度贯通是金融市场全球化的一个重要表现。

2）国际金融市场融资方式的证券化趋势

通过商业银行进行间接融资的传统融资方式，正在逐渐让位给通过金融市场运用证券进行直接融资的方式。具体表现在：

①商业银行国际贷款占筹资的比重在下降，国际债券尤其是国际债券的发行额在逐年增加。

②国际商业银行本身积极参与国际证券市场业务，成为证券市场的主要发行者和投资者，同时也是新发行证券的安排者和管理者。

3）国际金融市场的创新趋势

在金融创新中，最引人注目的是大量复杂的金融衍生产品的出现。金融衍生产品是在传统金融工具或基本金融商品如货币、外汇、存贷款、股票、债券等基础上衍生出来的、并与之密切相关的、新的金融工具或产品。最主要的金融衍生产品包括 4 类产品：远期、期货、期权和互换。

金融创新不仅提供了更多的投资渠道，而且提供了更多的风险管理工具，如能掌握其特性，使用得当，就可有效规避金融市场中因汇率、利率、股价、物价等因素急剧波动而产生的风险。但是，衍生产品的交易往往采用"杠杆"操作原理，交易者只需缴纳一定比例的保证金或权利金，就可以进行全额交易。所以，这一市场吸引了大量投机者，并在金融环境不稳定时成为以投机交易为主的市场，使金融机构经营风险加大，还可能导致不良的连锁反应甚至酿成危机。

课堂练习 8.1

都是创新惹的祸

21 世纪初,为了刺激美国经济以免衰退,布什政府决定采用低利率和减税措施来鼓励老百姓购房,使从 1989 年开始沉寂了 10 多年的美国房市回升。此刻,各个金融机构看准了这个时机,将购房贷款分为两个等级,优惠级贷款和次级贷款。优惠级贷款贷给信用度高、有固定收入、偿付能力强的消费者,贷款利率低。次级贷款贷给那些信用度低、偿还能力差的消费者,但贷款利率要高 2 ~ 3 个百分点。

为了融资,金融机构把贷款创新成债券在全球出售。次级贷款被包装成"次债"出售。在美国,"富人买债券,穷人买股票。"那时,好多次债被评为 AA 级,投资者趋之若鹜。于是,美国的房价便像气球一般越吹越大,直线飚向天空。

由于种种原因,美联储不得不在 2004—2006 年连续 17 次提高基准利率,逐渐导致本来还款能力不佳的美国次级贷款消费者陷入困境。就像多米诺骨牌一样,在房地产急跌后,由于资产缩水,使得次级房贷由利率风险产生信用风险,最终导致信用市场债券相关投资商品大量抛售。

2008 年 1 月 22 日,因受到了美国次贷危机的影响,全球股市暴跌,印度跌到停市 1 小时,香港恒指全日狂泻 2 061 点创下历史纪录;上证指数狂跌 355 点,加上前 5 个交易日,一共下跌一千多点,也是上指有史以来绝无仅有的。

讨论:1. 美国次贷危机的原因有哪些?

2. 我国的银行房贷有风险吗?为什么?

8.2　认识传统的国际金融市场

传统国际金融市场的产生要追溯到第一次世界大战前。英国工业革命最早(19 世纪 30 年代完成工业革命),经济较早较快地得到发展,通过对外扩张从海外殖民地掠夺了巨额利润,资金实力雄厚,英镑逐渐成为世界主要结算货币,成为货币霸主,伦敦率先发展成为国际金融中心。第二次世界大战英国参与了战争,经济力量大为削弱。而美国未参与战争,发了战争财,实力猛增,美元逐步取代英镑。另外,瑞士作为中立国,经济、货币都较稳定。所以第二次世界大战后,世界范围内逐渐形成了纽约、苏黎世、伦敦三大国际金融中心。20 世纪六七十年代,随着欧洲经济的恢复和日本经济的快速发展,形成了法兰克福、卢森堡、日本、亚太地区等国际金融中心,特别是日本的迅速崛起,东京成为继伦敦、纽约之后的第三大国际金融中心。

按照资金融通期限的长短,传统的国际金融市场主要分为国际货币市场和国际资本市场。

8.2.1 国际货币市场

国际货币市场是指借贷期限在 1 年以内的国际短期资金交易市场。货币市场最重要的作用是为个人、工商企业、金融机构以及政府调剂短期资金的余缺。主要由银行短期信贷市场、短期证券市场和票据贴现市场构成。

（1）银行短期信贷市场

银行的短期信贷业务包括两种：银行同业间的拆放和银行对非银行客户的信贷。在整个短期信贷业务中，银行同业拆放处于主导地位。

①银行同业拆放。银行同业拆放是指银行为弥补交易头寸或存款准备金不足而互相之间进行的短期资金借贷。银行同业拆放业务比较简便，借款人无须提供抵押，甚至无须签订协议，拆放的起点金额较高，期限都比较短，最短的期限可以是隔夜拆放。银行同业拆放按照银行同业拆放利率计息，其中，伦敦银行同业拆放利率（简称 LIBOR）是国际贷款最重要的基础利率，这个利率是在伦敦 6 家银行的指定利率基础上形成的。同业拆放业务一方面能为银行弥补暂时的流动资金或法定存款准备金的不足，另一方面也使银行能够转移利率风险。

②银行短期信贷。银行对非银行客户的短期信贷，主要是解决借款人临时性及日常的周转资金需要，不限定用途，可灵活使用，但这种业务在银行短期信贷中不占主要地位。

外国工商企业在西方国家的货币市场上进行存款或放款，首先应注意的是利息率惯例。按国际惯例，外币存款的利息计算方法是以存款的实际天数除以 360 天计算。英国的惯例是：英镑、比利时法郎、新加坡元、爱尔兰镑、南非兰特等按年历的实际天数除以每年 365 天计算；瑞士的惯例是：瑞士法郎在国内市场上每月按 30 天计算，每年按 360 天计算。

（2）短期证券市场

短期证券市场指的是 1 年期以内的短期金融工具交易的场所。交易对象有：短期国库券、可转让银行定期存单（简称 CDs）、银行承兑汇票和商业票据。这些短期金融工具一般都有信誉度高、流动性大、安全性好的特点，但它们只有符合金融当局有关法令时才能上市。

①短期国库券。国库券是国家财政部发行的短期债券，发行国库券是政府筹集短期资金的一种最便利的措施，一般用于季节性需要。国库券期限主要有 91 天（3 个月）和 182 天（6 个月）两种，票面金额不等。它通常按票面金额以折扣方式发行，以投标方式在市场上交易，到期按面额偿还。由于国库券信用高于银行和商业信用，而且具有极强的流通性，因此，尽管其利率略低于银行利率，它仍是短期投资的最好证券之一。

②可转让银行定期存单。简称定期存单（CDs），是指银行发行对持有人偿付具有可转让性质的定期存款凭证。凭证上载有发行的金额及利率，还有偿还日期和方法。如果存单期限超过 1 年，则可在期中支付利息。在纽约货币市场，通常以面值为 100 万美元为定期存单的单位，有 30 天到 5 年或 7 年不等的期限，通常期限为 1～3 个月，

一律于期满日付款。

　　银行发行的可转让定期存单,在性质上仍属于债务凭证中的本票,由银行允诺到期时还本付息,购买存单的投资者需要资金时,可把存单出售换成现金。存单把存款和短期证券的优点集中于一身,既为银行带来了方便,又为客户提供了好处。

　　③商业票据。商业票据是信誉卓著的大企业和非银行金融机构为筹集资金,凭借信用发行的短期无担保的票据。期限一般在 30 天到 1 年不等,以 30 ~ 60 天居多。商业票据的特点是:发行金额较大;有固定到期日;票据可以转让;发行手续简便易行;利率通常稍高于国库券,低于银行优惠利率。其利率取决于市场供求状况、面值、期限、发行人信誉、银行借贷成本等因素。

　　④银行承兑票据。银行承兑票据是汇票的一种,是指银行在远期付款的商业票据上进行承兑以保证在汇票到期时付款给持票人。由于有了银行的付款保证,银行承兑票据的流动性相比商业票据而言大大增强,容易在市场上进行转让。银行承兑票据一般用于进出口贸易中,是贸易融资的一种手段。

　　(3)票据贴现市场

　　贴现是指持票人以未到期票据向银行兑换现金,银行将扣除自买进票据日(即贴现日)到票据贴现日的利息(即贴现息)后的余额付给持票人。从本质上看,贴现也是银行放款的一种形式,这种方式与一般放款的差别在于:是在期初本金中扣除利息,不是在期末支付利息。

　　贴现市场由贴现公司、商业银行、商业票据行和中央银行组成,其中以贴现公司为主。贴现交易的信用票据主要有国库券、短期债券、银行承兑票据和部分商业票据等。贴现利率一般高于银行贷款利率。持票人将未到期的票据向贴现公司进行贴现,在性质上类似于贴现公司向持票人提供了一笔贷款并且提前收取了贷款利息。通过贴现,持票人获得了资金融通,贴现公司成为持票人,是票据的债权人。为了取得资金融通,贴现公司也可以将票据向中央银行要求再贴现。中央银行则通过提高或降低再贴现率来调节货币市场的利率,从而影响货币市场资金的供求状况。

8.2.2　国际资本市场

　　国际资本市场是经营期限在 1 年以上的资金借贷和资金筹集的市场,又称中长期资金市场。一般 1 ~ 5 年的为中期,5 年以上的为长期。国际资本市场主要是向跨国公司和各国政府提供进行固定资产投资所需资金。该市场主体有银行、公司、证券商及政府机构。目前,国际资本市场的主要业务是中长期国际信贷市场和中长期国际证券市场。

1)中长期国际信贷市场

　　中长期国际信贷市场是银行为外国企业提供中长期信贷资金的场所,国际中长期资金的供求双方通过这一市场得以融通资金。这个市场的需求者主要是各国政府、银行及工商企业。资金利率由多方面因素决定,一般包括经济形势、资金供求量、通货膨胀率、金融政策等。贷款主要用于外国企业固定资产的更新、扩建或新建,以及政府的一些中、长期建设项目。因此,银行在考虑贷款时,除了审核贷款者的用途外,还要着重分析其偿还能力。

就贷款方式而言,中长期国际信贷有两种基本方式:独家银行贷款与银团贷款。

（1）独家银行贷款

独家银行贷款,也称双边中期贷款,是一国贷款银行单独对另一国银行或其他金融机构、政府机构、公司企业提供的贷款。通常,借款人和贷款人之间必须签订书面的贷款协议,每笔贷款金额为数千万美元到1亿美元不等,贷款期限为3~5年。独家银行贷款的特点是:贷款规模较小、期限相对较短;借款人的筹资成本较低,只包括LIBOR等基础利率、利差、管理费和承担费;贷款手续比较简单,且贷款的资金用途不受贷款银行的限制,用款比较自由。

（2）银团贷款

银团贷款,也称辛迪加贷款,是由一家银行牵头、多家商业银行联合提供的贷款。它在20世纪60年代以前一直是国际中长期融资的重要途径。银团贷款的特点有:银团贷款规模大,可达几亿或几十亿美元;贷款期限长,一般在10年以上;贷款由一家银行组织,较为方便,借款人只需将借款要求委托给牵头银行即可得到一大笔资金,而且在整个借款期内,它只需与一家银团的代理行打交道;银团贷款风险分散,银团贷款的风险由各成员银行依其所提供的贷款额的大小共同分担。

在银团贷款中涉及的有关银行有牵头银行、代理行、参与行、担保行等。牵头银行是整个银团的组织者,它在贷款协议签订前先与借款人联络洽谈,并准备有关文件。在贷款协议签订后,与各有关银行商谈组成银团,签订贷款合同。代理行作为整个银团的代理人在贷款期间与借款人联系,负责各项具体工作,在借款人和贷款人之间起桥梁作用。参与行是受到牵头行邀请的加入银团提供贷款的银行,参与行只与牵头行和代理行打交道,而不直接面对借款人。担保行是根据银团的要求对借款人还款进行担保的银行。

2）中长期国际证券市场

（1）国际债券市场

国际债券是指一国政府或金融机构、企业等为筹措外币资金,在国外发行的以外币计值的债券。20世纪80年代以前,国际银行中长期信贷是国际资本市场的主要融资手段,其融资量占整个国际资本市场融资量的60%。20世纪80年代以后,国际融资的证券化趋势推动了国际债券市场的迅速发展。目前,国际债券市场已经成为国际资本市场的主导力量。

国际债券按照发行债券所用货币与发行地点的不同,可以分为外国债券和欧洲债券。

①外国债券。外国债券是指一国筹资者在某外国金融市场上发行的,以市场所在国货币为面值的债券。例如,中国在日本市场上发行的以日元为面值的债券。外国债券通常由发行市场所在国的投资银行或辛迪加集团负责筹划发行和承销,并在该国范围内推销,投资者也主要是该国的居民。外国债券的发行需在发行市场所在国注册登记,手续较为复杂,并受该国有关法规的管理。目前,东京、纽约、苏黎世、法

兰克福和伦敦都是国际上主要的外国债券市场。

②欧洲债券。欧洲债券是指一国筹资者在本国以外的国际债券市场上发行的，以欧洲货币为面值的债券，如中国在日本发行的美元债券。欧洲债券属于欧洲货币市场的金融业务。在后面的内容中会详细介绍。

资料链接8.1

外国债券的昵称

外国债券都有特定的昵称，这些昵称都跟这个国家的特色有关。如在美国发行的外国债券叫作"扬基债券"，在日本发行的外国债券称为"武士债券"。同样，还有英国的猛犬债券、西班牙的斗牛士债券、荷兰的伦勃朗债券、澳大利亚的袋鼠债券、加拿大的枫叶债券、韩国的阿里郎债券。2005 年 9 月 28 日，"熊猫债券"这一充满中国色彩的新成员，也融入了外国债券的大家庭。从这些昵称我们很容易判断是哪个国家的外国债券。

（2）国际股票市场

国际股票市场是指在国际范围内发行并交易股票的场所或网络。参与国际股市交易的筹资者与投资者均不受国籍限制，其买卖的对象既有市场所在国企业发行的股票，也有外国企业发行的股票。如：纽约证券市场、伦敦证券市场、东京证券市场和香港证券市场等。

20 世纪 90 年代末以来，股票市场的国际化趋势日益明显，国际上一些主要的股票交易所开始走向联合甚至合并。2000 年 3 月，巴黎、阿姆斯特丹、布鲁塞尔三大交易所宣布合并，成立了仅次于伦敦的欧洲第二大股票交易所——Euronext。同年，纽约证券交易所发起了"全球股票市场"计划，由 Euronext、香港证券交易所、东京证券交易所、多伦多证券交易所、墨西哥证券交易所等十大交易所联盟，连接欧美亚三大洲，上市企业市值超过 20 万亿美元，占全球股票市值的 60%，这使股票全球化、全天候交易的梦想成为现实。

2002 年 11 月 5 日，我国正式开始实施 QFII 制度，2006 年实施 QDII 制度，2014 年开通"沪港通"，2016 年开通"深港通"，允许境内外投资者借助我国内地与我国香港地区资本市场基础设施的互联互通投资对方股票市场。2019 年年底，中国 A 股在MSCI 全球基准指数中的纳入因子已达 20%，富时罗素 2020 年 3 月对 A 股进行第三批次的扩容，将中国 A 股的纳入因子由 15% 提升至 25%，中国股票市场已经成为国际股票市场的一员。

8.3　认识欧洲货币市场

8.3.1　欧洲货币市场概述

欧洲货币市场是指在发行国境外存储和贷放该国货币的市场,它是目前国际金融市场的核心。欧洲货币市场发端于欧洲美元市场。当美元被存放在美国境外的其他国家商业银行时,欧洲美元就形成了。吸收了境外美元的银行再将这些美元贷放出去,就形成了欧洲美元市场。

最初的境外美元市场是以英国伦敦为中心的欧洲各国金融中心,所以这种美元市场被称为欧洲美元市场。欧洲美元和美国国内流通的美元一样,具有同等的价值和购买力,不同的是,欧洲美元不在美国境内的金融界经营。但随着市场规模和经营范围的不断扩大,欧洲货币市场的含义也在变化。在区域概念上,市场范围由欧洲扩展到世界各地的金融中心。在货币种类上,不再局限于境外美元,任何可自由兑换的货币都能够以欧洲或境外的形式存在,如欧洲日元、欧洲英镑、欧洲瑞士法郎等。这样,欧洲美元市场逐渐扩展成欧洲货币市场。而"欧洲"也不单纯指地理意义上的范围,更准确地说,它指的是"境外"的意思。

8.3.2　欧洲货币市场的形成和发展

欧洲货币市场的形成和发展有其深刻的国际经济背景。具体说来,以下因素直接促成了欧洲货币市场的形成和发展:

1)东西方之间的冷战

欧洲货币市场的前身是产生于 20 世纪 50 年代的欧洲美元市场。欧洲美元的出现最早归功于苏联。1950 年,由于朝鲜战争中美国冻结苏联和部分东欧国家在美国的资产,因此这些国家将在美国的美元存款转移到在法国巴黎开设的北欧商业银行,在伦敦开办的欧洲国家商业银行和开在伦敦的莫斯科国民银行。欧洲银行这个专用名词最初是在苏联掌握下的巴黎银行的电传代码,于是欧洲美元市场便出现了。

2)英国的保卫英镑政策

1957 年英国发生英镑危机,英国政府为维护英镑稳定,加强了外汇管制,限制本国银行向英镑区以外的企业发放英镑贷款。为了逃避这一外汇管制,英国各大商业银行纷纷转向吸收美元存款,向海外客户贷放美元,从而在伦敦形成了美元存储和贷放的广阔市场。

3) 美国的金融管制政策

由于美国国际收支不断出现逆差,趋势日益恶化,因此,从 20 世纪 60 年代开始,美国政府就采取了一系列限制美元外流的措施。如美国政府从 1963 年起实施利息平衡税,对外国政府与私人企业在美国发行的债券利息,一律征收平衡税,借以限制美国企事业对外直接投资,同时限制设立海外分支机构和银行对外信贷。1968 年,美国政府的金融管制当局正式停止美国企业汇出美元到国外投资。还有,根据在 20 世纪 30 年代美国联邦储备银行制定的 Q 项条款规定,美国商业银行对活期存款不付利息,并对定期与储蓄存款利率规定最高限额,而在国外的欧洲美元存款则不受这种限制。另一个联邦储备银行的 M 条款规定,美国银行对国外银行的负债,包括国外分支行在总行账面的存款,必须缴存累进的存款准备金,而国外的欧洲美元存款则可以不缴存任何存款准备金。这些措施引起美国国内商业银行的不满,纷纷到国外寻求吸收存款的出路。全世界的跨国公司也不得不转向欧洲货币市场,以满足其资金融通的需求。这些因素都大大地促进了欧洲货币市场的发展。

4) 一些国家实施资本限入措施

20 世纪 60 年代以后,随着美元在国际货币体系中的地位不断削弱,德国马克、瑞士法郎、日元等货币日益坚挺,大量国际游资流向这些国家。为减缓通货膨胀的压力,维持本国货币汇率的稳定,瑞士和原联邦德国、日本货币当局采取了一些措施,对外国居民存入本国货币进行限制。如原联邦德国政府规定对非居民在德国银行存入马克不仅不付利息,反而倒收利息,促使那些想持有马克的非居民将马克转存德国境外,产生了境外德国马克借贷市场。

5) 欧洲货币市场的内在优势

在欧洲货币市场上,存贷利差比国内银行小,即存款利率较高,贷款利率较低。通常欧洲美元市场存贷利率之差只有 0.25% 左右。欧洲货币市场凭借其优惠的利率可以吸引大量的境外货币。另外,欧洲货币市场上的交易方便快捷,借款者能够在几分钟内筹措到贷款而不必受到盘问。因此,银行总是愿意进入欧洲货币市场经营。

20 世纪 60 年代后期,由于世界经济进一步发展,推动了生产和资本的国际化,跨国经营和跨国投资日益扩展,客观上需要有一个资金充裕和更不受约束的资本市场为其服务,这是欧洲货币市场迅速发展的根本原因。新加坡于 1968 年 11 月创立了亚洲美元市场,现已发展为东南亚地区影响最大的离岸金融市场。东京的离岸金融市场设立较晚,1968 年 12 月才成立。由于东京市场依托于日本强大的经济和资金实力,开业后发展十分迅速,现已与伦敦、纽约形成三足鼎立之势。从 20 世纪 70 年代开始,欧洲货币市场业务延伸到加勒比海地区和欧洲的一些岛国。在这一期间,不少美国银行资金大量转移到巴哈马、开曼、百慕大、巴拿马等国,因为这些地区政局稳定,资金流动自由,而且免征有关税费,这就为美国银行逃避金融管理和税收提供了方便。于是,这些地区逐渐成为避税港型的国际金融市场。在欧洲,海峡群岛和马恩岛也属于这一类型的市场。

8.3.3　欧洲货币市场的特点

欧洲货币市场是一个完全国际化和自由化的国际金融市场,它具有以下特点:

①欧洲货币市场经营非常自由。由于欧洲货币市场是一个不受任何国家政府管制和税收限制的市场,因此经营非常自由。例如,借款条件灵活,借款不限制用途。因此,这个市场不仅符合跨国公司和进出口商的需要,而且也符合许多西方工业国家和发展中国家的需要。

②资金来源广泛。这个市场打破了资金供应者仅限于市场所在国的传统界限,从而使非市场所在国的资金拥有者也能在该市场上进行资金贷放。与此同时,借款人也不受国籍限制。

③欧洲货币市场资金调度灵活,手续简便,有很强的竞争力。欧洲货币市场资金周转极快,调度十分灵便,因为这些资金不受任何管辖。这个市场与西方国家的国内市场及传统的国际金融市场相比,有很强的竞争力。

④欧洲货币市场的利差较小,存款利率略高于货币发行国国内存款利率,贷款利率低于国内贷款利率。影响货币供给和需求的最重要因素是存款人追求最高收益和借款人追求最低成本的动机。由于欧洲银行不受上缴存款准备金和利率上限的限制,因此可以以较高利率吸收存款,并以较低利率放贷。

⑤欧洲货币市场上的借贷关系为非居民之间的关系。主要参与者包括国际商业银行、非银行金融机构、跨国公司、政府部门和国际性组织等。

8.3.4　欧洲货币市场的构成

欧洲货币市场就其构成而言可以分为欧洲信贷市场和欧洲债券市场。

1)欧洲信贷市场

欧洲信贷市场根据借贷期限又分为欧洲短期信贷市场和欧洲中长期信贷市场。欧洲短期信贷市场是期限在 1 年以内的包括 1 年期短期欧洲货币的借贷市场,接受欧洲货币存款和提供 1 年以内的短期欧洲货币贷款。欧洲中长期信贷市场是指期限在 1 年以上的欧洲货币市场。按传统惯例,1～5 年期的贷款为中期贷款,5 年以上的贷款为长期贷款,第二次世界大战以后,不再严格加以区分,而是统称为中长期信贷。

2)欧洲债券市场

欧洲债券市场是指发行欧洲债券进行筹资而形成的一种长期资金市场。欧洲债券的发行是由国际辛迪加承购包销,发行后即可在二级市场上市转让。它产生于 20 世纪 60 年代初,1961 年 2 月 1 日在卢森堡发行了第一笔欧洲债券,1963 年正式形成市场。但是,欧洲债券市场在最初十几年里发展缓慢,直到 20 世纪 70 年代后半期才得以迅速发展。目前,它已经成为最重要的国际债券市场。欧洲债券市场的主要中心是卢森堡。

欧洲债券市场有如下特点：第一，管制较松，基本不受任何一国政府金融法规的管制。如发行债券无须官方批准，对发行公司公开内部资料的要求较宽松。第二，债券持有人的利息无须扣除收入税。第三，主要发行的是不记名债券，所有权转移手续简单。第四，债券由国际辛迪加承销，可同时在若干个国家的资本市场上发行和推销。第五，安全性高。欧洲债券的发行者主要是国际金融组织、各国政府、跨国公司和大企业集团，这些机构一般资产规模大，实力雄厚，资信优良，对投资者来说比较安全。第六，选择性强。发行者可以根据投资需要、利率和汇率的变化，自由选择发行市场、债券面值和筹资货币。投资者也可以根据需要，灵活选择债券种类。

欧洲债券主要分为以下 3 种：一种是普通固定利率债券，即在发行时，利率和到期日均有明确规定，不再改变；另一种是浮动利率债券，即利率按约定时间调整，多数为半年调整一次，以 6 个月期的伦敦银行同业拆放利率或美国商业银行优惠放款利率为基础，再加上一定的附加利率计算；还有一种是可转换为股票的债券，购买者可以按照发行时规定的兑换价格，换成相应数量的股票。

8.3.5　欧洲货币市场与离岸金融中心

欧洲货币市场形成后的范围不断扩大，它的分布地区已不限于欧洲，很快扩展到亚洲、北美洲和拉丁美洲。欧洲货币市场最大的中心是伦敦，加勒比海地区的巴哈马，欧洲地区卢森堡的业务略逊于伦敦，其他各大金融中心也分散地经营其他境外货币业务。

欧洲货币市场与离岸金融中心同为经营境外货币市场，前者是境外货币市场的总称或概括，后者则是具体经营境外货币业务的一定地理区域，吸收并接受境外货币的储存，然后再向需求者贷放。根据业务对象、营运特点、境外货币的来源和贷放重点的不同，离岸金融中心分为以下 4 种类型：

1）功能中心

功能中心主要指集中诸多外资银行和金融机构，从事具体存储、贷放、投资和融资业务的区域或城市。其中又分为两种：一为集中性中心；一为分离性中心。前者是内外融资业务混在一起的一种形式，金融市场对居民和非居民开放。伦敦和香港金融中心属于此类；后者则限制外资银行和金融机构与居民往来，是一种内外分离的形式，即只准非居民参与离岸金融业务，典型代表是新加坡和纽约的"国际银行设施"。

2）名义中心

这种离岸金融中心多集中在中美洲各地，如开曼、巴哈马、拿骚和百慕大等，成为国际银行和金融机构理想的逃税乐土。这些中心不经营具体融资业务，只从事借贷投资等业务的转账或注册等事物手续，所以国际上把这种中心称为簿记中心。

3）基金中心

基金中心主要吸收国际游资，然后贷放给本地区的资金需求者，以新加坡为中心的亚洲美元市场则属于这种中心。它的资金来自世界各地,而贷放对象主要是东盟成员国或临近的亚太地区国家。

4)收放中心

与基金中心的功能相反,收放中心主要筹集本地区的境外货币,然后贷放给世界各地的资金需求者。亚洲新兴的离岸金融中心巴林,主要吸收中东石油出口国巨额石油美元,然后贷放给世界各地的资金需求者。同时,它也通过设立在当地的外资银行与金融机构积极参与国际市场的各项金融业务。

8.4 欧洲货币市场商业银行贷款

8.4.1 欧洲货币市场商业银行短期贷款

1)欧洲货币市场商业银行短期贷款概述

欧洲短期贷款市场是期限在 1 年以内的包括 1 年期短期欧洲货币的贷款市场。一些企业、银行和私人,在资本循环与周转的过程中,短期内出现多余资金,通过市场贷放给那些短期资金的需要者。这种短期贷款常常在交往有素的银行间、银行与企业间进行,手续非常简便。短期贷款的利率由双方具体商定,主要参考伦敦同业市场拆放利率(LIBOR),一般低于各国国内商业银行对大客户的放款利率。

2)欧洲货币市场商业银行短期贷款的特点

欧洲短期贷款市场的主要特点有:

(1)期限短

贷款期限最长不超过 1 年,一般以 1 天、7 天、30 天、90 天居多,因为期限短,有利于短期资金余缺的调剂和融通。

(2)额度大

这个市场通常最小的交易起点为 25 万美元或 50 万美元,一般以 100 万美元为交易单位。由于借贷起点高,市场的参加者多为大银行和大企业,个人或与银行关系生疏的客户很难进入市场。

(3)贷款条件灵活

贷款期限、金额、交易地点等都可由交易双方协商确定,客户可根据需要灵活选择。

(4)存贷利差小

欧洲货币市场存款利率一般略高于国内市场,贷款利率一般略低于国内市场,因此存贷款的利差较小,两者之间一般相差 0.25% ~ 0.5%。

(5)无须签订协议

短期贷款通常发生在交往密切的银行与企业或银行与银行之间,彼此了解,信贷条件相沿成习,双方均明悉各种条件的内涵与法律责任,无须签订书面贷款协议,一般通过电讯联系,双方即可确定贷款金额与主要贷款条件。

（6）利息预扣

短期贷款利息一般需先付,即在借款人借款时就由贷款银行将利息从贷款总额中扣除,然后将扣除了利息后的余额付给借款人;在贷款到期时,借款人则应按贷款额偿还。

8.4.2　欧洲货币市场商业银行中长期贷款

1）欧洲货币市场商业银行中长期贷款概述

欧洲货币市场商业银行中长期贷款期限都在 1 年以上,一般为 1 ~ 3 年、5 年、7 年、10 年或更长。资金的借贷者大多数是世界各国私营或国有企业、社会团体、政府或国际机构组织。资金来源多数为较短期存款,少数为长期存款。

2）欧洲货币市场商业银行中长期贷款特点

欧洲货币市场商业银行中长期贷款的特点有以下几点:

（1）期限长

期限从 1 年以上到 5 年、7 年、10 年甚至更长,但多数为 3 ~ 7 年。

（2）额度大

贷款额度多为 1 亿美元以上,多者可达数亿甚至更多。

（3）利率浮动

由于这类贷款期限较长,贷款人与借款人都不愿意承担利率变动的风险,因此,该种贷款利率多为浮动利率,并根据市场利率变化每 3 个月或半年调整 1 次。利率一般以伦敦银行同业拆放利率为基础,再根据贷款金额大小、时间长短以及借款人的资信,再加上不同幅度的附加利息。

（4）须签订贷款协议

由于中长期信贷金额大、期限长,因此,借贷双方都须签订合同,有的合同还须经借款方的官方机构或政府方面担保。合同内容一般包括利率与主要费用负担、贷款期限、贷款偿还办法、利息期、货币选择条款、提前偿还条款、违约条款、消极保证条款等。

（5）银团贷款居多

该市场贷款额度大,单家银行往往不能满足,所以往往由几家或十几家不同国家的银行组成银团,通过一家或几家信誉卓著的大银行牵头贷款,即银团贷款,也称辛迪加贷款。辛迪加贷款有两种形式:一种是直接辛迪加贷款,即参加贷款辛迪加的各成员银行直接向借款人提供贷款,贷款的具体工作由贷款协议中指定的代理银行统一进行。另一种是间接辛迪加贷款,即由一家或几家大银行作为牵头银行向借款人做出贷款安排,具体方式是由牵头银行将贷款分别转售给其他参与银行,它们按各自承担的份额提供贷款,贷款工作由牵头银行负责管理。目前,欧洲中长期贷款以银团贷款方式为主。

3)中长期贷款协议的贷款条件

中长期贷款协议的主要贷款条件有:

（1）利息

辛迪加贷款的利息是根据参考利率或称基础利率和附加利率计算出来的。欧洲辛迪加贷款一般选择 LIBOR 作为参考利率。附加利率是根据贷款期限长短和借款人的资信状况,由借贷双方商定,一般在 0.25% ~ 1.15%。辛迪加贷款一般采用浮动利率,所以要确定参考利率的调整周期,最常用的周期是 1 个月、2 个月、3 个月和 6 个月。

（2）费用

①承担费。为促使借款人如期提用贷款,贷款协议通常规定有一定时间的承担期,在承担期内,借款人对未提用的贷款余额所支付的费用称为承担费。借款人对已提用的贷款则开始支付利息。承担费的起算日期通常有两种做法:一种是在协议生效后开始计收;另一种是协议生效若干时间后才开始计收。

②代理费。借款人在贷款期限内须定期向代理行支付代理费,作为代理行提供各项服务的补偿。代理费一般按商定的固定金额定期支付。

③管理费。由于牵头银行和经理行在组织和管理贷款中负有重要责任,因此要收取一定的管理费。该费用一般按贷款总额的一定的百分比一次性支付。管理费主要在牵头银行和经理行中分配,牵头行所占比重较大,另外一小部分在其他参加行中按提供贷款的多少分配。

④杂费。在辛迪加贷款协议签订前发生的各种联系费用和业务开支,如交通费、办公费、律师费等。

（3）贷款的期限和偿还方法

中长期银行贷款的期限由两部分组成:宽限期和偿还期。宽限期是指借款人只需支付利息,无须偿还本金的期限;偿还期是指借款人开始偿还本金的期限。

偿还期内偿还本金的方法通常有两种,即到期一次偿还和在偿还期内分次偿还。在分次偿还本金的方法中,借款人又可以选择按本金等额偿还或按本金和利息等额偿还。

（4）贷款货币

在贷款协议中要确定贷款货币,借取的货币要与使用方向衔接,借取的货币最好选择软货币,即具有下浮趋势的货币。因为借软货币时,将来偿还贷款就能取得汇价下浮的利益,但要注意软货币利率一般较高,利息负担相对较重。

4)中长期贷款协议的法律条件

（1）说明与保证条款

在贷款协议中,须列明借款人对其承担的借款义务的合法权限、借款人的财务与商务状况,并向贷款人保证其所做说明的真实性。说明与保证条款的作用有:一是便于贷款人了解借款人的情况,作为发放贷款的依据;二是如果借款人说明失实,贷款人根据协议或有关法律采取适当的救济方法,维护自己的利益。

（2）约定事项

约定事项是借款人向贷款人约定应做什么，不应做什么，或保证对某些事实所做的说明是真实的、可靠的。约定事项中最主要的条款有3个：

①消极保证条款。消极保证条款是在偿还贷款以前，借款人不得在他的财产或收入上设定任何抵押权、担保权、质押权、留置权或其他担保物权，也不得允许这些担保物继续存在。因为银团贷款一般由政府担保，是没有物质担保的。这一条款的作用在于使银团贷款这样无担保权益的债权人的请求偿还贷款的权利不致从属于那些享有担保权益的债权人的权利。

②比例平等条款。这一条款约定的作用在于：如果借款人破产，可保证无担保权益的各个债权人都有比例平等得到清偿的权利。

③财务约定事项。一般贷款协议规定，借款人应定期报告财务状况，并应保持其财务状况的规定标准，如有违反，贷款人可宣告贷款提前到期，要求借款人提前归还贷款。

（3）违约事件

在贷款协议中列举违约事件，借款人如有违反，贷款人可以根据贷款协议或法律规定采取救济方法来维护其合法权益。

首先是违反贷款协议本身的约定，如不履行约定义务，不按期还本付息，或对事实说明与保证不正确等。如发生这种情况，贷款银行有权采取加速到期措施，即停止继续发放贷款，追索已发放贷款的本息。

其次是先兆性违约事件。即有违约的征兆，最后的违约只是一个时间问题。交叉违约在贷款协议中常被列为主要的先兆性违约事件。交叉违约是指凡借款人对其他债务有违约行为，或其他债务被宣告加速到期，或可以被宣告加速到期，则本贷款协议也将被视为被违反。

本章主要内容概要

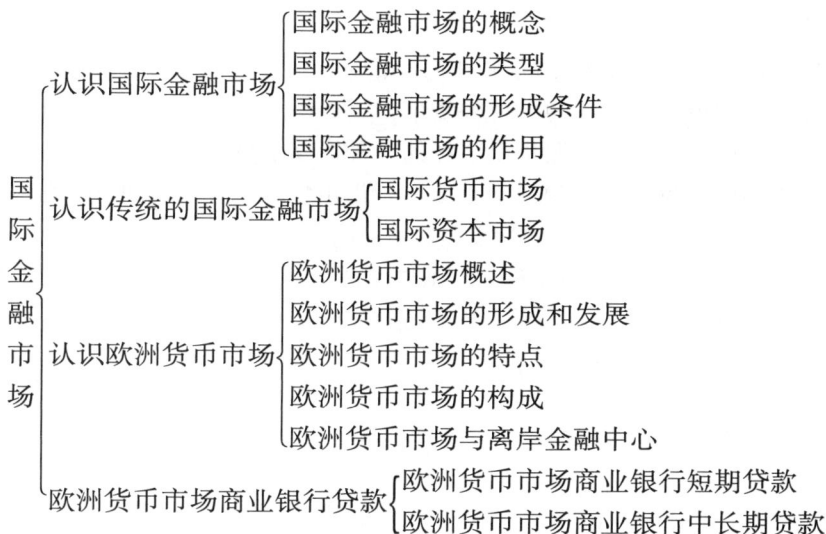

国际金融市场
- 认识国际金融市场
  - 国际金融市场的概念
  - 国际金融市场的类型
  - 国际金融市场的形成条件
  - 国际金融市场的作用
- 认识传统的国际金融市场
  - 国际货币市场
  - 国际资本市场
- 认识欧洲货币市场
  - 欧洲货币市场概述
  - 欧洲货币市场的形成和发展
  - 欧洲货币市场的特点
  - 欧洲货币市场的构成
  - 欧洲货币市场与离岸金融中心
- 欧洲货币市场商业银行贷款
  - 欧洲货币市场商业银行短期贷款
  - 欧洲货币市场商业银行中长期贷款

课后习题与技能训练

课后习题

1. 判断题

(1)欧洲货币市场短期借款手续简单,但必须签订合同。　　　　　　(　　)

(2)离岸金融中心和欧洲货币市场是一个概念。　　　　　　　　　(　　)

(3)欧洲货币市场中长期贷款的费用就是贷款利息。　　　　　　　(　　)

(4)发行欧洲债券不需要向有关国家申请批准,不受各国金融法令的约束。

(　　)

(5)LIBOR 是短期利率,所以不会应用在欧洲货币市场中长期贷款上。　(　　)

2. 选择题

(1)下列属于欧洲货币市场业务的是(　　　　)。

　　A.中信公司在日本发行以美元标明面值的债券

　　B.中信公司在伦敦巴克莱银行借一笔英镑

　　C.中信公司在日本发行武士债券

　　D.中信公司在纽约花旗银行借一笔美元

(2)欧洲美元的价值和购买力(　　　　)。

　　A.高于美国国内美元

　　B.低于美国国内美元

　　C.与美国国内美元相同

(3)除支付利息外,银团贷款的费用一般还包括(　　　　)。

　　A.管理费　　　B.保险费　　　C.杂费　　　D.代理费　　　E.承担费

(4)下列正确的提法有(　　　　)。

　　A.欧洲货币市场是专指欧洲的货币市场

　　B.欧洲货币市场交易的是境外货币

　　C.欧洲债券市场是欧洲货币市场的一种短期借贷形式

　　D.美国国际收支的巨额逆差是欧洲货币市场得以发展的重要原因

(5)欧洲短期资金借贷市场的特点是(　　　　)。

　　A.期限短　　　B.起点高　　　C.条件灵活

　　D.存贷利差小　　　　　　　E.利息预扣

案例分析题

世界信用评级集团成立　彰显国际评级体系改革重要成果

2008 年席卷全球的金融危机,不仅让信用评级的重要作用凸显,也引发改革国际评级体系、打破全球评级三巨头(标普、穆迪及惠誉)垄断地位的呼声。2012 年 10 月 24 日,来自中国、美国和俄罗斯的三家独立评级机构宣布联合发起成立"世界信用评级集团",推动建设一个独立的国际评级监管体系,向世界提供公正的评级信息。

世界信用评级集团是一个公司制的经营实体,它将按照信用经济和评级发展规律要求,通过推动国际评级制度变革,确定其市场地位和盈利模式。为履行世界评级责任建立全球双评级体制机制,参与国际所有评级事务是这个机构发展的基点。

世界信用评级集团的发展蓝图:到 2020 年,基本架构起全球信用评级服务体系,形成完整的、全新的信用评级思想、理论、方法体系和世界评级能力。再用 5 年时间,即到 2025 年形成参与世界各国评级事务的能力,向全球提供每一个债务经济体的信用风险信息,承担起世界评级责任。

分组讨论:

1. 成立世界信用评级集团的初衷是什么?

2. 世界信用评级集团和标普、穆迪及惠誉相比,有哪些特点?

3. 你看好世界信用评级集团吗? 为什么?

技能训练

有一笔期限为 5 年、金额为 5 000 万美元的贷款,于 3 月 10 日签订协议。协议规定承担期为半年,从 4 月 10 日开始计收承担费,费率为 0.25%,借款人在 3 月 12 日和 4 月 5 日分别提取了 1 000 万美元和 2 000 万美元;5 月 12 日提取了 1 000 万美元;6 月 9 日提取了 500 万美元。到 9 月 10 日仍有 500 万美元没有动,自动注销。求借款人支付的承担费总额。

第9章
对外贸易短期信贷

学习目标

1. 熟悉对外贸易短期信贷的主要形式及业务流程。
2. 能够解释对外贸易短期信贷的有关问题。
3. 能够对主要贸易短期信贷业务流程进行操作。

案例导入

国际保理助推"一带一路"

自"一带一路"的重大倡议被提出以来,得到了国际社会的高度关注。目前,"一带一路"建设已不仅仅是一个倡议、一个构想,事实上,一部分项目已经落地,变成了现实。"一带一路"逐渐从理念转化为行动,从愿景转变为现实,取得了重要进展。中国制造、中国建设、中国服务受到越来越多沿线国家的欢迎。

"一带一路"的相关建设项目,多为国际级的大项目。而周边"一带一路"上各国的财政状况普遍不太理想,外汇储备也不丰厚。对于这些工程基建项目,越来越多的国家为了拉动外资企业的投资,经常要求必须在当地注册企业才能承揽项目,并以当地货币结算及赊销等方式作为交易付款条件,这也造成了企业巨大的资金管理困扰。这些出口商为了争取订单,往往需要配合提供进口商信用交易与较长的放账日期。出口商的风险也会随着放账日期的拉长而增加,同时也产生了更强烈的融资需求。目前国内银行的贸易融资大都集中于信用证项下的融资产品,对于汇款结算的配套融资风险难以把控,品种也相对较少,大量贸易融资需求未能被满足。

为了有效解决当地国资企业或在国内的出口商收款及融资需求等问题,使用国际保理业务是最直接、有效的方法。保理业务是企业开展信用销售以后必需的服务之一。使用国际保理业务,出口商就可以将应收账款债权移转给保理商,并提前取得保理融资服务,也可以透过保理商向进口商收款,还可以透过账款买断的方式,由保理商承担进口商因财务问题无法付款的信用风险。当今"一带一路"所带来的融资商机,无疑是给了保理企业巨大的商机。"一带一路"能够直接带动出口与进口的外贸增量,透过出口保理、进口保理、离岸保理,可以为企业做出收款风险趋避及营运资金支持。同时,"一带一路"还能够间接带动内贸增量,透过国内保理模式,经过国贷、省贷等多种流程,为企业做出收款风险趋避及营运资金支持。

(资料来源:搜狐网,2019-05-10)

思考:保理业务的特点是什么? 为什么说"一带一路"给保理企业带来了巨大的商机?

9.1　对外贸易短期信贷的主要形式

对外贸易短期信贷是进出口商为加速其商品流通,减少资金积压,促进进出口贸易而经常采取的措施。这种与进出口贸易短期资金融通有关的对外贸易信贷形式繁多,下面简单介绍几种类型。

9.1.1　根据提供信贷的对象分类

根据提供信贷的对象不同,分为商业信用和银行信用。

1) 商业信用

商业信用是指进出口双方相互提供的信用,包括出口商为进口商提供的信用和进口商为出口商提供的信用。出口商为进口商提供信用的方式包括:延期付款、赊销、寄售、进口商收到货运单据后支付货款等。进口商为出口商提供信用的形式包括预付货款。

2) 银行信用

银行信用是指银行或者其他金融机构为出口商和进口商提供的信用。如银行承兑、贴现、出口商向进口商签发的远期汇票、信用证抵押贷款、进出口押汇等。

需要说明的是,对外贸易短期信贷虽然可以分为商业信用和银行信用,但两者不是截然分开的。比如,银行对出口商提供信贷加强了出口商对进口商提供信贷的能力。反之,银行对进口商提供信贷也加强了进口商对出口商提供信贷的能力。这样,商业信贷和银行信贷交织在一起,可以促使对外贸易尽快成交。

9.1.2　根据接受信贷对象的不同分类

根据接受信贷对象不同,对外贸易信贷又可以分为对出口商的信贷和对进口商的信贷。

1) 对出口商的信贷

(1) 进口商对出口商的预付款

进口商在收到货物之前,就支付一定金额给出口商,是对出口商的预付货款。进口商对出口商预付的货款,将来出口商以供货的方式偿还。

定金是指经济合同的一方当事人为了保证经济合同的履行,在合同规定的价款以内,预付给对方当事人一定数额的货币。经济合同履行完毕,支付定金的一方当事人有权收回定金或者抵作货款;如果支付定金的一方未履行经济合同,则无权收回该定金;如果收取定金的一方当事人未履行合同,那么其必须双倍返还定金。定金具有预付款的作用,但是定金并不等同于预付款。预付款是经济合同义务履行的一种方式,它也是合同当事人一方预先支付给对方当事人的,但其仅仅起着预付款的作用,不能保证经济合同的履行。在合同当事人不履行或不完全履行经济合同时,不产生定金的法律后果。

提供信贷性质的预付款,通常是发达国家在发展中国家收购农产品或其他初级产品时采用的。进口商提供这样的信贷,其目的在于以最有利的条件收购其急需的产品,以获取高额利润,发展中国家在从经济发达国家进口装备时,一般也要预付货款,发达国家担心发展中国家的进口商不能履约,常要求预付部分货款,以防止其可能遇到的风险。

（2）经纪人对出口商的信贷

①无抵押采购商品货款。经纪人通常在与出口商签订合同时，便对出口商发放无抵押采购商品贷款。合同规定，在一定时期内出口商必须通过经纪人经销一定的商品。这种贷款常以出口商签发的期票为担保，贷款金额约等于交售给经纪人货价的 25%～50%，偿还这种贷款的方法是将这种贷款转为商品抵押贷款。不过，有时这种贷款按规定期限偿还，并未与供货的时期相同。

②货物单据抵押贷款。除去无抵押品贷款外，经纪人还办理货物单据抵押贷款，无抵押贷款就以此项贷款来抵付。经纪人所提供的货物单据抵押贷款，按货物所在地的不同可分为出口商国内货物抵押贷款，在途货物抵押贷款，运抵经纪人所在国家的货物抵押贷款或运抵某预定出售地的第三国货物抵押贷款。

③承兑出口商汇票。经纪人采用承兑出口商汇票的方式向出口商提供信贷，出口商持承兑的汇票向银行贴现，经纪人办理承兑，收取手续费。

（3）银行对出口商的信贷

银行以出口商提交的单据和汇票为抵押品，如银行根据汇票金额和收款日期，扣除邮程和一定日期的利息后，而给予出口商融资并加以结汇的业务，即称出口押汇。银行叙做信用证项下的出口押汇的保证，就是将出口单据寄往开证行，经其审核无误后所付的货款。因此，银行只凭单证相符的单据做出口押汇，其实质是银行对出口商保留追索权的一种贷款。

资料链接 9.1

中国银行的出口押汇业务

一、申请条件

1.基本准入条件

（1）依法核准登记，具有经年检的法人营业执照或其他足以证明其经营合法性和经营范围的有效证明文件。

（2）拥有贷款卡。

（3）拥有开户许可证，并在我行开立结算账户。

（4）具有进出口经营资格（国际融易达业务）。

2.对于信用证项下单证不符押汇和 D/P 托收押汇，出口商应在我行有授信额度。如我行不可控制货权，客户信用等级还需在 CC 级（含）以上；如我行可控制货权的出口押汇，则不受客户信用等级的限制。对于信用证项下单证相符押汇，如不可占用金融机构授信额度，其准入条件等同于单证不符押汇；如可占用金融机构授信额度，则不受出口商客户信用等级及其他准入标准的限制。

3.对于 D/A 托收押汇，出口商应在我行有授信额度，且客户信用等级需在 CCC 级以上（含）。

二、业务流程

1. 出口商与我行签订融资协议。

2. 出口商向我行提交出口单据及押汇申请书。

3. 我行经审核单据后,将押汇款项入出口商账户。

4. 我行将单据寄往国外银行(信用证项下开证行或指定行,或托收项下代收行)进行索汇。

5. 国外银行收到单据后提示给信用证项下开证申请人,或托收项下付款人。

6. 国外银行到期向我行付款,我行用以归还押汇款项。

打包放款是指银行对出口商在接受国外订货到货物装运前这段时间所需流动资金的一种贷款。银行向出口商发放打包放款的依据是出口商收到的国外订货凭证,这种凭证主要是进口商开来的信用证、得到认可的出口成交合同和订单或表明最终开出信用证的证明。从形式上看,打包放款属于抵押贷款。实际上,其抵押对象是尚在打包中,还没有达到可以装运出口程度的货物。银行提供打包放款不是一次支付,一般由银行给出口商在往来账户外另开户头,由出口商陆续支用。这种放贷方式流行于亚洲的一些发展中国家。打包放款与出口押汇的区别见表9.1。

表9.1 打包放款与出口押汇的区别

打包放款	出口押汇
打包放款仅以信用证为抵押	包括信用证在内的全套出口单据
货物装运之前	货物装运之后
手续简单	手续复杂
专款专用	用款自由安排

资料链接9.2

中国银行的打包贷款业务

一、申请条件

1. 依法核准登记,具有年检的法人营业执照或其他足以证明其经营合法性和经营范围的有效证明文件。

2. 拥有贷款卡。

3. 拥有开户许可证,在我行开立结算账户。

4. 具有进出口经营资格。

5. 在我行有授信额度。

二、提交材料

1. 书面申请。

2. 国外销售合同和国内采购合同。

3．贸易情况介绍。

4．正本信用证。

办理流程如图 9.1 所示。

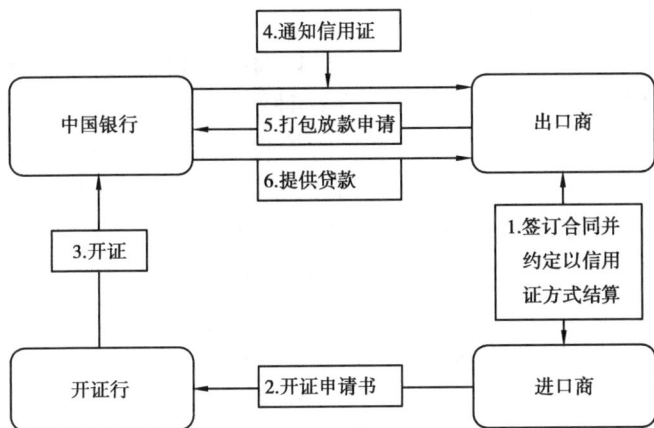

图 9.1　中国银行的打包贷款业务办理流程

案例：广州市一家经营家具的 A 公司，2019 年开始接美国 B 公司的皮具业务。近日，A 公司又接到 B 公司一批价值 125 万美元的订单，约定结算方式为信用证。但公司当时资金紧张，又不能赊账进行原料采购，急需贷款，又缺少有效抵押物，陷入了手握订单却为资金周转发愁的窘境。

经审核，银行同意给 A 公司发放信用证金额 80% 的打包贷款授信额度。收到美方开立的 125 万美元即期付款信用证后，A 公司凭正本信用证向银行提出叙做打包贷款申请，假定期限为 90 天，同期的美元贷款利率仅为年息 2.987 5%。则企业需要付出的利息计算为：

$$\frac{125 \times 80\% \times 2.9875\% \times 90 \text{ 天}}{360 \text{ 天}} = 0.7468 \text{ 万美元}$$

生产结束后，A 公司向银行交单，单证相符，银行向开证行寄单索汇。银行收到该笔信用证项下的出口货款 125 万美元，在归还银行打包贷款本息 100.746 8 万美元人民币后，余额入 A 公司结算账户。

2）对进口商的信贷

（1）出口商对进口商的商业信贷

西方国家的出口商常以赊售方式销售商品，以加强商品的竞争能力，争夺销售市场。出口商对进口商提供的信贷通常称为公司信贷。公司信贷分为开立账户信贷与票据信贷。

①开立账户信贷。是在出口商和进口商订立协议的基础上提供的，当出口商将出口商品发运后，将进口商应付货款借记进口商账户，而进口商则将这笔贷款贷记出口商账户，进口商在规定的期限内支付货款。在对外贸易中开立账户信贷并不流行，多用在出售小型装备品方面。

②票据信贷。进口商凭银行提交的单据承兑出口商的汇票，或是出口商将单据

直接寄交进口商,后者于一定期间支付出口商的汇票。汇票期限的长短,依商品性质,买方资信以及汇票能否在银行贴现而定。美国出口商对外国进口商提供信贷的期限有时在 90～120 天。

（2）银行对进口商提供的信贷

①承兑信用。出口商有时不完全相信进口商的支付能力,为了保障凭票付款,出口商往往提出汇票由银行承兑的条件。在这种情况下,进口商应取得银行方面承兑出口商汇票的同意,出口商就不必向进口商提出汇票,而是向进口商的银行提出汇票。由于银行同意承兑汇票,它就必须在汇票规定的期限内兑付汇票,进口商则于付款日前将款项交付承兑银行以便后者兑付出口商开出的汇票。银行承兑是银行对外贸易融通资金的主要方式之一。当然,办理承兑的银行不一定是进口商本国银行,第三国银行也可以承兑出口商开出的汇票。

②放款。银行对进口商的放款方式主要有 3 种。

A. 透支。在进口信贷业务方面,西方国家的银行对其关系密切的工商企业提供透支信用。根据契约,银行允许工商企业向银行签发超过其往来账户余额一定金额的支票。

B. 商品抵押放款。通常的方式是银行应进口商的委托,开立以出口商为受益人的凭货物单据付出现款的信用证。出口商提交货运单据,成为开证银行代付货款的保证。

C. 进口押汇。进口商以其进口的商品作为抵押,从银行取得融资的业务即为进口押汇。

进口押汇是具有抵押性质的融资方式。当进口货物尚在运送途中,银行的贷款往往以货运单据作为抵押,有时也要求进口商提供补充的抵押物。当货物运抵进口地而进口商仍未支付货款时,进口货物本身就成为银行的抵押品。这时,运输商或进根商须作为银行的代理人,凭必要的单据,进行报关提货,并根据银行的指示,以银行名义将货物存仓。然后,在进口商签署了总质权书的条件下,银行则凭进口商所签具的、以银行为抬头的信托收据出具提货单,把货物转交给借款的进口商,一般信托收据上必须计货物出售后的全部贷款在规定的日期内交付银行。银行对进口商是否进口押汇,主要考查进口商的资信及商誉情况。

资料链接 9.3

中国银行的进口押汇业务

一、申请条件

1. 依法核准登记,具有经年检的法人营业执照或其他足以证明其经营合法性和经营范围的有效证明文件。

2. 拥有贷款卡。

3. 拥有开户许可证,并在我行开立结算账户。

4. 具有进出口经营资格。

办理流程如图9.2所示。

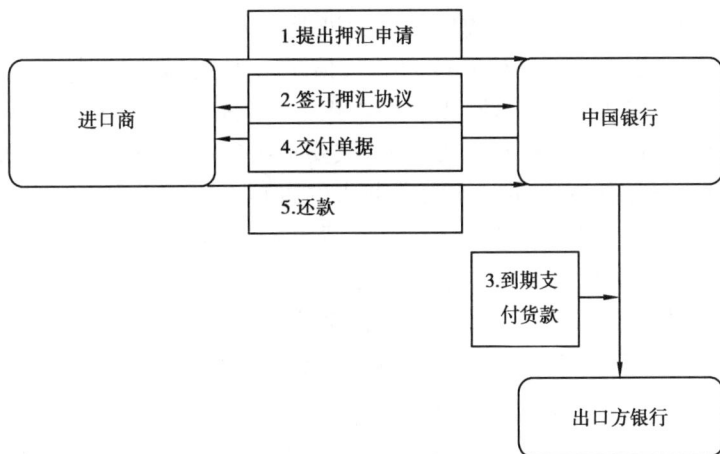

图9.2 中国银行的进口押汇业务办理流程

9.2 国际保付代理业务

9.2.1 国际保付代理业务的概念

国际保付代理业务,简称保理业务。办理保理业务的银行,财务公司或其他专门组织,在出口商以商业信用形式卖出商品、装运货物后,买下出口商的发票、汇票、提单等有关单据并向其支付全部或部分货款,从而使出口商获得所需的融通资金,而办理保理业务的银行,财务公司或其他专门组织在票据到期时直接向进口商收回货款。简单地讲,这是一项代出口商收款的业务。

由于保理业务能够很好地解决赊销中出口商面临的资金占压和进口商信用风险的问题,在欧美、东南亚等地日渐盛行,在世界各地发展迅速。

9.2.2 保付代理业务的基本流程与内容

1)保付代理业务的基本流程

①贸易洽谈。出口商以赊销方式向进口商出卖商品,贸易洽谈时不一定说明通过保理收取货款。

②提出申请。出口商向出口保理商提出申请,申请内容应真实具体,如进口商(债务人)的名称、地址、法人代表、所在国家及地区、商品名称、数量、赊销金额、期限及全年累计赊销金额等,交易中有无佣金、回扣、暗扣等均应如实说明。如有隐瞒,将来发生问题,保理商不承担信用风险担保责任,并可向其追索。

③申请传递，提出信用风险担保。出口保理商向进口保理商传递申请，并要求进口保理商对出口商向进口商提供的信用风险进行担保。

④资信调查。进口保理商对进口商的资信进行调查，如交易情况与进口商资信情况相称，进口保理商则接受申请，否则加以拒绝。调查结果必须在 14 天内告知出口保理商，如不能，应向出口保理商说明原因，或要求出口商进一步补交有关材料。

⑤信息反馈，信用担保承诺。作为债务人的进口商如符合条件，进口保理商愿担保信用风险，则向出口保理商发出书面承诺，或电告后书面确认。明确每笔交易最高赊销金额与全年累计赊销金额，在此金额内进口保理商承担信用风险。进口保理商信用风险担保生效的前提是：第一，出口商提交债权转让的凭证（发票或汇票，并在其上签注债权转让给进口保理商）；第二，出口商交付全套出口有关单据。

⑥书面签约。出口商与出口保理商签订书面保理协议，可以根据出口商与进口商单笔交易合同签订一个协议，也可以根据一定时期内出口商与该进口商的多笔交易签订一个总协议。

⑦货物出运，单据卖断。出口商出运货物后，将附有债权转让给进口保理商字样并签字盖章后的发票（或汇票）及全套单据卖断给出口保理商，后者根据票据金额扣除该日至票据到期日的利息后给予出口商资金融通。

⑧单据传递，催收账款。出口保理商将有关单据传递给进口保理商，进口保理商根据票据的付款日期向进口商催收账款。

⑨账款划回，交易终结。进口保理商收到进口商所付货款后，将资金划拨给出口保理商，保理交易终结。如果票据到期日进口商破产、倒闭或无理拒付，进口保理商仍应承担支付义务。若进口保理商拖延支付，还应承担延期支付的利息。如果进口商对货款支付存有争议，进口保理商应于自发票到期日起 90 天内通知出口保理商，双方应在 180 天内协商解决，进口保理商根据协商解决办法进行货款支付。如争议通过法院裁决，根据裁决结果，3 年内进口保理商仍须承担支付义务。

国际保理业务运作流程如图 9.3 所示。

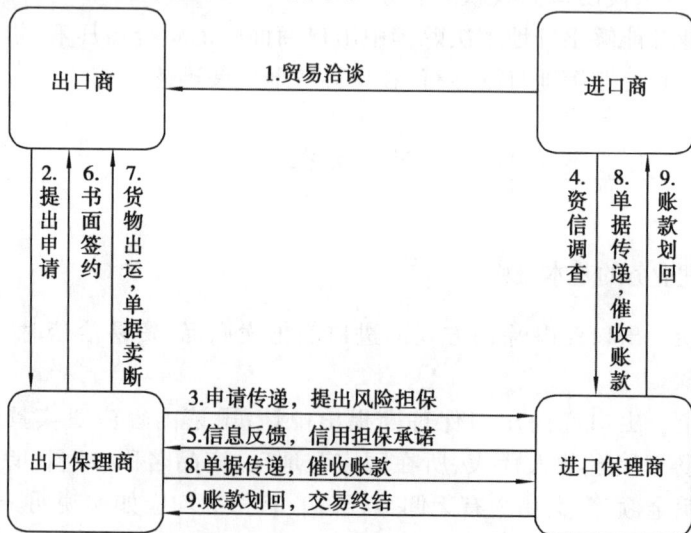

图 9.3　国际保理业务运作流程

案例：

加拿大 A 公司(出口方)向美国 B 公司(进口方)出口了一笔 100 万美元的货物。双方签订合同时汇价为 1 美元兑换 1.20 加元,3 个月后到期收汇时汇率为 1 美元兑换 1.10 加元。这时,加拿大 A 公司就蒙受了外汇风险损失。进口商如期付款后,加方公司的收入仅为:1.10×100 万加元＝110 万加元;汇率损失为:10 万加元;损益率为 $\frac{120-110}{120} \times 100\% = 8.3\%$ 。

实际在这笔交易中,由于加方对汇率变动早有预见,提前做了出口保付代理业务,并未遭受如此风险损失。按照加方同保付代理商签订的协议,保付代理商预付发票金额的 90%;按 1.5% 扣除利息,以及剩余货款到期付款时应扣除 1% 的费用以后,实际加方公司的收入是这样的:

1.20 加元/美元×(100 万美元×90% －100 万美元×90%×1.5%)＝ 106.38 万加元

此为保付代理商预付 90% 时,加方公司的第一笔收入。3 个月后,保付代理商再付其余 10% 的收入为:

1.10 加元/美元×(100 万美元×10% －100 万美元×1%)＝ 9.9 万加元

两项合计即为加方公司的实际收入,为:106.38 万加元＋9.9 万加元＝116.28 万加元

加方公司的损失率为: $\frac{120-116.28}{120} \times 100\% = 3.1\%$

上述事实表明,出口商选择保付代理业务既可以防止进口商到期不支付合同货款,保证安全收汇,又可以大大减轻汇率波动所带来的风险损失。加拿大 A 公司在此项出口交易中时损益率,因提前做了保付代理业务而从 8.3% 降至 3.1% 就是一个非常好的例证。这也恰恰反映出保付代理业务独具的优势。

2)国际保理业务的内容与特点

(1)保付代理组织承担了信贷风险

出口商将单据卖断给保理组织,如果海外进口商拒付货款或不按期付款等,保理组织不能向出口商行使追索权,全部风险由其承担。这是保理业务最主要的特点和内容。

保理组织设有专门部门有条件对进口商的资信情况进行调查,并在此基础上决定是否承购出口商的票据。只要得到该组织的确认,出口商就可以以赊销方式出售商品,并能避免风险。

(2)保付代理组织承担资信调查、托收、催收账款,甚至代办会计处理手续

出卖应收债权的出口商,多为中小企业,对国际市场了解不深入,保理组织不仅代理他们对进口商进行资信调查,并且承担托收货款的任务。有时他们还要求出口商交出与进口商进行交易磋商的全套记录,以了解进口商负债状况及偿还能力。一些具有季节性的出口企业,每年出口时间相对集中,为减少开支,还委托保理组织代办会计处理手续等。所以,保理业务是一种广泛、综合的服务,不同于议付、贴现业务。这是保理业务另一个主要内容与特点。

（3）预支货款

典型的保理业务是出口商在出卖单据后，立即收到现款，得到资金融通。这是保理业务的第三个主要内容与特点。但是，如果出口商资金雄厚，有时也可在票据到期后再向保理组织索要货款。有时保理组织也在票据到期日以前，先向出口商支付80%的出口货款，其余20%的货款待进口商付款后再予以支付。

3）国际保理业务的类型

（1）根据出口商出卖单据可否立即得到现金来划分

①到期保付代理业务。这是最原始的保付代理业务，即出口商将出口有关单据出卖给保理商，保理商确认并同意票据到期时无追索权地向出口商支付票据金额，而不是在出卖单据的当时向出口商立即支付现金。

②预支保付代理业务。出口商装运货物取得单据后，立即将其单据卖给保理商，以便取得现金。

（2）根据是否公开保理商的名称来划分

①公开保理商名称的保理业务。即在票据上写明货款付给某一保理商。

②不公开保理商名称的保理业务。即按一般托收程序收款，不一定在票据上特别写明该票据是在保付代理业务下承办的，即不突出保理商的名称。

（3）根据保理商有无追索权来划分

①无追索权的保理业务。即通常所做的保理业务。

②有追索权的保理业务。根据国际保理公约的规定，保理包括融资、保存账目、托收账款和坏账担保4项内容，只要承做其中两项业务即视为保理。据此，有追索权保理业务即保理商不承担坏账担保，而只承做融资、托收账款等其他业务，遇有坏账，保理商能行使追索权。一般来说，如果进口商资金雄厚，信用较好，或进口商为政府部门，一般不会无理赖账，也无破产倒闭风险，出口商为减少保理费负担，常做有追索权的保理业务。

（4）根据保理商与进出口商之间的关系来划分

①双保付代理业务。即出口商所在地的保理商与进口商所在地的保理商有契约关系，他们分别对出口商的履约情况及进口商的资信情况进行了解，并加以保证，以促进交易的完成与权利义务的兑现。

②直接进口保付代理业务。即进口商所在地的保理商直接与出口商联系，并对其汇款，一般不通过出口商所在地的保理商转送单据。在美国这种情况较多。

③直接出口保付代理业务。即出口商所在地的保理商直接与进口商联系，并对出口商融资，一般不通过进口商所在地的保理商转送单据。

国际保理业务的分类见表9.2。

表9.2　国际保理业务的分类

依　据	种　类
出口商出卖单据是否可以得到现金	到期保付代理业务 预支

续表

依 据	种 类
根据出口商与保理商签订协议后,是否应将债权转让给事宜通知债务人	公开型保理 隐蔽型保理
根据保理商对保理业务项下的融通资金是否有追索权	无追索权保理 有追索权保理
保理商与进出口商之间的关系	双保付代理业务 直接进口保付代理业务 直接出口保付代理业务
根据涉及保理商数量	单保理 双保理

资料链接9.4

中国银行的进口双保理业务

一、申请条件

1. 依法核准登记,具有经年检的法人营业执照或其他足以证明其经营合法性和经营范围的有效证明文件。

2. 拥有贷款卡。

3. 拥有开户许可证,并在我行开立结算账户。

4. 具有进出口经营资格。

5. 在我行有授信额度。

二、办理流程

1. 应出口保理商/出口商申请,我行对进口商进行初步信用评估,核定信用额度并报价。

2. 我行与进口商签订《进口保理协议》,并向出口保理商正式批复信用额度。

3. 出口商按我行规定向进口商签发 *Introductory Letter*,并在发货出单后将应收账款通过出口保理商转让给我行。

4. 我行向进口商就应收账款进行定期催收。

5. 进口商到期付款,我行将相应款项付给出口保商。

6. 如在发票到期日后90天进口商仍未付款,也没有提出争议,我行对出口保理商做担保付款。

如果进口商提出争议,我行将暂时解除担保付款义务直至争议解决,我行将协助进出口商解决争议,并根据争议的处理结果采取相应的措施。

资料链接9.5

中国银行的出口双保理业务

一、申请条件

1. 依法核准登记,具有经年检的法人营业执照或其他足以证明其经营合法性和经营范围的有效证明文件。

2. 拥有贷款卡。

3. 拥有开户许可证,并在我行开立结算账户。

4. 具有进出口经营资格。

5. 在我行有授信额度。

二、办理流程

1. 出口商向我行提交《出口保理业务申请书》,我行据此联系进口保理商对进口商进行信用评估。

2. 进口保理商核准进口商额度,我行与出口商签订《出口保理协议》,出口商同意将其应收账款转让给我行,并由我行进一步转让给进口保理商。

3. 出口商发货或提供服务后,将附有转让条款的发票交进口商,并将发票副本转交我行。

4. 我行通知进口保理商有关发票详情。

5. 如出口商有融资需求,我行对已核准的应收账款为出口商办理融资(原则上不超过发票金额的80%)。

6. 进口保理商于发票到期日前若干天或发票到期日开始向进口商催收。

7. 如进口商于发票到期日向进口保理商付款,进口保理商将款项付出口保理商;如进口商在发票到期日90天后仍未付款,也未发生争议,进口保理商做担保付款。

8. 出口保理商扣除融资本息(如有)及费用,将余额付给出口商。

4)保理业务的费用

承购组织不仅向出口商提供资金,而且还提供一定的劳务,因此他们要向出口商索取一定费用,该费用由以下两部分内容构成:

(1)保理手续费

保理手续费,即保理组织对出口商提供劳务而索取的酬金,其中包括:

①保理组织提出的、向进口商提供赊销额度的建议是经周密调研的结果,对提供此项劳务,出口商要给予报酬。

②给予信贷风险评估工作一定报酬。

③支付保存进出口商之间的交易磋商记录与会计处理而产生的费用。

保理手续费根据买卖单据的数额一般每月清算一次。手续费的多少一般取决于交易性质、金额及信贷、汇价风险的大小。手续费的费率一般为应收账款总额的

1. 75%～2%。

（2）利息

保理组织从收买单据向出口商付出现金到票据到期从海外收到货款这一时期内的利息负担完全由出口商承付。利率根据预支金额的大小，参照当时市场利率水平而定，通常比优惠利率高2%～2.5%。出口商如以保理形式出卖商品，均将上述费用转移到出口货价中，其货价高于以现汇出卖的商品价。

9.2.3　国际保理的竞争优势和应用优势

对出口商来说，国际保理使出口商容易获得有关进口商的资信情况。提供了更有竞争力的付款条件，从而有利于出口商拓展海外市场，扩大出口贸易额。保理商提供买方信用担保，使出口商得到收汇保障。在一定程度上降低了出口商的经营成本，间接避免了汇率波动风险。出口商利用保理业务进行融资，增强了对外负债能力。

对进口商来说，国际保理为暂时资金短缺的进口商增加了贸易机会。使进口商有限的资金得到充分应用，加速资金周转。进口商收到单据即可以提货，简化了手续，节省了时间。

对保理商来说，通过开展国际保理业务，可以开辟新的盈利来源。保理已经成为银行中间业务的主要品种，大力发展保理业务，是增加银行中间业务收入、提升银行竞争优势的重要方向。我国商业银行中间业务收入占总收入的比重一般只在10%，而西方商业银行的中间业务收入比重一般为40%～50%，差距显而易见。根据国际惯例，开展国际保理业务的利润相当于传统结算业务收入的10倍，利润相当可观。国际保理业务收益来源于两个方面：一是保理服务佣金；二是进口商资信调查费。如果是融资保理业务，保理商还可以获得相应的利息收入。

本章主要内容概要

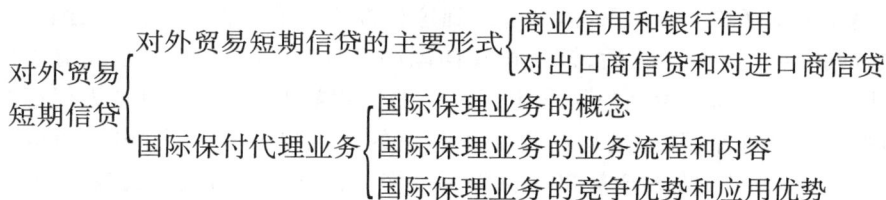

对外贸易
短期信贷
　├ 对外贸易短期信贷的主要形式 ├ 商业信用和银行信用
　│　　　　　　　　　　　　　　　└ 对出口商信贷和对进口商信贷
　└ 国际保付代理业务 ├ 国际保理业务的概念
　　　　　　　　　　　├ 国际保理业务的业务流程和内容
　　　　　　　　　　　└ 国际保理业务的竞争优势和应用优势

课后习题与技能训练

课后习题

1. 判断题

（1）保付代理业务用于成交金额较大、付款期限较长的出口业务。　　　　（　　）

（2）保付代理业务有利于出口商资产负债表状况改善。　　　　　　　　（　　）

（3）典型的保理业务是出口商在出卖单据后，都立即收到现款，得到资金融通。

（　　）

2. 选择题

（1）国际保理业务的费用有（　　　　）。

　　A. 手续费　　　　　B. 利息　　　　　C. 承担费　　　　　D. 代理费

（2）国际保理业务对出口商的好处是（　　　　）。

　　A. 预先支取货款　　　　　　　　B. 获得进口商资信状况

　　C. 产生的利息低　　　　　　　　D. 转移了汇率风险

（3）下列对外贸易出口融资中，属于商业信用的是（　　　　）。

　　A. 预付货款　　　　B. 赊销　　　　　C. 贴现　　　　　D. 信用证抵押贷款

案例分析题

经营日用纺织品的英国 Tex UK 公司主要从中国、土耳其、葡萄牙、西班牙和埃及进口有关商品。几年前，当该公司首次从中国进口商品时，采用的是信用证结算方式。最初采用这种结算方式对初次合作的公司是有利的，但随着进口量的增长，他们越来越感到这种方式的烦琐与不灵活，而且必须向开证行提供足够的抵押。为了继续保持业务增长，该公司开始谋求至少 60 天的赊销付款方式。虽然他们与中国出口商已经建立了良好的合作关系，但是考虑到这种方式下的收汇风险过大，因此中国供货商没有同意这一条件。之后，该公司转向国内保理商 Alex Lawrie 公司寻求解决方案。英国的进口保理商为该公司核定了一定的信用额度，并通过中国银行通知了我国出口商。通过双保理制，进口商得到了赊销的优惠付款条件，而出口商也得到了100% 的风险保障以及发票金额 80% 的贸易融资。目前 Tex UK 公司已将保理业务推广到了 5 家中国的供货商以及土耳其的出口商。公司董事 Jeremy Smith 先生称，双保理业务为进口商提供了极好的无担保迟期付款条件，使其拥有了额外的银行工具，帮助其扩大了从中国的进口量，而中国的供货商对此也十分高兴。

虽然出口商会将保理费用加入进口货价中，但 Jeremy Smith 先生认为对进口商而言，从某种角度看也有它的好处。当进口商下订单时，交货价格就已经确定，他们无须负担信用证手续费等其他附加费用。而对于出口商十分关心的保理业务中的合同纠纷问题,相对而言,虽然理论上说信用证方式可以保护出口商的利益,但实务中由于很难做到完全的单证一致、单单一致,因此出口商的收汇安全也受到挑战。Jeremy Smith 先生介绍,该公司在与中国供货商合作的 5 年时间里,仅有两笔交易出现一些货物质量方面的争议,但问题都很快得到解决,且结果令双方满意。

日本轮胎制造商 Shimano 公司为了开拓北欧这一新市场,于 1984 年首次采用出口保理的结算方式。目前,该公司已对许多国家的出口采用了此方式。据公司的一位发言人介绍,出口保理作为一种价廉高效的结算方式,帮助公司抓住了出口机遇,改善了公司的资金流动性,减少了坏账。同时也节省了用于销售分户账管理、资信调查、账款回收等管理费用。该公司认识到,仅靠公司规模以及产品声誉不足以应付跨国贸易中的各种问题,与日本出口保理商的合作以及 FCI 全球网络提供的服务构成了公司成功开发海外市场的一个组成部分。

思考:

1. 国际保理业务包括哪些费用?

2. 若出口保理商已向出口商提供融资,在遭到进口商及进口保理商拒付时,出口保理商是否可以向出口商追索?

3. 若进口商到期不付款怎么办?

实训项目

1. 实地调研目前我国的外汇贷款业务。

实训方法:将学生分成几个小组,每组指定具体的调研项目(3～5 项),自由选择调研方式,如电话咨询、实地调查、网上查询等,最后形成调研报告,并以小组为单位在课堂上向大家展示调研成果。

重点调研项目:现汇贷款、保理业务、进口押汇、出口押汇、打包放款、出口贴现等。

2. 比较中外资银行的贸易融资贷款业务,找出差距所在。

第 10 章
对外贸易中长期信贷

学习目标

1. 熟悉对外贸易中长期信贷(即出口信贷)的主要形式及业务流程。

2. 能够解释对外贸易中长期信贷的有关问题。

3. 能够对中国进出口银行的买方信贷和卖方信贷业务、中国银行的福费廷信贷业务流程进行操作。

案例导入

中国进出口银行与埃塞俄比亚签署优惠出口买方信贷贷款协议

2017 年 5 月 12 日,中国进出口银行与埃塞俄比亚财政和经济合作部签署了优惠出口买方信贷阿伊萨风电、莫焦—阿瓦萨高速公路(内盖莱—阿瓦萨段)等项目贷款协议,涉及电力、交通等重点领域。

为满足埃塞俄比亚不断增长的电力需求,改善能源结构单一、严重依赖水电的局面,埃塞俄比亚政府加大开发风力发电的力度。阿伊萨风电项目拟安装 80 台单机容量 1.5 兆瓦的风电机组,总装机容量 120 兆瓦。项目建成后,将缓解埃塞俄比亚北部地区用电紧张的局面,为首都亚的斯亚贝巴至吉布提铁路提供更加稳定的电源供给,促进对周边国家电力出口和东非区域电网互通。

埃塞莫焦—阿瓦萨高速公路贯穿埃塞俄比亚奥罗米亚州与南方民族州,连接现有的首都亚的斯亚贝巴至阿达玛高速公路,本项目为莫焦—阿瓦萨高速公路第 4 标段。项目建成后,将完善埃塞俄比亚国家高速公路网建设,构成纵贯埃塞俄比亚南北的高速公路网络,并促进东非区域互联互通和社会经济发展。此外,本项目还是进出口银行在非洲地区第一个与世界银行、非洲开发银行等多边金融机构联合融资的项目,发挥了良好的示范作用。

进出口银行自 2009 年在埃塞俄比亚开展业务以来,支持了电力、交通、工业等领域一批重大项目,极大地改善了埃塞俄比亚基础设施状况,带动了当地经济发展,提高了就业水平,成为中埃友谊的纽带和历史见证。

(资料来源:中国经济网,2017-05-15)

思考:

1. 你了解买方信贷吗?

2. 为什么是中国进出口银行支持这些项目而不是其他商业银行?

3. 中国进出口银行为什么要支持这些项目?

10.1　认识出口信贷

10.1.1　出口信贷的含义

由于对外贸易中长期信贷追求的目的侧重于扩大出口,因此,国际上将对外贸易中长期信贷统称为出口信贷。

出口信贷是一种国际信贷方式,是出口国政府为支持和扩大本国资本货物的出口,提高产品的国际竞争能力,通过提供利息补贴和信贷担保的方式,鼓励本国银行向本国出口商或外国进口商提供的利率较低的贷款,以解决本国出口商资金周转的困难,或者满足进口商对本国出口商支付货款需要的一种融资方式。出口信贷是官方支持的融资方式,是开拓市场的一种手段。

10.1.2　出口信贷的特点

与其他信贷方式相比,出口信贷具有以下 5 个特点。

①出口信贷是一种官方资助的政策性金融业务。许多国家设有专门发放出口信贷的机构,负责制定政策、管理和分配国家信贷资金。有的国家虽然没有出口信贷机构,但设有专门的政府部门,对商业银行办理的出口信贷给予资助。

②出口信贷的发放与信贷保险相结合。由于对外贸易中长期信贷的金额大、期限长、风险大,因此,发放贷款的银行存在着较大的风险。为了解除银行的后顾之忧,保证其贷款资金的安全,银行在办理出口信贷之前,都会要求出口商向本国的出口信贷保险机构投保,以减少可能发生的违约风险损失。

③出口信贷是一种相对优惠的贷款,其贷款利率一般低于相同条件的商业银行贷款利率,利差由国家补贴。大型设备价值高、交易金额大,为了加强本国设备的出口能力,削弱竞争对手,许多国家采用出口信贷,以低于市场利率的利率给予外国进口商或本国出口商提供贷款,以扩大本国资本货物出口。

④出口信贷的金额,只能占到合同金额的 85% ,其余的要支付现汇。

⑤出口信贷一般有指定用途,限于购买贷款提供国的商品。如果某资本货物由多个国家参与制造,则该国部件占 50% 以上是获得出口信贷的必要条件,有时该比例高达 85% 。有的国家只对资本货物中属于本国制造的部分提供出口信贷支持。

从上述特点可以看出,出口信贷是政府干预经济的一个重要手段。扩大出口,能带动国内诸多经济部门的发展。各国政府都在采取措施努力支持出口,出口信贷就是一个有效的方法,尤其是当一国经济增长速度下降、失业率上升时,政府增加出口信贷,可以减少失业和经济衰退带来的社会问题,刺激经济增长。

10.1.3　出口信贷的作用

出口信贷推动了世界经济贸易的发展,具体表现在以下方面。

1)出口信贷促进了资本货物的国际贸易的发展

出口信贷使得进口商具有了购买资本货物的能力,使得资本货物的制造商和出口商获得了出口收汇的安全保障,解决了资金周转困难,从而刺激了资本货物的生产和出口。

2)出口信贷促进了项目的开发和建设

大型工程项目的开发周期长,耗费大,需要期限长,成本低的融资,而出口信贷正好符合这一要求。向工程设备的进口商或承包商提供补贴性的出口信贷,就能使投资项目开工运转,而这些项目如果按商业条件取得融资,则可能拖延工期或被迫下马。

3)出口信贷促进了设备提供国的经济发展

出口信贷促进了设备提供国的出口,大型设备出口一方面可以增加国民收入,另一方面可以增加就业,可谓一举两得。例如,美国进出口银行,在其近 60 年的历史中,支持了 2 600 亿美元的美国资本货物出口,为美国提供了上百万个就业机会,提高了美国资本货物在国际市场上的竞争能力。

4)出口信贷促进了发展中国家的经济发展

发展中国家一方面资金缺乏,另一方面又需要进口技术设备以提高国内生产水平,而且发展中国家国内往往有许多具备潜在开发价值的项目也需要大量资金,如果没有足够的资金或足够的优惠资金来引进和开发,会阻碍和延误经济发展。而出口信贷恰好能够弥补这方面的不足。在发展中国家国际贸易发展的初期,这种来自出口信贷部门的贸易融资支持起了很大的作用。

10.2　出口信贷的主要融资形式及操作

出口信贷的融资形式主要有:卖方信贷、买方信贷、福费廷、信用安排限额、混合信用贷款和签订存款协议 6 种形式。

10.2.1　卖方信贷

卖方信贷,是指由出口商(卖方)所在地银行为支持出口而向出口商提供的中长期低息贷款,通常用于大型机器或成套设备的出口。这种出口产品生产周期长,资金占用多,贷款回收慢,出口商在组织出口中资金流动不畅,而且进口商做此种进口时,常常要求延期付款,这更使得出口商资金难以周转。因此,出口商本国银行往往对其提供贷款,以帮助其出口。

我国进出口银行向出口商发放的出口卖方信贷包括:船舶信贷、设备信贷、高新技术产品信贷、一般机电产品信贷、对外工程承包贷款和境外投资贷款。

1)卖方信贷的具体做法

①出口商以延期付款或赊销方式向进口商出售大型装备。合同签订后,进口商先支付 10% ~ 15% 的定金,余款在全部交货后若干年内分期偿还,并付延期付款期间的利息。

②出口商凭借出口单证向其所在地的银行商借贷款,签订贷款协议,以融通资金。

③进口商随同利息分期偿还出口商货款后,根据贷款协议,出口商再用其偿还银行贷款。

卖方信贷下的出口程序如图 10.1 所示。

图 10.1　卖方信贷程序示意图

2)卖方信贷的利弊分析

有利的方面是:出口商在办妥卖方信贷后,就获得了融资便利,而且不仅是出口商,进口商在贸易中也得到了方便,有利于进口方进行合同磋商。因为进口商减少了与银行信贷的程序,只需与出口商洽谈商品的价款、支付方式、近期付款利率等,不必担心购货资金。

不利的方面是:首先,对进口商来讲,进口商品的成本难以核算,价格的透明度较低。由于卖方将卖方信贷中发生的利息及其他一切费用均纳入货价,这些费用具体金额进口方不得而知,进口商难以了解真实货价,也就无法与其他国家的同类产品作细致的横向比较。其次,在风险方面,由于出口商允许进口商延期付款,就有可能遇到进口商不能按期交付货款的风险。因此,出口商在通过卖方信贷出口时,往往要采取一定的保护性措施,例如取得政府保险机构或私营保险公司对出口信贷的保险,在发生外国进口商违约时,由保险机构负责向出口商赔偿部分或全部货款。最后一点,对于出口商来讲过于忙碌,一方面要与进口商洽谈贸易条件,签订贸易合同;另一方面还要组织生产,保证按时保质保量交货;同时还要与银行签订贷款协议。所以,在卖方信贷条件下,出口商疲于应付。

3)获得卖方信贷的条件

由于卖方信贷具有政府贴补、支持本国出口的性质,因此相当优惠。不过,并不是所有的出口商都能够获得卖方信贷的支持,申请该种贷款必须符合一定的条件。除了像 OECD 组织的"君子协定"那样的国际惯例,各国也大都有其自己的实际规定。下面,我们简单介绍一下在我国申请使用卖方信贷所需的一些条件。

第一,只有在中国注册的,并且经经国家有关部门批准有权经营机电产品和成套设备出口的中国法人企业(进出口企业或生产企业),才有资格申请中国的出口卖方信贷支持。

第二,我国要求卖方信贷支持的出口产品属于机电产品和成套设备,这是因为我国改善出口商品结构(提高机电产品的比例,降低原材料和初级加工品的比例)的外贸政策,希望通过出口信贷的方式促进出口商品结构的优化。这种规定在其他国家并不多见。而且要求出口商品在中国境内制造的部分一般应占 70% 以上(船舶占50% 以上)。

第三,由于我国希望优先支持大额机电产品和成套设备的出口,要求提供出口卖方信贷融资的最低出口合同金额为 50 万美元。而且为了提供交易的安全性,要求进口商所支付的最低现金比例一般不低于合同金额的 15%,同时要求出口商投保出口信用险。

第四,根据 OECD 组织"君子协定"的划分,二类国家的出口信贷还款期最长为 10 年。在我国,卖方信贷贷款期限的规定一般也是不超过 10 年。

资料链接 10.1

中国进出口银行船舶出口卖方信贷

1. 业务介绍

指中国进出口银行对我国境内企业出口船舶、改装或修理国外船舶、生产用于出口船舶的关键船用设备及开展船舶技术和工艺研发所需资金提供本、外币贷款。

2. 贷款申请条件

(1)贷款人经营管理、财务和资信状况良好,具备偿还贷款本息的能力。

(2)提供中国进出口银行认可的还款担保(如涉及)。

(3)中国进出口银行认为必要的其他条件。

3. 贷款对象

凡在我国工商行政管理部门登记注册,具有独立法人资格,并具备出口船舶建造能力或船舶修理资质的境内(不包括港澳台地区,下同)生产企业,具有船舶出口和国外船舶改装经营权的境内企业,具备关键船用设备生产能力的境内企业以及具备船舶技术和工艺研发能力的境内企(事)业单位均可向中国进出口银行申请船舶出口卖方信贷。

4. 贷款申请材料

(1)借款申请书。

(2)借款人及担保人的基本情况、经年检的营业执照副本、近 3 年(成立不足 3 年的,成立以来,下同)经审计的财务报告以及本年近期财务报表及附注,其他表明借款人及担保人资信和经营状况的资料。

(3)还款担保意向书(如涉及),采取抵(质)押担保方式的,须提供有效的抵押物、质物权属证明,由中国进出口银行委托外部机构评估抵押物、质押物价值的,还须提供价值评估报告。

(4)中国进出口银行认为必要的其他资料。

中国进出口银行设备出口卖方信贷

1. 业务介绍

指中国进出口银行对我国境内企业出口设备及对外提供设备相关技术服务所需

资金提供的本、外币贷款。

2. 贷款申请条件

（1）贷款人经营管理、财务和资信状况良好，具备偿还贷款本息的能力。

（2）进口商具备相应实力，资信状况良好。

（3）提供中国进出口银行认可的还款担保（如涉及）。

（4）中国进出口银行认为必要时投保出口信用保险。

（5）延期付款的项目，延期支付部分应提供本行认可的支付保证。

（6）中国进出口银行认为必要的其他条件。

3. 贷款对象

凡在我国工商行政管理部门登记注册，具有独立法人资格的境内（不包括港澳台地区）企业，均可向中国进出口银行申请设备出口卖方信贷。

4. 贷款申请材料

（1）借款申请书。

（2）借款人及担保人的基本情况、经年检的营业执照副本、近3年（成立不足3年的，成立以来，下同）经审计的财务报告以及本年近期财务报表及附注，其他表明借款人及担保人资信和经营状况的资料。

（3）必要的国家有权审批机关批准文件。

（4）已收到的进度款收结汇水单，应收进度款的支付保证，延期付款项目中延期支付部分的支付保证。

（5）还款担保意向书（如涉及），采取抵（质）押担保方式的，须提供有效的抵押物、质物权属证明，由中国进出口银行委托外部机构评估抵押物、质押物价值的，还须提供价值评估报告。

（6）出口信用保险承保意向性文件（如涉及）。

（7）采取代理方式出口的，须提供代理协议等相关文件。

（8）中国进出口银行认为必要的其他资料。

中国进出口银行一般机电产品出口卖方信贷

1. 业务介绍

指中国进出口银行对我国境内企业出口机电产品（纳入中国进出口银行船舶、设备和高新技术产品出口卖方信贷支持范围的机电产品除外）所需资金提供的本、外币贷款。

2. 贷款申请条件

（1）贷款人经营管理、财务和资信状况良好，具备偿还贷款本息的能力。

（2）借款人近年自营或委托其他企业出口的一般机电产品金额保持在较高水平。

（3）提供中国进出口银行认可的还款担保（如涉及）。

（4）中国进出口银行认为必要时投保出口信用保险。

（5）中国进出口银行认为必要的其他条件。

3. 贷款对象

凡在我国工商行政管理部门登记注册,具有独立法人资格的境内(不包括港澳台地区)企业,均可向中国进出口银行申请一般机电产品出口卖方信贷。

4. 贷款申请材料

(1)借款申请书。

(2)借款人及担保人的基本情况、经年检的营业执照副本、近3年(成立不足3年的,成立以来,下同)经审计的财务报告以及本年近期财务报表及附注,计算年资金周转次数和出口换汇成本所需数据,其他表明借款人及担保人资信和经营状况的资料。

(3)借款人近3年一般机电产品出口情况(以货物出口的海关证明或海关统计为准)、当年出口计划及已签订的出口合同、订单、意向性文件等。

(4)借款人用于一般机电产品出口的自有资金和通过其他渠道已筹集的资金情况。

(5)还款担保意向书(如涉及),采取抵(质)押担保方式的,须提供有效的抵押物、质物权属证明,由中国进出口银行委托外部机构评估抵押物、质押物价值的,还须提供价值评估报告。

(6)出口信用保险承保意向性文件(如涉及)。

(7)采取代理方式出口的,须提供代理协议等相关文件。

(8)中国进出口银行认为必要的其他资料。

中国进出口银行高新技术产品出口卖方信贷

1. 业务介绍

指中国进出口银行对我国境内企业出口高新技术产品(纳入中国进出口银行船舶、设备出口卖方信贷支持范围的高新技术产品除外)所需资金提供的本、外币贷款。

2. 贷款申请条件

(1)贷款人经营管理、财务和资信状况良好,具备偿还贷款本息的能力。

(2)借款人近年自营或委托其他企业出口的高新技术产品和"两自一高产品"金额保持在较高水平。

(3)提供中国进出口银行认可的还款担保(如涉及)。

(4)中国进出口银行认为必要时投保出口信用保险。

(5)中国进出口银行认为必要的其他条件。

3. 贷款对象

凡在我国工商行政管理部门登记注册,具有独立法人资格的境内(不包括港澳台地区)企业,均可向中国进出口银行申请高新技术产品出口卖方信贷。

4. 贷款申请材料

(1)借款申请书。

(2)借款人及担保人的基本情况、经年检的营业执照副本、近3年(成立不足3年的,成立以来,下同)经审计的财务报告以及本年近期财务报表及附注,计算年资金周转次数和出口换汇成本所需数据,其他表明借款人及担保人资信和经营状况的资料。

（3）借款人近3年高新技术或软件产品出口情况（以货物出口的海关证明或海关统计为准）、当年出口计划及已签订的出口合同、订单、意向性文件等。

（4）借款人用于高新技术产品、"两自一高产品"出口的自有资金和通过其他渠道已筹集的资金情况。

（5）还款担保意向书（如涉及），采取抵（质）押担保方式的，须提供有效的抵押物、质物权属证明，由中国进出口银行委托外部机构评估抵押物、质押物价值的，还须提供价值评估报告。

（6）出口信用保险承保意向性文件（如涉及）。

（7）采取代理方式出口的，须提供代理协议等相关文件。

（8）中国进出口银行认为必要的其他资料。

10.2.2　买方信贷

买方信贷是指在大型成套设备贸易中，为了扩大本国设备的出口，由出口商所在国的银行向进口商或进口商所在国的银行所提供的中长期贷款。它是目前国际上出口信贷中的主要类型，其具体做法有以下两种形式：

一是直接贷款给进口商，即出口方银行或出口信贷机构直接向进口商提供贷款（通常要求进口方银行给予担保），出口商与进口商签订的成交合同中规定即期付款。出口方银行或出口信贷机构根据合同规定，凭出口商提供的交货单据，将贷款付给出口商，同时，借记进口商的贷款账户。进口商根据与出口方银行或出口信贷机构签订的借款协议，陆续将借款本息偿还给出口方银行或出口信贷机构。

二是先贷款给进口方银行，再由其转贷给进口商。具体地说，出口方银行或出口信贷机构向进口方银行提供贷款，再由进口方银行转贷给进口商，以便进口商以现汇支付进口的资本货物、技术和劳务款项。进口方银行按其与出口方银行或出口信贷机构签订的借款协议还本付息。进口商除按上述借款协议中的同等条件向进口方银行还本付息外，还需向进口方银行支付一定金额的转贷手续费。

1）直接贷款给进口商的买方信贷

这种信贷的程序与做法：

①进出口双方洽谈贸易，签订贸易合同。

②进口方先支付15%的现汇定金，现汇定金在合同生效日支付，也可以在合同签订后的60天或90天支付。

③贸易合同签订后到预付定金前，进口方与出口方银行签订贷款协议，此协议以上述贸易合同为基础。

④进口方用贷款以现汇条件支付出口方货款。

⑤进口方按贷款协议条件分期偿还贷款本息。

直接贷款给进口商的买方信贷程序如图10.2所示。

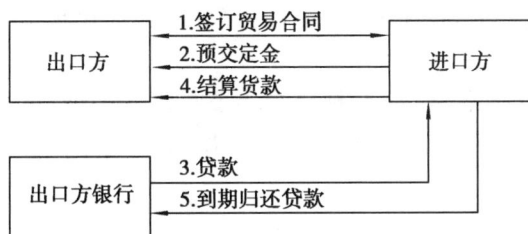

图 10.2 直接贷款给进口商的买方信贷程序

2) 直接贷款给进口商银行的买方信贷

这种信贷的程序与做法:

①进出口双方洽谈贸易,签订贸易合同。

②进口商先支付 15% 的现汇定金。

③进出口双方的贸易合同经出口商所在地银行审查同意后,出口商所在地银行与进口商所在地银行签订贷款协议,出口商所在地银行为进口商所在地银行提供贷款。

④进口商所在地银行将款项转贷进口商,进口商用贷款以现汇方式支付出口商货款。

⑤进口商所在地银行根据贷款协议分期向出口商所在地银行偿还贷款。

⑥进口商与进口商所在地银行的债务,按转贷协议,在国内清偿结算。

直接贷款给进口商所在地银行的买方信贷程序如图 10.3 所示。

图 10.3 直接贷款给进口商所在地银行的买方信贷程序

3) 买方信贷的一般原则

①接受买方信贷的进口商只能以其所得的贷款向发放买方信贷国家的出口商、出口制造商或在该国注册的外国出口公司进行支付,不能用于第三国。

②进口商利用信贷仅限于进口资本货物,一般不能以贷款进口原材料、消费品等。

③提供买方信贷国家出口的资本货物限于该国制造的,如该资本货物的部件由多国产品组装,本国部件应占 50% 以上,个别国家规定外国部件不能超过 15% 。

④贷款只能提供贸易合同金额的 80% ~ 85% 。一般付足 15% ~ 20% 的定金或部分货款后才能使用贷款。

⑤贷款偿还均为分期偿还,一般规定半年还本付息一次。

⑥还款期限对于富有国家为 5 年,中等水平国家为 8.5 年,相对贫穷国家为 10 年。

4)买方信贷的贷款条件

①买方信贷所使用的货币。一种是使用提供买方信贷国家的货币或美元,另一种是提供买方信贷国家的货币与美元共用,不同货币不同利率。

②申请买方信贷的贷款起点。进口商利用买方信贷购买资本货物都规定有最低起点,未达到规定起点,不能使用买方信贷。各国提供买方信贷的起点不尽相同,且有时根据市场情况有所变动。这一规定的目的是促进大额交易的完成,扩大资本货物的出口。

③买方信贷的利率与计算方法。买方信贷的利率一般低于市场利率。一般均参照 LIBOR 利率和经合组织利率。借取美元 1 年按 360 天计算,借取日元和欧元 1 年按 365 天计算。

④买方信贷的费用。买方信贷除支付利息外,尚需支付管理费、承担费以及信贷保险费等。管理费的费率为贷款总额的,信贷保险费的费率一般为贷款金额的 0.25% 。

借款人使用买方信贷除支付利息外,还需支付以下费用:第一,管理费。费率一般为 0.1% ~ 0.5% ,有的国家规定在签订信贷协议后一次性支付,有的规定每次按支取贷款金额支付。第二,承担费。费率为 0.1% ~ 0.5% ,每 3 个月或 6 个月支付一次,有的国家有时不收承担费用。第三,信贷保险费。即支付给贷款国出口信贷保险机构的担保费用。费率一般为贷款金额的 0.25% ,但信贷保险费由谁支付,各国的规定也有所不同,有的国家规定由进口商支付,有的规定由出口商支付。

⑤买方信贷的用款手续。出口商银行与进口商银行签订贷款总协议,规定贷款总额,一旦进口商与出口商达成交易,签订贸易合同需要贷款时,根据贸易合同向进口国银行申请,批准后即可使用贷款。但有些国家规定在签订买方信贷总协议之外,根据贸易合同,还需签订具体协议。

⑥贷款期限与偿还方式。买方信贷的偿还期限,一般根据进口设备的性质与金额大小而定,还款的起始时间也由借贷双方协商确定。概括起来大体有 3 种情况:第一,单机一般在货物装船后 6 个月开始分期偿还,但也有些国家按提单日期、支用贷款日期或合同规定的装运日期开始偿还。第二,对成套设备的买方信贷。有的国家规定,在其基本交货完毕或最终交货后 6 个月开始偿还;有的规定按交接验收后 6 个月开始偿还;也有的规定在保证期满后 6 个月开始偿还。第三,对技术劳务的买方信贷,一般按技术劳务合同执行完毕后或分段执行后 6 个月开始偿还。

5)买方信贷和卖方信贷的比较

在实际贸易中,买方信贷比卖方信贷更为流行,究其原因主要是:

①买方信贷比卖方信贷能提供更多的融通资金。

②买方信贷对进口商更有利。因为采用买方信贷,在与出口商的贸易谈判中,进口商无须考虑信贷因素,避免了对价格构成缺乏了解的问题。进口商或进口方银行直接承担贷款手续费,比出口商转嫁这笔费用更为合适。利用买方信贷,可以使进口商集中精力谈判技术条款及商务条款,同时有利于降低买方银行的融资费用。

③买方信贷对出口商也有利。利用买方信贷,出口商可以及时收回资金,不存在汇率风险。另外,采用买方信贷,出口商可以省去联系信贷的手续,可以消除卖方信贷对其资产负债表的影响。对于上市公司来说,卖方信贷所产生的巨额负债和应收款项对其股票价格有消极影响。

④买方信贷对出口方银行有利。对于出口方银行来说,买方信贷可以使它贷款给进口方银行,这比卖方信贷业务中贷款给国内出口商更为保险。此外,买方信贷使它可以直接介入国际贸易谈判和国际融资,增强它的万能垄断者地位。

⑤买方信贷对进口方银行有利,可获得利息与手续费收入。

资料链接 10.2

中国进出口银行出口买方信贷

一、业务介绍

出口买方信贷是指中国进出口银行向境外借款人提供的促进中国产品技术和服务出口的本、外币贷款。

二、贷款申请条件

1. 借款人所在国经济、政治状况相对稳定,或其所在国国别风险可控。

2. 借款人资信状况良好,具备偿还贷款本息能力。

3. 出口产品、技术及服务符合我国及进口国有关规定。

4. 借款人提供中国进出口银行认可的还款担保。

5. 在中国进出口银行认为必要时投保出口信用险。

6. 中国进出口银行认为必要的其他条件。

三、贷款对象

出口买方信贷业务借款人为境外金融机构、进口国财政部或进口国政府授权的机构,以及中国进出口银行认可的进口商或境外业主及船舶经营人。

四、贷款申请材料

1. 借款申请书。

2. 借款人、保证人、出口商、承包商、船舶营运人等有关方的财务报告、资信证明等有关文件。

3. 保险承保意向性文件。

4. 人民币出口买方信贷需提供开立银行结算账户申请书及相关证明文件。

5. 采取抵(质)押担保方式的,需提交权属证明文件和必要的价值评估报告。

6. 中国进出口银行认为必要的其他材料。

10.2.3 福费廷

福费廷,也称中长期票据收买业务。它是指在延期付款的大型成套设备贸易中,出口商把经进口商承兑的期限在半年以上到 5~6 年的远期汇票,无追索权地卖给出口商所在地的银行或大金融公司,提前支取现款的一种资金融通形式。从实质上看,这种业务也是出口信贷的一种类型。由于福费廷是一种类似于贴现的融资业务,因此有人认为,它是一种无追索权的贴现业务。

1)福费廷业务的主要内容

①出口商与进口商在洽谈设备、资本货物等贸易时,欲使用福费廷,应该事先与其所在地的银行或金融公司约定,以便做好各项信用安排。

②出口商与进口商签订贸易合同,言明使用"福费廷"。出口商向进口商索取货款而签发的远期汇票,要取得进口商往来银行的担保,保证在进口商不能履行支付义务时,由其最后付款。银行对远期汇票的担保形式有两种:一种是在汇票票面上签章,保证到期付款;另一种是出具保函,保证到期付款。

③进口商延期支付设备货款的偿付票据,可以从下列两种形式中任选一种:由出口商向进口商签发的远期汇票,经进口商承兑后,退给出口商,以便其贴现;由进口商开具本票,寄交出口商,以便其贴现。

④选择担保银行要经出口商所在地银行的同意。

⑤出口商发运设备后,将全套货运单据通过银行的正常途径,寄送给进口商。

⑥出口商取得经进口商承兑并经有关银行担保的远期汇票或本票后,按照与买进这项票据的银行的原约定,依照放弃追索权的原则,办理贴现,取得现款。

2)福费廷业务与一般贴现的区别

福费廷业务与一般贴现业务极为相似,但又不相同。两者的主要区别有:

①从票据的追索权看,一般票据贴现,如票据到期遭拒付,银行可行使票据的追索权;而福费廷业务,银行不能行使票据的追索权,即对出口商或出票人不得追索。也就是说,利用福费廷融资,出口商贴现票据是一种买断,以后票据遭到拒付时,出口商概不负责,由从事福费廷业务的银行承担拒付风险。

②从票据产生的基础看,一般票据产生的基础,既有国内贸易,也有国际贸易;而福费廷业产生的基础仅限于国际贸易,且主要与出口成套设备相关。

③从票据的担保看,一般票据无须担保;而办理福费廷业务的票据必须有信誉很高的银行担保。

④从办理贴现的手续与费用看,一般票据贴现,手续比较简单,贴现的费用一般只有按当时市场利率收取的利息,费用较低;而办理福费廷业务手续比较复杂,如需预约,要有担保等,贴现的费用,除按当时市场利率收取的利息外,还要收取管理费、承诺费,甚至出口商未能履行(或撤销)贸易合同,使福费廷未能开展所承担的罚款。

⑤从风险承担的主体来看,贴现业务的风险不转移,而福费廷业务的风险转移给

出口商所在地的银行(或贴现行或大金融公司),风险包括汇率风险、利率风险、信用风险等。

3)福费廷业务与保付代理业务的区别

①保付代理业务一般多在中小企业之间进行,商品交易额不大,付款期限在 1 年以下;福费廷业务一般在大企业之间进行,成交的商品为大型设备,交易额大,付款期限长。

②保付代理业务无须进口商所在地银行对汇票支付进行保证,而福费廷业务必须如此。

③保付代理业务无须出口商事先与进口商协商;而福费廷业务则要出口商与进口商事先协商,取得一致。

④保付代理业务内容比较综合,福费廷业务内容单一突出。

资料链接10.3

中国银行的福费廷业务

一、产品说明

福费廷是指我行无追索权地买入因商品、服务或资产交易产生的未到期债权。通常该债权已由金融机构承兑/承付/保付。我行福费廷业务可接受的债权形式包括:信用证、汇票、本票、有付款保函/备用信用证担保的债权、投保出口信用险的债权、IFC(国际金融公司)等国际组织担保的债权及其他可接受的债权工具。

二、产品功能

福费廷业务在无须占用客户授信额度的情况下,为客户提供固定利率的无追索权买断,有效满足客户规避风险,增加现金流,改善财务报表,获得提前核销退税等多方面综合需求。目前,我行福费廷业务可细分为:

1.远期信用证项下福费廷

远期信用证项下福费廷是指我行应客户申请,在远期议付、远期承兑或延期付款信用证项下,无追索权买入经开证行承兑/承付的远期应收款项。

2.即期信用证项下福费廷

即期信用证项下福费廷是指在即期议付信用证项下,我行是指定议付行或信用证为自由议付,在严格审单、确保单证一致情况下,应客户要求买断开证行应付款项。

3.D/A 银行保付项下福费廷

D/A 银行保付项下福费廷是指在承兑交单(D/A)项下,我行应客户要求无追索权买入经银行保付的已承兑商业汇票。

4.国内信用证项下福费廷

国内信用证项下福费廷是指在国内延期付款信用证和可议付延期付款信用证项下,我行在收到开证行真实、有效的到期付款确认后,从客户处无追索权买入未到期债权。

5. 信保项下福费廷(无追索权融信达)

信保项下福费廷(无追索权融信达)是指我行对已投保出口信用保险的出口贸易,凭客户提供的单据、投保出口信用保险的有关凭证、赔款转让协议等,向客户提供的无追索权买入未到期债权的业务。

6. IFC 等国际组织担保项下福费廷

IFC 等国际组织担保项下福费廷是指我行作为 IFC,ADB,EBRD,IDB 4 家国际组织全球贸易融资项目协议参与方(保兑行身份),凭国际组织担保,无追索权买入客户持有的未到期债权。

三、产品特点

1. 无追索权买断

中国银行无追索权买断应收账款,使客户应收账款"落袋为安"。

2. 规避各类风险

客户将国家风险、买方信用风险、汇率风险、利率风险等全部转移给银行,以达到规避风险的目的。

3. 无须占用客户授信额度

福费廷业务不占用客户授信额度,客户在没有授信额度或授信额度不足的情况下,仍可从银行获得融资。

4. 增加流动资金

客户获得 100% 资金融通,将未来应收账款转化为当期现金流入,避免资金占压,增加现金流。

5. 优化财务报表

客户在不增加银行负债的情况下,减少应收账款,改善现金流量,达到优化财务报表的目的。

6. 提前获得出口退税

根据外汇管理局规定,办理福费廷业务,客户可以获得提前出口核销和退税,从而节约财务成本。

四、期限

可以提供 1 年期以下的短期融资,而且可以提供 3~5 年,甚至更长期限的中长期融资。

五、适用客户

1. 客户流动资金有限,需加快应收账款的周转速度。

2. 客户希望规避远期收款面临的信用风险、国家险、利率风险和汇率风险。

3. 客户授信额度不足,或没有授信额度。

4. 客户希望获得提前出口退税和核销。

六、办理流程

1. 客户与我行签订《福费廷业务合同》。

2. 客户提交《福费廷业务申请书》。

3. 取得对债务人的授信额度或确定转卖后,与客户签署《福费廷业务确认书》。

4. 债权转让。在客户持有票据的情况下，将票据背书给我行；在无法取得票据的情况下，签署《债权转让书》。

5. 贴现付款。我行取得信用证项下开证行/指定银行的承兑/承付通知，或其他符合我行要求的债权凭证后，扣除贴现息和有关费用后将款项净额支付给客户。

6. 出口贸易项下，为客户出具出口收汇核销专用联，供其办理出口收汇核销和退税。

七、温馨提示

1. 办理福费廷业务的有关债权应是合法、真实、有效的，未设立任何抵押、质押。

2. 在信用证和托收结算方式下，通过中国银行交单，办理福费廷业务更加便捷。

3. 在 D/A 托收项下，须由有关银行在汇票上加签保付或提供担保。

4. 选择资信良好的开证行或承兑/承付保付银行，有利于获得优惠的融资利率。

5. 在业务前期，中国银行可以提供全面的咨询服务，为您设计个性化的融资方案，并可以承诺在未来一定时间内按照既定的价格和条件买入您的未到期债权。在这种情况下，根据承诺期的长短，您可能需要支付一定的承诺费。

八、业务示例

我国机械设备制造企业 A 公司拟向中东某国 B 公司出口机械设备。该种设备的市场为买方市场，市场竞争激烈，A 公司面临以下情况：

1. B 公司资金紧张，但在其国内融资成本很高，希望 A 公司给予远期付款便利，期限 1 年。A 公司正处于业务快速发展期，对资金需求较大，在各银行的授信额度已基本用满。

2. B 公司规模不大，信用状况一般。虽然 B 公司同意采用信用证方式结算，但开证银行 C 银行规模较小，A 公司对该银行了解甚少。

3. A 公司预计人民币在 1 年内升值，如等 1 年后再收回货款，有可能面临较大汇率风险。

A 公司与中国银行联系，希望提供解决方案。

为满足 A 公司融资、规避风险、减少应收账款等多方面需求，中国银行设计了福费廷融资方案，A 公司最终采用了中行方案，并在商业谈判中成功将融资成本计入商品价格。业务过程如下：

（1）C 银行开来见票 360 天远期承兑信用证。

（2）A 公司备货发运后，缮制单据交往中行。

（3）中行审单无误后寄单至 C 银行。

（4）C 银行发来承兑电，确认到期付款责任。

（5）中行占用 C 银行授信额度，为 A 公司进行无追索权贴现融资，并结汇入账。

（6）中行为 A 公司出具出口收汇核销专用联，A 公司凭以办理出口收汇核销和退税手续。

通过福费廷业务，A 公司不但用远期付款的条件赢得了客户，而且在无须占用其授信额度的情况下，获得无追索权融资，解决了资金紧张的难题，有效规避了买方信用风险、国家风险、汇率风险等各项远期收汇项下风险。同时，获得提前退税，成功将应收账款转化为现金，优化了公司财务报表。

4）福费廷业务的利弊分析

福费廷业务对出口商来讲有 4 点好处：①及时进行贸易融资，有利于加速资金周转，提高经济效益。②福费廷业务通常是保密的，有利于保护出口商的商业秘密。③无追索权的风险转移。④资产负债表中减少负债，增加资产，降低了资产负债率，有利于企业资信的建立和上市融资。不利之处：福费廷业务的费用较大。

福费廷业务对进口商来讲有 3 点好处：①迅速、灵活、简便。②可以获取扣除贴息后的 100% 融资。③还款计划和利率可以视进口商规定而定。不利之处：按管理进口商必须支付开证行的一切费用；出口商往往把福费廷业务中的高费用转嫁给进口商，因此导致进口成本上升；由于汇票、本票或其他债权凭证所具有的性质，进口商不能因为任何有关货物或服务的贸易纠纷拒绝或拖延付款。

福费廷业务对于包买商来说，主要有两点好处：①收益率较高，其福费廷业务收益率明显高于他所报出的贴现率。②由于包买商所购票据可以在二级市场上转让，使他拥有较强的选择性。不利之处：包买商无追索权地承担了各种收汇风险。为减少风险，他需要详细了解担保行的信誉。如果他邀请一流金融机构进行风险参与，还要付出相应的费用。

福费廷业务对于担保行来说，主要有两点好处：①福费廷业务给担保行提供了获取可观的保费收入的机会。②担保行保留着对进口商的追索权。不利之处：担保行必须对进口商的资信有全面的了解，承担的风险是比较大的。

10.2.4 信用安排限额

20 世纪 60 年代后期出现了一种新的出口信贷形式——信用安排限额，信用安排限额是指出口商所在地的银行为了扩大本国消费品出口或对外承包基础工程，给予进口商所在地银行以中长期融资的便利，并与进口商所在地银行配合，促成有关业务的成交。

信用安排限额有以下两种形式。

1）一般用途信用限额

一般用途信用限额，也称购物篮子信用，出口商所在地的银行给予进口商所在地银行一定的贷款限额，以满足对方许多彼此无直接关系的进口商购买该出口国消费品的资金需要。这些消费品是由出口国众多彼此无直接关系的出口商提供的，出口国银行与进口国银行常常相互配合，促成成交。

2）项目信用限额

出口商所在地的银行给予进口商所在地银行一定的贷款限额，以满足进口国的厂商购买出口国的基础设备或基础工程建设的资金需要。这些设备和工程往往由几个出口商共同负责，有时甚至没有一个总的承包者。

10.2.5 混合信用贷款

混合贷款是指出口国政府为支持本国商品国际市场的竞争力,将政府贷款与买方信贷或卖方信贷相结合的贷款方式。

1)混合贷款的形式

混合贷款的形式大致可以分为以下两种。

①对一个项目的融资,同时提供一定比例的政府贷款(或赠款)和一定比例的买方信贷(或卖方信贷)。政府贷款(或赠款)和买方信贷(或卖方信贷)分别签署贷款协议,两个协议各自规定其不同的利率、费率和贷款期限等融资条件。

②对一个项目的融资,将一定比例的政府贷款(或赠款)和一定比例的买方信贷(或卖方信贷)混合在一起,然后根据赠予成分的比例,计算出一个混合利率。这种形式的混合信贷只签署一个贷款协议,当然其利率、费率和贷款期限等融资条件也只有一种。

2)申请混合信贷的条件

近年来,OECD 对混合信贷的发放逐步收紧,1999 年 4 月通过的出口信贷君子协定中规定的申请混合信贷的条件是:

①项目资金难以或无法获得。

②项目一定为无盈利项目,即项目的现金流不足以抵补项目的运营成本。

③从其他渠道不能取得符合君子协定所规定的信贷条件或符合市场信贷条件的资金。但是这 3 项规定,不适用于最不发达国家。

资料链接 10.4

缅甸通信业获日本政府混合贷款 6 200 万美元

2019 年 12 月 1 日,从缅甸通信业得知,为了升级仰光、曼德勒、内比都及迪勒瓦经济特区内的通信网络系统,从日本政府处获得了 6 200 万美元的混合贷款。升级项目将持续至 2021 年。此前,有关部门已经对其进行了可行性调研,包括即将在缅甸普及的 5G 网络在内。不久后,缅甸国内的网络系统将升级 3 倍以上。

日本政府提供的贷款混合利率为 0.01%,宽限期为 10 年,还款期为 30 年。此次获得缅甸通信基站项目承包权的是日本电气股份有限公司(NEC)和日本电报电话公司(NTT)。NEC 是日本的一家跨国信息技术公司,NTT 则是日本最大的电信服务商,成立于 1976 年。

从缅甸电业获悉,2015 年,日本政府已向缅甸电信部门提供了 105 亿日元的发展贷款。现在,将与日本 Sojitz 公司、NTT 电信公司、NEC 公司和系统集成公司

（NESCI）合作开展相关电信基础设施工作。

据悉，Sojitz 公司于 1918 年进入缅甸，并参与基础设施和能源项目。此外，NTT Com 公司和 NEC 公司在缅甸从事的有高速 LTE 基站，在内比都、仰光和曼德勒建设了电信网络。

（资料来源：缅甸金凤凰中文报讯，2019-12-04）

问题：1. 日本政府混合贷款有哪些使用条件？

2. 如何申请日本政府混合贷款？

10.2.6　签订存款协议

出口商所在地银行在进口商银行开立账户，在一定期限内存放一定金额的存款，并在期满之前要保持约定的最低额度，以供进口商在出口国购买设备用，这也是提供出口信贷的一种形式。中国银行在 1978 年与英国曾签订过这样的协议，供我国进口机构用该款项在英国购买设备，一般适用于中小型项目。

本章主要内容概要

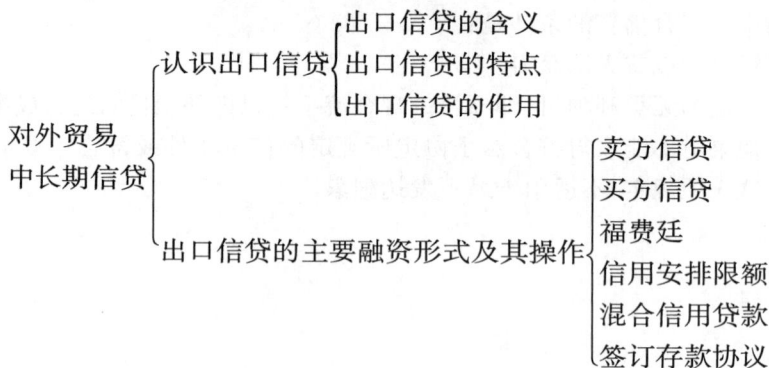

$$
\text{对外贸易}\atop\text{中长期信贷}
\begin{cases}
\text{认识出口信贷}
\begin{cases}
\text{出口信贷的含义}\\
\text{出口信贷的特点}\\
\text{出口信贷的作用}
\end{cases}\\
\\
\text{出口信贷的主要融资形式及其操作}
\begin{cases}
\text{卖方信贷}\\
\text{买方信贷}\\
\text{福费廷}\\
\text{信用安排限额}\\
\text{混合信用贷款}\\
\text{签订存款协议}
\end{cases}
\end{cases}
$$

课后习题与技能训练

课后习题

1. 判断题

（1）对外贸易中长期信贷的利率一般低于市场利率，差额由银行承担。　（　　）

（2）出口商所在地的银行对进口商提供的信贷就是卖方信贷。　（　　）

（3）在各种出口信贷中，应用最广泛的是卖方信贷。　（　　）

（4）买方信贷的利率，各国都不相同，一般高于市场利率。　（　　）

2. 选择题

（1）下列业务中可以改善出口商资产负债表的是（　　）。

　　A. 卖方信贷　　　　B. 买方信贷　　　　C. 福费廷　　　　D. 混合信贷

（2）目前,我国归口办理出口信贷业务的银行是（　　）。

　　A. 中国银行　　　　　　　　　　B. 中国人民银行

　　C. 中国进出口银行　　　　　　　　D. 国家开发银行

（3）在大型机械装备贸易中,出口商所在地银行对进口商所在地银行提供的信贷是（　　）。

　　A. 卖方信贷　　　　　　　　　　B. 买方信贷

　　C. 混合信用贷款　　　　　　　　　D. 福费廷

（4）卖方信贷和买方信贷的授信人是（　　）。

　　A. 出口商　　　　　　　　　　　B. 进口商

　　C. 出口地银行　　　　　　　　　　D. 进口地银行

（5）在（　　）方式下,出口商开具的汇票对其无追索权。

　　A. 买方信贷　　　　　　　　　　B. 卖方信贷

　　C. 福费廷　　　　　　　　　　　D. 混合信贷

案例分析题

利用出口信贷减少公司损失

2019 年 8 月,我国某机电设备出口公司向以色列出口一批机电产品。双方签订了贸易合同。由于合同涉及金额较大,合同规定:进口商可以分三期付款。但是,要生产出进口商需要的机电产品,首先要开发一种模具。为了履约,该公司积极投入大量资金,开发新模具。可是,当该公司将模具开发出来后,以色列进口商却不付模具开发的费用,导致该公司损失较大。其实,在机电产品和成套设备出口贸易中,国际上普遍会采用出口信贷。假设该笔交易一开始就选择出口买方信贷。这样,一笔交易必须签订 4 个协议:商务合同、保费协议、贷款协议、担保协议。首先,出口商与进口商之间的商务合同,是买方信贷的基础。除应符合国际贸易合同的一般要求外,还必须符合贷款人和保险人的一些要求。其次,贷款人与借款人之间签订的贷款协议,对借贷双方的权利义务关系做了界定。协议将规定提款期、还款期、利率、放款条件和法律适用等问题。再次,保险人同出口企业之间签订的保费协议,保险人承诺在借款人违约时对贷款人承担无条件见索即付的责任。协议的内容主要有出口企业的交费义务和保险人对出口企业的追索权利（企业的该笔费用可以打入商务合同,也可以由进口商在贷款协议下交纳）。最后,保险人与贷款人之间签订的担保协议,该协议主要对保险人的担保责任和贷款银行的基本义务做了规定。在担保协议下,如借款人不能按时还本付息,保险人要承担在赔偿等待期（一般是 90 天）结束后无条件见索即付到期本金及相应利息的责任。上述 4 个协议之间存在着紧密的逻辑关系。比如,商务合同的条款完善与否直接影响到贷款银行和保险人的利益,因此,贷款银行和保险人都应及早介入并参与商务合同的谈判。商务合同签订后,出口企业还要及时将商务合同提交银行和保险人批准。而贷款银行之所以同意贷款,是因为银行将贷款协议下的收款风险全部转移给了保险人。

综上所述,企业在出口大型机电产品和成套设备贸易中,采用出口信贷可以即期收汇加速资金周转,规避收汇风险、汇率风险、利率风险。

思考:若上述案例中的某出口公司采用了出口买方信贷的形式,会对交易的结果有什么影响?

实训项目

1. 实地调研目前我国的出口信贷业务。

实训方法:将学生分成小组,每组指定具体的调研项目(3~5项),自由选择调研方式,如电话咨询、实地调查、网上查询等,最后形成调研报告,并以小组为单位在课堂上向大家展示调研成果。

重点调研项目:出口买方信贷、出口卖方信贷、福费廷、进口信贷业务、混合贷款、出口信用保险业务、担保业务、中长期出口票据贴现融资、"两优"贷款业务。

2. 比较中外的出口信贷业务,找出差距所在。

第 11 章
国际金融机构贷款

学习目标

1. 了解各金融组织成立的宗旨。

2. 熟悉各金融组织的贷款条件以及贷款程序。

3. 熟悉作为会员国应尽的义务和享有的权利。

4. 能够对主要的国际金融机构信贷业务流程进行操作。

5. 能够对国际金融机构信贷业务案例进行正确的分析评价。

案例导人

世界银行宣布提供最高达 120 亿美元应对新冠肺炎疫情

华盛顿时间 2020 年 3 月 3 日,世界银行宣布将提供最高达 120 亿美元资金协助会员国应对新冠肺炎疫情。

世界银行在当日发表的声明中说,这笔资金旨在帮助会员国采取有效措施防控新冠肺炎疫情,并尽量减轻疫情带来的严重影响。世界银行将通过快速的拨款手段,帮助发展中国家加强卫生体系建设,包括改善医疗服务、加强疾病监督、强化公共卫生干预,并通过与私营部门合作来降低疫情对经济的影响。

世界银行行长马尔帕斯表示,世界银行正在根据各国需求尽力提供快速、灵活的应对措施,包括应急融资、政策咨询和技术援助等,帮助会员国应对这一危机。

声明说,各国面临不同等级的新冠肺炎风险,需要不同等级的支持。世界银行的支持将优先针对最贫困国家和面临高风险且能力低的国家。随着新冠肺炎疫情蔓延及其影响不断演变,世界银行将根据需要对其做法和资源进行适时调整。

根据世界银行融资方案,世界银行的国际开发协会将向低收入国家提供赠款和低息贷款。世界银行旗下国际复兴开发银行将向中等收入国家提供贷款。世界银行私营部门子公司国际金融公司将为其客户继续运营和维持就业提供必要支持。

(资料来源:中国新闻网,2020-03-04)

思考:世界银行为什么会因为新冠肺炎疫情给会员国尤其是低收入国家提供贷款?

11.1　认识国际金融机构贷款

11.1.1　国际金融机构的概念

国际金融机构是指从事国际金融管理和国际金融活动的超国家性质的组织机构,能够在重大的国际经济金融事件中协调各国的行动;提供短期资金,缓解国际收支逆差,稳定汇率;提供长期资金,促进各国经济发展。按范围可分为全球性国际金融机构和区域性的国际金融机构。全球性国际金融机构主要有国际货币基金组织和世界银行集团,区域性国际金融机构主要有国际清算银行、欧洲投资银行、亚洲开发银行和非洲开发银行。

11.1.2　国际金融机构贷款的构成

国际金融机构贷款是指国际金融机构作为贷款人向借款人以贷款协议方式提供的优惠性国际贷款。国际金融机构贷款的贷款人不仅局限于全球性国际金融机构，如国际货币基金组织、国际复兴开发银行、国际开发协会、国际金融公司，而且包括区域性国际金融机构，如亚洲开发银行、非洲开发银行、欧洲投资银行、泛美开发银行等其他国际性、地区性金融组织提供的贷款。

资料链接 11.1

国际融资及种类

融资，即融通资金，是指资金在持有者之间的融通以调剂余缺。当融资行为超越国境时，国内融资也就变成了国际融资。国际融资按途径可以分为国际贸易融资、国际银团贷款、国际证券融资、国际项目融资、国际租赁融资、国家（地区）基金、政府贷款、世界银行集团贷款、国际货币基金组织贷款。按融通资金来源，可以分为国际金融机构融资、政府信贷、贸易信贷和国际商业银行融资。

11.2　国际货币基金组织

国际货币基金组织是政府间的国际金融组织，是世界两大金融机构之一。1946年 3 月国际货币基金组织正式成立，1947 年 3 月 1 日开始工作，1947 年 11 月 15 日成为联合国的专门机构，在经营上有其独立性。截至 2020 年年底，国际货币基金组织一共有 190 个会员国，总部设在华盛顿。

11.2.1　国际货币基金组织的职责和宗旨

1）责任

国际货币基金组织的主要责任是确保国际货币体系，即各国相互交易所依赖的汇率体系及国际支付体系的稳定。

2）最初宗旨

①为会员国就国际货币问题进行磋商和协作提供所需的机构，促进国际货币合作。

②促进国际贸易的扩大与平衡发展，从而提高和保持高水平的就业、实际收入以

及各会员国生产性资源的开发,并以此作为经济政策的主要目标。

③促进汇率的稳定,保持会员国之间有秩序的汇率安排,避免竞争性通货膨胀。

④为会员国经常性交易建立一个多边支付和汇兑制度,并设法消除妨碍国际贸易发展的外汇管制。

⑤在适当的保障下,向会员国提供临时性资金融通,使其有机会在不采取危害本国和国际经济繁荣措施的情况下,纠正国际收支的失衡。

⑥争取缩短会员国国际收支失衡的持续时间,减轻其失衡的程度。

从上述 6 条宗旨可以看出,国际货币基金组织的基本职能是向会员国提供中、短期信用,调整国际收支的不平衡,维持其汇率的稳定,促进国际贸易的发展。

11.2.2 国际货币基金组织资金来源

要维持国际货币基金组织的运转,必须有一定的资金,资金来源主要有以下几个途径。

1) 份额

会员国认缴的份额是国际货币基金组织最基本的资金来源,以基金组织的记账单位特别提款权计值。凡是国际货币基金组织的会员国都必须认缴一定的份额。份额类似于股金,一旦缴纳,就成为基金组织的资本,每个基金组织会员国被分配一个份额,份额大致基于会员国在世界经济中的相对规模。在加入基金组织时,会员国通常以普遍接受的货币(如美元、欧元、日元或英镑)或特别提款权认缴 1/4 以内的份额。其余 3/4 的份额以会员国本国货币支付。份额中的外汇存放于有关国家的中央银行,本币则存放于本国的中央银行在基金组织的账户中,基金组织可随时调用。

会员国在国际货币基金组织的投票权按其所缴纳份额的大小来确定,会员国基金份额的大小,不仅可以决定其投票权的大小,而且可以决定其从基金组织所能分配到的普通提款权和特别提款权的多少以及从基金组织借款的最高限额。

国际货币基金组织理事会通常每 5 年对份额进行一次检查。份额的任何变化必须经 85% 的总投票权批准,而一个会员国的份额未经本国同意不得改变。2010 年,完成了第 14 次份额总检查。基金组织会员国一致认为,应将基金组织的份额资源增加1 倍至 4 770 亿特别提款权。第 14 次份额总检查下的份额增加于 2016 年 1 月生效。

资料链接 11.2

IMF 份额"洗盘":中国将跃升为第三大份额国

2010 年 11 月 12 日,G20 首尔峰会通过了《首尔峰会宣言》,确认了此前在 G20 财长和央行行长会上通过的国际货币基金组织(IMF)份额改革方案,并承诺继续推动和落实国际金融机构改革。此次 IMF 份额改革方案有 3 点最引人注目：第一，发达国家将向新兴市场和发展中国家转移超过 6% 的 IMF 份额；第二，份额被严重低估且经济富有活力的"金砖四国"（中国、印度、俄罗斯和巴西）全部进入前十名；第三，中国所持有份额从目前的 3.72% 升至 6.39%，投票权也将从 3.65% 升至 6.07%，中国 IMF 份额跃居全球第三。

此次 IMF 份额改革是 IMF 有史以来针对新兴市场和发展中国家的最大份额转移方案，具有重要的历史意义。首先，改革意味着 IMF 正在适应世界经济版图的多极化发展趋势，将有利于增强 IMF 的合法性、可信性和有效性。其次，这也是一次明显的权利东移，赋予以"金砖四国"为代表的新兴市场和发展中国家更多的话语权，使它们第一次站到了国际金融舞台的中央。再次，改革也标志着以 G20 为首要平台的发达国家和发展中国家共同治理全球金融秩序的新时代的到来。最后，中国份额的大幅提高给中国带来了新的机遇和挑战。

（资料来源：第一财经日报，2012-10-10）

2）借款

国际货币基金组织设有两项常备多边借款安排：借款总安排和扩大的新借款安排。若基金组织认为其份额无法满足会员国的需要，如遭遇重大经济危机，基金组织可以启动这些安排。

借款总安排又称借款总协定，是国际货币基金组织和美国、英国、德国、法国、日本、比利时、意大利、荷兰、加拿大、瑞典 10 个发达国家（即 10 国集团）于 1962 年达成的金融协定。国际货币基金组织在国际资本发生大规模短期流动，可能引发经济危机时，有权从这 10 个国家借入资金，贷给国际收支有困难的国家。

扩大的新借款安排是国际货币基金组织于 1997 的 1 月与 25 个会员国和地区达成借款协定，参加的会员国可以使用基金组织 340 亿的特别提款权，从而解决了重债务国的债务危机。2010 年 4 月，新借款安排扩大至 3 675 亿特别提款权，新增 13 个出资国，包括一些新兴市场国家，它们向这项大规模增资行动提供巨额资金。扩大的新借款安排于 2011 年 3 月 11 日生效，已启动 7 次，最长期限为 6 个月。最近一次启动的起始日为 2014 年 4 月 1 日。

另外，国际货币基金组织签署多个双边贷款协议，以作为份额的补充。截至 2014 年 9 月 4 日，一共有 32 项协议生效，总额为 4 180 亿美元。这些资金作为基金组织份额和借款安排资源的第二道防线。

3）出售黄金

目前，国际货币基金组织持有约 9 050 万衡制盎司黄金，是全球第三大黄金官方持有者。《国际货币基金协定》严格限制黄金的使用，但如果获得会员国投票权 85% 的多数同意，基金组织可以出售黄金或接受会员国以黄金支付，但基金组织不能购买黄金或参与其他黄金交易。

此外，捐款和经常性收入构成了 IMF 少量的资金来源。

资料链接 11.3

国际货币基金组织出售 403 吨黄金

国际货币基金组织（IMF）执行董事会 2010 年 10 月 18 日决定出售 403.3 吨黄金储备，以解决该组织面临的财力不足问题，为贫困国家提供更多贷款。为了避免扰乱黄金市场，出售是在几个月的时间内分阶段进行的。

2010 年 12 月，IMF 完成了黄金出售计划，一共出售黄金 403.3 吨（1 297 万盎司）。总收益为 95 亿特别提款权（约 144 亿美元）。其中，68.5 亿特别提款权是超出黄金账面价值的利润，这些利润中的 44 亿特别提款权用于设立新收入模式设想的专项基金。

2012 年 2 月，执行董事会批准将出售黄金所获意外收入（因黄金售价高于执董会批准新收入模式时所假设的价格）中的 7 亿特别提款权分配为第一笔储备，并确保其中至少 90% 将用于减贫与增长信托（PRGT）。2012 年 9 月，执董会批准将出售黄金所获意外收入中的 17.5 亿特别提款权分配为第二笔储备，与第一笔的保障要求相同。

（资料来源：国际货币基金组织网站，2020-03-30）

11.2.3　特别提款权（SDR）

为了缓解某些会员国的国际收支逆差，作为国际流通手段的补充，1969 年，国际货币基金组织创立了"特别提款权（Special Drawing Right）"。特别提款权是一种账面资产，也称"纸黄金"（Paper Gold），它是基金组织根据会员国认缴的份额分配给会员国的一种使用资金的权利，会员国在发生国际收支逆差时，可以用它向基金组织指定的其他会员国换取外汇，以偿付国际收支逆差或偿还基金组织的贷款，还可与黄金、自由兑换货币一样充当国际储备。因为它是国际货币基金组织原有的普通提款权以外的一种补充，所以称为特别提款权。

特别提款权设立时价值相当于 1 美元，1974 年 7 月 1 日以后改用一篮子 16 种货币定值。1981 年 1 月 1 日以后又改用美元、马克、法郎、英镑、日元 5 种货币定值。1999 年 1 月 1 日，欧元诞生，相应的特别提款权的定值货币减至 4 种，美元、欧元、日元和英镑，所占权重分别为 44%，34%，11%，11%。2016 年 10 月 1 日，人民币加入特别提款权，特别提款权的价值又改由美元、欧元、人民币、日元、英镑这 5 种货币所构成的一篮子货币的当期汇率确定，所占权重分别为 41.73%，30.93%，10.92%，8.33% 和 8.09%。执行董事会每 5 年或在必要时提前检查特别提款权篮子，以确保特别提款权能反映各组成货币在世界贸易和金融体系中的相对重要性。

11.2.4　国际货币基金组织的治理机构

国际货币基金组织的机构由理事会、执行董事会、总裁和若干业务职能机构组成。

1）理事会

理事会是国际货币基金组织的最高决策机构。理事会由每个会员国的 1 名理事和 1 名副理事组成。理事由会员国任命，通常是财政部部长或中央银行行长。理事会将其大部分权力授予执行董事会，但保留以下权力，即批准增加份额、分配特别提款权、接受新会员国、强制取缔会员国资格，修订《国际货币基金协定》及其附则。理事会负责选举和任命执行董事，并对与《国际货币基金协定》解释有关的问题做出最终裁决。

2）部长级委员会

两个部长级委员会向理事会提供咨询。这两个委员会是：国际货币与金融委员会和发展委员会。

国际货币与金融委员会有 24 名成员，他们来自 190 名理事当中，并代表所有会员国。其结构与执行董事会及其 24 个选区对应。国际货币与金融委员会每年在基金组织—世界银行春季会议和年会期间举行两次会议，讨论国际货币和金融体系的管理事宜，审议执行董事会的《基金组织协定》拟议修正，或对各国共同关注的影响全球经济的其他一些问题进行讨论。在每次会议结束时，委员会会发布一份公报，概述其观点，并以之作为基金组织工作计划的指引。国际货币与金融委员会采取协商一致的原则，不进行正式投票。

发展委员会是一个联合委员会，负责与新兴市场和发展中国家经济发展有关的问题向基金组织和世界银行理事会提供咨询。委员会有 25 名成员（通常是财政部或发展部部长），它代表基金组织和世界银行的全体会员国，主要是作为一个论坛促进各国对关键的发展问题达成共识。

3）执行董事会

执行董事会目前由 24 人组成，24 位执行董事分别代表一个国家或一组国家，由持有基金份额最多的 5 个会员国，即美、英、德、法、日各派 1 名，中国、俄国与沙特阿拉伯各派 1 名。选派董事由其他会员国按选区轮流选派。由 24 名成员组成的基金组织执行董事会负责基金组织的日常业务，行使由理事会授予的权力。执行董事会讨论基金组织的所有问题，包括从基金组织的工作人员对会员国经济平衡状况的年度检查到与全球经济有关的政策问题。

4）总裁和工作人员

国际货币基金组织总裁是执行董事会主席，也是基金组织工作人员的首领。总裁由执行董事会任命,任期5年,可连任,并由3名副总裁协助。基金组织的理事和执行董事可以提名基金组织任何会员国的公民担任总裁。尽管执行董事会可以通过多数票选方式选出总裁,但过去一直是采用协商一致原则任命的。2011年,法国女财长拉加德出任IMF总裁。拉加德提名中国央行前副行长朱民出任新增设的第四副总裁。2019年10月1日,世界银行首席执行官克里斯塔利娜·格奥尔基耶娃任IMF总裁。

基金组织治理结构必须跟上快速变化的世界经济步伐,以确保其可以继续成为有效代表所有190个会员国的机构。为实现该目标,基金组织理事会于2010年12月批准了基金组织份额和治理的一揽子深远改革计划。2016年1月26日生效的这些改革计划对份额比重排名进行了重大调整,以更好地反映全球经济现状,并加强基金组织的合法性和有效性。基金组织当前治理结构如图11.1所示。

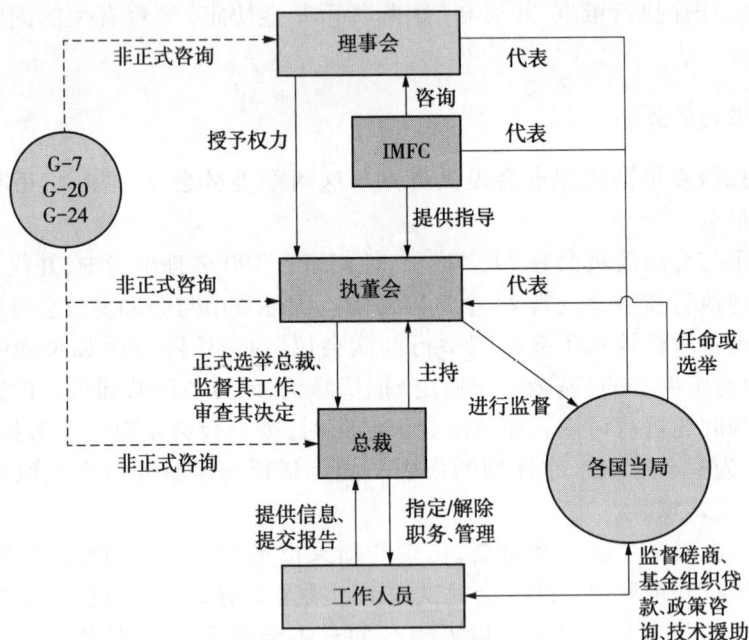

图11.1　基金组织当前治理结构

11.2.5　国际货币基金组织的业务

1)监督

为了保持稳定,防止国际货币体系发生危机,国际货币基金组织对各国、各地区和全球的经济与金融发展进行检查。基金组织的监督工作有两个方面:对各会员国政策进行评估并提出建议的双边监督以及多边监督。

(1)双边监督

基金组织的经济学家每年会访问一次会员国,与政府或央行交换意见,研讨该国是否存在威胁内部和外部稳定的风险,从而需要在经济或金融政策方面做出调整。

返回总部后,工作人员向基金组织执董会提交一份报告。执行董事会的意见随后转交该国有关当局。

（2）多边监督

基金组织对全球和区域经济发展趋势进行检查,分析会员国对全球经济产生的溢出效应。其多边监督的主权手段是定期出版相关刊物,包括《世界经济展望》《全球金融稳定报告》和《财政监测报告》。

2）金融贷款

基金组织的核心职责是向面临实际或潜在国际收支困难的会员国提供贷款。通过贷款帮助会员国重新建立国际储备、稳定本国货币、恢复经济增长所需要的条件。

（1）贷款程序

基金组织通常会应会员国的要求提供资金。根据所使用的贷款工具,需要会员国为解决国际收支问题实施具体的经济政策和措施。执行董事会批准后,基金组织的资金会随措施的实施分阶段发放。

（2）贷款工具

多年来,基金组织根据会员国的具体情况制定各种贷款工具,主要分为两类:针对低收入会员国的优惠贷款工具和收取与市场挂钩利率的非优惠贷款工具。优惠贷款工具有中期信贷（ECF）、备用信贷（SCF）和快速信贷（RCF）等;非优惠贷款工具有备用安排（SBA）、灵活信贷额度（FCL）、预防性和流动性额度（PLL）、中期贷款（EFF）、快速融资工具（RFI）等。

①优惠信贷工具。基金组织对低收入国家的新的优惠贷款机制于 2010 年 1 月在减贫与增长信托（PRGT）下生效,其目的是使基金组织的资金支持更加灵活,并更好地适应低收入国家的不同需要。

中期信贷是基金组织向长期面临国际收支问题的低收入国家提供中期支持的主要工具。中期信贷下的贷款利率为零,宽限期为 5.5 年,最终期限为 10 年。

备用信贷是向面临短期国际收支需要的低收入国家提供资金援助。备用信贷下的贷款利率为零,宽限期为 4 年,最终期限为 8 年。

快速贷款是向面临紧急国际收支需要的低收入国家提供贷款条件有限的、迅速的资金援助。快速贷款简化了基金组织对低收入国家的紧急援助,可在多种情况下灵活运用。快速贷款下的贷款利率为零,宽限期为 5.5 年,最终期限为 10 年。

②非优惠贷款工具。基金组织的所有非优惠贷款均收取与市场挂钩的利率,对超过一定期限的大额贷款还收取附加费,费率以特别提款权利率为基础。会员国可向基金组织借款的最高数额称为贷款限额。贷款限额因贷款类型的不同而不同,但通常在会员国是基金组织份额的倍数。

备用安排的目的是帮助各国解决短期国际收支问题,在帮助会员国解决短期国际收支而设计的。基金组织的拨款以会员国是否实现规划目标为条件。备用安排的期限通常为 12 ~ 24 个月,还款在拨款之后的 3.25 ~ 5 年进行。基金组织的非优惠贷款大多是通过备用安排提供的。

灵活信贷额度是针对那些经济基本面、政策及政策实施记录良好的国家。申请国家必须达到事先确定的资格标准。灵活信贷额度的期限为1年或2年,贷款期限在个案基础上决定,不受贷款限额限制。

预防性和流动性额度是针对那些具有稳健的经济基本面及政策实施记录良好的国家。有资格获得预防性和流动性额度的国家可能面临轻度脆弱性,不符合灵活性信贷额度资格标准,但它们不需要实施备用安排,通常需要进行重大的政策调整。

中期贷款于1974年设立,其目的是帮助会员国解决长期国际收支问题,而且这些问题是由严重扭曲所致,要求会员国采取重大经济改革。中期贷款安排的贷款限额为会员国认缴份额的140%,期限通常不超过3年。还款一般在拨款之后的4.5~10年进行。

快速融资工具向所有面临紧急国际收支需要的会员国附带条件有限的快速资金援助。快速融资工具的年度贷款限额为份额的50%,累计贷款限额为份额的100%,贷款须在3.25~5年偿还。

一般情况下,一国政府必须在基金组织向其提供贷款之前,与基金组织商定经济政策计划。该国须承诺采取某些政策行动,这些承诺被称为政策条件,在大多数情况下属于基金组织贷款的重要组成部分。基于某一安排的政策计划通常以“意向书”的形式提交给基金组织执行董事会,并在“谅解备忘录”中进一步详述。

3)技术援助和培训

基金组织提供技术援助和培训,其目的是帮助会员国增强其设计和有效实施政策的能力,包括税收政策和征管、支出管理、货币和汇率政策、银行和金融体系监管、立法框架和统计等领域。技术援助帮助会员国建立更有效的机构、法律框架和政策,以促进经济稳定增长。

11.3　世界银行集团

11.3.1　世界银行集团简介

世界银行集团(World Bank Group)是联合国系统下的多边开发机构,包括5个机构:国际复兴开发银行(IBRD)、国际开发协会(IDA)、国际金融公司(IFC)、多边投资担保机构(MIGA)和国际投资争端解决中心(ICSID)。通常来说,世界银行与世界银行集团是有区别的,世界银行通常是国际复兴开发银行(IBRD)与国际开发协会(IDA)的合称。

过去的70年见证了世界经济发生的巨大变化。在此期间,世界银行集团作为世界最大的开发机构,通过提供贷款和量身定制的知识与咨询服务,致力于帮助上百个发展中国家和转轨国家适应这些变化。世界银行集团协同各国政府、私营部门、民间组织、地区开发银行、智库以及其他国际机构,应对从气候变化、冲突、粮食安全到教育、农业、金融和贸易等各种问题。所有这些努力都支持世界银行集团的两大目标:以可持续的方式消除极端贫困,促进共享繁荣。

国际复兴开发银行成立于 1944 年,之后扩大为 5 个密切相关的开发机构组成的集团。起初,国际复兴开发银行贷款帮助在第二次世界大战中遭受严重破坏的国家进行战后重建。之后的关注点从战后重建转向发展,重点放在大坝、电网、灌溉体系、道路等基础设施建设上。1956 年,国际金融公司成立,开始向发展中国家的私营企业和金融机构提供贷款。1960 年,国际开发协会成立,加大对最贫困国家的重视,逐渐转向以消除贫困作为世界银行集团的首要目标。随后成立的解决投资争端国际中心和多边投资担保机构,使得世界银行集团集聚全球金融资源满足发展中国家需求的能力日臻完善。

如今,世界银行集团的工作触及几乎所有对发展中国家反贫困、促增长和确保持续提高人民生活质量具有重要意义的行业。完善的项目选择和设计固然是最重要的,但世界银行集团认为,还有多项因素对项目成功与否至关重要,包括有效的机构、健全的政策、通过评估和知识分享不断学习、伙伴关系(包括与私营部门的伙伴关系)等。世界银行集团与 180 多个会员国有着长期的合作关系,并利用这种关系来应对日益全球化的发展挑战。在气候变化、流行病和被迫移民等关键问题上,世界银行集团凭借其召集会员国和众多合作伙伴开展研讨的能力,发挥领导作用。世界银行集团能够在帮助解决危机的同时,为更长期的可持续发展建立基础。

世界银行集团的演变也反映在其员工的多样性上。世界银行多学科的专家既有经济学家、公共政策专家,也有各行业的专家和社会科学家,他们的工作地点或是在位于美国华盛顿特区的世界银行总部,或是在各国代表处。目前世界银行逾 1/3 的员工在国别代表处工作。

随着对其服务的需求不断增加,世界银行集团全力以赴来满足这些需求。从今昔对比中可见变化之巨:1947 年世界银行发放贷款 4 笔,总额 4.97 亿美元。自 2014年以来,世界银行承诺的贷款总额超过 600 亿美元。

11.3.2　国际复兴开发银行(IBRD)

国际复兴开发银行于 1944 年 7 月建立,1946 年 6 月开始营业,1947 年 11 月成为联合国的一个专门机构,其总部设在华盛顿。截至 2020 年年底,会员国为 189 个,在130 多个地方设有办事处。国际复兴开发银行(IBRD)与国际开发协会(IDA)(面向最贫困国家的基金)共同构成世界银行,他们与世界银行集团所有机构以及发展中国家的政府和私营部门密切配合,致力于减少贫困,建立共同繁荣。

一个国家要想成为世界银行的会员国,首先必须加入国际货币基金组织(IMF)。加入国际复兴开发银行是成为国际开发协会、国际金融公司和多边投资担保机构成员的前提条件。

11.3.3 国际复兴开发银行的宗旨和目标

1)国际复兴开发银行的宗旨

作为世界最大的开发银行,国际复兴开发银行(IBRD)通过向中等收入国家和资信良好的低收入国家提供贷款、担保、风险管理产品和分析咨询服务,促进公平和可持续的发展,创造就业,减少贫困,并通过协调各国应对地区性和全球性挑战,支持世界银行集团的使命。

2)国际复兴开发银行的两个目标

①消除极端贫困,到2030年,将极端贫困人口占全球人口的比例降低到3%。
②促进共享繁荣,提高各国占人口40%的最贫困人群的收入水平。

11.3.4 国际复兴开发银行的组织机构

1)理事会

国际复兴开发银行的组织机构与国际货币基金组织差不多。理事会为最高权力机构,由每一会员国委派理事和副理事组成,任期5年,可以连任。会员国一般委派财政部部长或中央银行行长担任。如果一个国家同时是国际复兴开发银行(IBRD)、国际金融公司(IFC)或国际开发协会(IDA)会员国,其任命的理事和副理事同时也担任IFC和IDA理事会的理事和副理事。他们也在国际投资争端解决中心(ICSID)行政理事会中担任本国的代表,除非另行说明。多边投资担保机构(MIGA)的理事和副理事则单独任命。

理事会的主要权利是:批准新会员、决定普遍地增加或者调整会员国应缴股本、决定银行净收入的分配、增加当选执行董事人数、审批《协议条款》修正案及其他重大问题。国际复兴开发银行与国际货币基金组织密切配合,每年9月,两个机构的理事会联合召开一次年会。

2)执行董事会

执行董事会是国际复兴开发银行负责日常事务的机构,在平时代行理事会各项职权。执行董事会成员包括世界银行行长和25名执行董事。其执行董事中有5人由持有股份最大的美、英、德、法、日5国指派担任。由行长主持执董会会议,未经执行董事会明确授权,执行董事不能单独行使任何权力。

3)行长

行长是国际复兴开发银行的最高行政长官,兼任董事会主席,由执行董事会选举产生,负责世界银行的日常业务。一般来说,行长无投票权,只有执行董事会在表决中双方票数相等时,才可以投下决定性的一票。现任行长戴维·马尔帕斯(David Malpass),美国人,2019 年 4 月上任,任期 5 年。2008 年 2 月,我国经济学家林毅夫被任命为世界银行副行长兼首席经济学家,2012 年 6 月任期届满。2016 年 1 月,世界银行宣布任命时任中国财政部国际财金合作司司长杨少林担任世界银行首任常务副行长兼首席行政官。

11.3.5　国际复兴开发银行的资金来源

国际复兴开发银行的资金来源主要有会员国缴纳的股金、借款、债权转让、利润收入 4 个渠道。

1)会员国缴纳的股金

会员国在加入国际复兴开发银行时需认购股金,认购数额主要取决于该国的经济实力,并同时参照该国在国际货币基金组织认缴的份额而定。国际复兴开发银行成立之初,法定股本为 100 亿美元,分为 10 万股,每股 10 万美元。之后,国际复兴开发银行又进行了多次增资。但会员国并非按认缴股本缴纳股金,而是在参加时先缴纳应缴股本的 20%,其中 2% 以黄金、美元缴纳,18% 以本国货币缴纳,另外 80% 不需要立即交付,只有在国际复兴开发银行催缴时才缴纳。国际复兴开发银行的重要事项都需要会员国投票决定,投票权的大小与会员国认购的股本成正比,与国际货币基金的有关投票权的规定相同。国际复兴开发银行每一会员国拥有 250 票基本投票权,每认购 10 万美元的股本即增加一票。

资料链接 11.4

中国成为世界银行第三大股东国

新华网华盛顿 2010 年 4 月 25 日电(记者　刘丽娜　刘洪)世界银行发展委员会春季会议 25 日通过了发达国家向发展中国家转移投票权的改革方案,这次改革使中国在世行的投票权从目前的 2.77% 提高到 4.42%,成为世界银行第三大股东国,仅次于美国和日本。

本次改革中,发达国家向发展中国家共转移了 3.13% 的投票权,使发展中国家整体投票权从 44.06% 提高到 47.19%。通过了国际金融公司提高基本投票权以及 2 亿美元规模的特别增资方案,使发展中国家在国际金融公司整体的投票权从 33.41% 上升到 39.48%。会议还决定世界银行进行总规模为 584 亿美元的普遍增资,提高世界银行支持发展中国家减贫发展的财务能力。

2)借款

国际复兴开发银行大部分资金筹自国际金融市场,这使其能自 1946 年以来提供贷款 5 000 多亿美元用于在世界各地扶贫。国际复兴开发银行主要通过在国际金融市场发行中长期债券筹得资金。国际复兴开发银行发行的债券,期限从 2 年至 25 年不等。此外,国际复兴开发银行还向会员国政府、中央银行等机构发行中、短期债券来筹集资金。国际复兴开发银行自 1959 年以来始终保持 3A 级信用等级。这一高信用等级使其能以低成本借债,并以优惠的条件向中等收入国家提供贷款,帮助确保发展项目以更可持续的方式付诸实施,同时,往往还辅以或调动私人资本。

3)债权转让

国际复兴开发银行常常把贷款的债权转让给商业银行等私人投资者,提前收回一部分资金,以扩大银行贷款资金的周转能力。

4)利润收入

国际复兴开发银行资信较高,利润收入也较为可观。自创立以来,除第一年度有亏损外,每年均有盈余。国际复兴开发银行的净利润并不分配给股东,除一部分增拨国际开发协会作为向发展中国家发放贷款外,其余均作为银行的自有资金,成为银行发放贷款的一个资金来源。

11.3.6 国际复兴开发银行的主要业务活动

1)贷款业务

国际复兴开发银行的主要业务是贷款业务。

(1)贷款条件

①贷款的对象仅限于会员国,而且只向会员国政府或由政府、中央银行担保的公私机构提供贷款。

②借款国确实不能以合理条件从其他方面取得贷款。

③贷款一般用于国际复兴开发银行批准的特定项目,并且该项目经国际复兴开发银行审定在经济上和技术上均可行,也有助于借款国经济发展时才会批准。

④贷款必须专款专用。

⑤贷款只发放给那些有偿还能力的会员国。

(2)贷款方向

①农业和农村的发展。

②能源。

③会员国政府设立的开发金融公司。

(3)贷款特点

①国际复兴开发银行贷款的重点是各种基础设施。

②贷款期限长,贷款利率低。国际复兴开发银行的贷款期可长达 20 ~ 30 年,并有 5 ~ 10 年的宽限期。贷款利率参照资本市场利率,但一般低于市场利率,贷款收取的杂费很少,对签约未使用的贷款额收取 0.75% 的承担费。

③贷款手续严密。一般来说,国际复兴开发银行首先要对申请国的经济结构现状和前景进行调查,以确定贷款项目,然后还要派专家小组对已确定的项目进行项目评估,最后才举行贷款谈判,并签订贷款与担保协议等法律文件。

④贷款一般需按时偿还,不得改期。

⑤借款国承担汇率变动的风险。

（4）贷款程序

国际复兴开发银行贷款有一套严格的程序,分 6 个阶段进行。

①项目的选定。由借款国与世界银行合作,对借款国初步提出的项目分别进行筛选,然后将合格的项目纳入贷款规划。

②项目的准备。主要由借款国或借款机构负责进行,世界银行不参与准备工作,只提供指导和资金援助。

③项目评估。由世界银行工作人员根据借款人的项目可行性报告,进行全面系统的审查,提出贷款额度和贷款条件建议,写出书面评估报告,并征求借款人意见进行修正。该报告是项目贷款谈判的基础。

④谈判并报执董会批准。借款人代表与国际复兴开发银行代表就贷款协定草案进行谈判,然后报执董会讨论通过。

⑤项目的执行和监督。由借款人负责项目的执行,国际复兴开发银行则通过借款人报送的项目执行报告和定期到现场考察对项目实行监督。

⑥项目后评价。国际复兴开发银行工作人员帮助借款人编写一份项目完成报告,由国际复兴开发银行的业务评价局进行严格审查后做出评价。

2）其他业务活动

除贷款业务外,国际复兴开发银行还向会员国提供技术援助,研究培训等。技术援助与贷款项目相结合,以帮助借款国更好地使用资金,提高资金的使用效率。国际复兴开发银行还积极从事对社会经济问题的调查研究,并帮助发展中国家会员国加强自己的研究能力,帮助其培训负责计划与发展工作的中高级官员。

11.3.7　国际金融公司

1）国际金融公司简介

国际金融公司于 1956 年 7 月成立,总部设在华盛顿,目前包括 185 个会员国。国际金融公司虽然是世界银行的附属机构,但实际上在法律和财务方面是独立的国际金融组织,其管理办法和组织结构与世界银行相同。国际金融公司凭借自己的金融资源、技术专长、全球经验和创新思维,为客户提供符合需求的解决方案,帮助合作伙伴应对资金、业务等层面的挑战,为客户提供并动员稀缺的资本、知识和长期合作关系,帮助客户破解在金融、基础设施、雇员技能和监管环境等领域面临的制约和难题。同时,国际金融公司擅于为项目筹集第三方资金,在私营部门融资领域发挥领导作用,产生更大的发展影响力。2018 年 10 月 13 日,在印度尼西亚巴厘岛举行的世界银行年会上,国际金融公司(IFC)和支付宝联合宣布:启动10×1 000科技普惠计划,计划在未来10年,每年为新兴市场国家培训1 000名科技领军者。

2)国际金融公司的宗旨

国际金融公司的宗旨是:帮助和促进发展中国家私营部门发展。

3)国际金融公司的组织机构

国际金融公司的组织机构同世界银行一样,只有世界银行的会员国才有资格成为公司的会员国。公司的最高权力机构是理事会,公司的正副理事、正副执行董事,也就是世界银行的正副理事、正副执行董事,公司的总经理由世界银行行长担任。因此,公司与世界银行实质上是一套班子、两块牌子。

4)国际金融公司的资金来源

(1)股金

股金即各会员国认缴的股本。公司最初成立时的法定股本为1亿美元,分为10万股,每股1 000美元。各会员国缴纳股本须以黄金或自由兑换货币缴纳。会员国缴纳的股金与其投票权成正比,每个会员国有基本投票权250票,每增加1股,增加1票。

(2)借款

向世界银行借款是其重要的资金来源,此外,也发行债券筹集资金。

(3)利润收入

公司历年经营所得的利润也是其一项资金来源。

5)国际金融公司的贷款与投资业务

与世界银行相比,国际金融公司的贷款和投资有以下特点。

①贷款的对象仅限于会员国的生产性私营企业或公私联营企业,不需要会员国政府提供担保,贷款一般不得用于公共基础工程,主要用于制造业、加工业、开采业、金融和旅游服务等预期收益较好的部门。

②一般只对中小企业提供贷款,不对大型企业,贷款额度一般在200万~400万美元,最高不超过3 000万美元。

③贷款期限一般为7~15年,还款时须用原借入的货币,贷款的利息率视投资对象的风险和预期收益而定,一般高于世界银行贷款,对已安排未提用的贷款资金收取1%的承担费。

④提供资金时,采取贷款和资本投资相结合的方式,即购买借款方公司的股票,但不参与公司的经营管理。

⑤常常与私人投资者共同对会员国的私营生产企业进行联合投资,从而起到促进私人资本在国际范围流动的作用。

⑥在进行投资时,向项目主办企业提供必要的技术援助,向会员国政府提供政策咨询服务,以协助创造良好的投资环境,从而达到促进私人资本投资的目的。

11.3.8 国际开发协会

1) 国际开发协会简介

国际开发协会成立于 1960 年 9 月,同年 11 月开始营业,总部设在美国首都华盛顿,是世界银行集团的一个附属机构,目前包括 173 个会员国。

(1) 国际开发协会的宗旨

通过向世界上最贫困国家提供无息贷款和赠款,促进其经济发展,减少不平等现象,提高人民生活水平。

(2) 国际开发协会的组织机构

国际开发协会的组织机构和管理方式与世界银行相同。世界银行的理事会、执行董事会和办事机构就是协会的理事会、执行董事会和办事机构。经理、副经理由世界银行行长、副行长兼任,办事机构的各部门负责人也由世界银行相应部门的负责人兼任。协会与世界银行也是一套班子、两块牌子。

但国际开发协会又是一个独立的实体,它有自己的股本、资产和负债,有自己的协定,法规和财务系统。国际开发协会不能向世界银行借款。

国际开发协会的会员国分为两组:第一组是高收入的工业化国家;第二组为亚非拉发展中国家。

(3) 国际开发协会的资金来源

①会员国缴纳的股本。国际开发协会原定股本为 10 亿美元。其中,第一组国家 78 670 万美元,第二组国家 23 700 万美元。第一组国家认缴股本以黄金和自由外汇缴付,第二组国家 10% 以黄金和自由外汇缴纳,其余 90% 以本国货币缴纳。以后随着会员国的增加,股本额不断增大,至 1995 年 6 月底,会员国认缴股本额已达到 928.91 亿美元。

会员国认缴的股本与其投票权成正比。每一成员基本票 500 票,另外,每认缴 5 000 美元增加一票。

②补充资金。由于股本有限,国际开发协会又规定不得在国际金融市场上发行债券来筹集资金,因此,国际开发协会只能要求会员国政府不时地提供补充资金。

③世界银行赠予形式的拨款和国际开发协会的利润也是其资金来源。

2) 国际开发协会的贷款业务

(1) 贷款对象

贷款只向低收入的发展中国家发放。贷款只向会员国政府或其公私企业发放,但实际上都贷给会员国政府。从 1999 年 7 月起,国际开发协会停止对中国提供贷款。有 82 个国家符合获得 IDA 援助的资格。这些国家一共拥有 25 亿人口,占全世界总人口的一半。据估计,这些国家有 15 亿人口每天靠 2 美元或不到 2 美元的收入维持生活。

（2）贷款用途

贷款主要用于电力、交通、水利等公共工程部门及农业和文化教育方面,在使用和监督方面与世界银行的规定相同。

（3）贷款特点

国际开发协会的贷款称为信贷（Credit）,与世界银行的贷款相比,其贷款具有高度的优惠性,因此称为软贷款。而世界银行提供的普通条件的贷款称为硬贷款（Loan）,贷款期限较长,一般为 35～40 年,平均期限为 38.5 年,宽限期为 10 年,第二个 10 年每年还本 1%,以后每年还本 3%,偿还贷款时可以全部或部分用本国货币支付,贷款不收利息,只收取 0.5% 的手续费。

11.3.9 多边投资担保机构

当今的商业界越来越清楚地认识到发展中国家存在着很好的投资机会。然而,对不稳定政策环境的顾虑、对政治风险的洞察以及对具体投资机会的忽视常常会阻碍投资。结果,作为经济增长的关键驱动因素,外商直接投资的大部分仅投向少数几个国家,从而在很大程度上忽视了世界上最为贫困的人群。

1998 年多边投资担保机构成立,该机构通过两种方式应对上述顾虑:一是通过向投资者和贷款者提供政治风险担保;二是通过提供技术援助协助发展中国家吸引私人投资。会员国 154 个,是世界银行集团最新的成员。多边投资担保机构作为世界银行集团的下属机构,拥有完全的法人地位,有权缔结合同,取得并处理不动产、动产及进行法律诉讼。独立的法人地位对多边投资担保机构极为有利。因为作为一个多边投资担保机构,拥有独立的法人地位有利于其业务的正常开展。

多边投资担保机构的主要功能是为跨国投资在东道国可能遇到的非商业性风险提供担保,主要险别有货币汇兑风险、征用风险、违约风险、战争和内乱风险等。

11.4 区域性国际金融机构

11.4.1 亚洲开发银行

亚洲开发银行是一个区域性国际金融机构,它创建于 1966 年,总部设在菲律宾首都马尼拉。截至 2020 年年底,亚行有 68 个成员,其中 48 个来自亚太地区,20 个来自其他地区。中国于 1986 年 3 月 10 日加入亚行。有来自亚洲和太平洋地区的成员,称为区域成员,还有来自欧洲和北美洲的非区域成员。

1）亚洲开发银行的宗旨和任务

建立亚行的宗旨是通过发展援助,帮助亚太地区的发展中成员消除贫困,促进亚太地区的经济和社会发展。

亚行的具体任务是：

①引进公、私资本对本地区的投资。

②为本地区发展中成员的发展筹集和提供资金,优先考虑最有利于整个地区经济协调发展的项目和规划。同时,还应特别考虑本地区较小的或较不发达的成员的需要。

③根据本地区成员的要求,帮助其进行发展政策和规划的协调,以便更好地利用自身的资源,更好地在经济上取长补短,促进其对外贸易,特别是本地区贸易的发展。

④为拟订、融资和执行发展项目及规划提供技术援助,包括编制具体的项目建议书。

⑤在亚行的章程范围内,以亚行认为适当的方式,同联合国及其附属机构,向本地区发展基金投资的国际公益组织,其他国际机构以及各国公、私营实体合作,并向上述组织机构提供投资和援助的机会。

⑥开展符合亚行宗旨的其他活动和服务。

2)亚洲开发银行的组织机构

亚洲开发银行的组织机构主要有理事会和董事会。由所有成员代表组成的理事会是亚行的最高权力和决策机构,负责接纳新成员、变动股本、选举董事和行长、修改章程等。通常,每年举行一次会议,由各成员派一名理事参加,理事会成员一般由各会员国财长或中央银行行长组成,每个成员在亚行有正、副理事各一名。董事会负责亚行的日常事务处理,由理事会选举产生,董事会由 12 名董事和 12 名副董事组成。亚洲开发银行 68 名成员分成 12 个选区,每个选区各派出 1 名董事和 1 名副董事。68 名成员中,日本、美国和中国三大股东国是单独选区,各自派出自己的董事和副董事。其他成员组成 9 个多国选区,董事和副董事一职由选区内不同成员根据股份大小分别派出或轮流派出。

亚行的行长是亚行的最高行政领导人,由理事会选举产生,兼任董事会主席。行长必须是本地区公民,负责处理亚行的日常业务及亚行官员和工作人员的任免。行长是亚洲开发银行的合法代表,由理事会选举产生,任期 5 年,可连任。行长下设 3 名副行长(副总裁),分管东、西国别区、财务和行政。自亚行产生以来,行长一直由日本人担任。

3)亚行的资金来源

亚行自身开展业务的资金分 3 个部分:一是普通资金,用于亚行的硬贷款业务;二是亚洲开发基金,用于亚行的软贷款业务;三是技术援助特别基金,用于技术援助业务。此外,亚行还利用双边贷、赠款等其他资金渠道为项目安排联合融资。

(1)普通资金

普通资金是亚行开展业务活动的主要资金来源,它由股本、储备、净收益以及从国际资本市场的借款构成。

(2)亚洲开发基金

亚洲开发基金始建于 1974 年 6 月 28 日,专门对亚太地区贫困成员发放优惠贷款。

(3)技术援助特别基金

亚洲开发银行于 1967 年建立了技术援助特别基金,用于资助发展中成员聘请咨询专家、培训人员、购置设备、进行项目准备、项目执行、制定发展战略、加强技术力量、从事部门研究、制定有关国家和部门的计划和规划等。

（4）日本特别基金

1987年，日本在亚洲开发银行第20届年会上表示，愿意出资建立一个特别基金，用于加速亚洲开发银行发展中成员的经济增长。1988年3月10日作了决定，由亚洲开发银行和日本政府正式签署成立日本特别基金的协议。

（5）联合融资

亚洲开发银行除了用自己筹集到的资金从事贷款和技术援助外，还通过联合融资这一形式为本地区的经济发展筹集更多的开发资金。亚洲开发银行的联合融资是指一个或一个以上的外部经济实体与亚洲开发银行共同为某一开发项目融资。

（6）日本扶贫基金

2000年5月23日，亚行决定建立"日本扶贫基金"，用以资助亚洲开发银行的扶贫项目。

4）主要业务

（1）贷款

亚洲开发银行所在地发放的贷款按条件划分，有硬贷款、软贷款和赠款3类。硬贷款的贷款利率为浮动利率，每半年调整一次，贷款期限为10～30年（2～7年宽限期）。软贷款就是优惠贷款，只提供给人均国民收入低于670美元（1983年的美元）且还款能力有限的会员国或地区成员，贷款期限为40年（10年宽限期），没有利息，仅有1%的手续费。赠款用于技术援助，资金由技术援助特别基金提供，赠款额没有限制。

亚洲开发银行贷款按方式划分有项目贷款、规划贷款、部门贷款、开发金融机构贷款、特别项目执行援助贷款和私营部门贷款等。

2015年12月11日，亚洲开发银行批准向中国提供一笔总额为3亿美元的政策性贷款（PBL），帮助中国解决长期困扰首都北京及周边地区的空气污染问题，这是亚行首次向中国提供政策性贷款。

（2）股本投资

股本投资是对私营部门开展的一项业务，也不要政府担保。除亚行直接经营的股本投资外，还通过发展中成员的金融机构进行小额的股本投资。自1983年开展对私营部门的投资业务以来，亚行已对12个国家约92个企业进行了股本投资，总金额达2.822亿美元。此外，亚行还对15个区域性机构或基金进行了总额约1.85亿美元的投资。

（3）技术援助

技术援助可分为项目准备技术援助、项目执行援助、咨询技术援助和区域活动技术援助。技术援助项目由亚洲开发银行董事会批准，如果金额不超过35万美元，行长有权批准，但须通报董事会。

在1967—1996年期间，亚行批准的赠款技援项目435个，总金额达12.937亿美元，受益国家达36个。

（4）联合融资和担保

亚行不仅自己为其发展中成员的发展提供资金，而且吸引多边、双边机构以及商业金融机构的资金,投向共同的项目。这是亚行所起的催化作用。这种做法对各方都有利。对受款国来说,增加了筹资渠道,而且条件比纯商业性贷款优惠。对亚行来说,克服了资金不足的困难。对联合融资者来说,可以节省对贷款的审查费用。

11.4.2 国际清算银行

国际清算银行成立于 1930 年,最初为处理第一次世界大战后德国战争赔款问题设立,后演变为一家各国中央银行合作的国际金融机构,是世界上历史最悠久的国际金融组织。国际清算银行总部设在瑞士巴塞尔。2019 年 7 月,国际清算银行宣布将分阶段在不同城市设立创新中心,首先设立的两个中心,分别位于瑞士巴塞尔和中国香港,第三个位于新加坡。目前,一共有 60 家成员中央银行或货币当局。

1)国际清算银行的宗旨

国际清算银行以"促进各国中央银行之间的合作并为国际金融业务提供便利"为宗旨,是中央银行行长和官员的会晤场所。从某种意义上讲,它履行着"中央银行的银行"职能。

2)国际清算银行的组织机构

国际清算银行的最高权力机构是股东大会,股东大会每年召开一次,由认购该行股票的各国中央银行派代表参加,负责审查年度报告和账目等事项。股东大会的投票权根据认股数按比例分配,各会员国中央银行掌握了 85% 的股权,其余 15% 为私人股权,私人股东没有投票权。董事会是清算银行的实际领导机构,由美国、法国、日本、德国、意大利和比利时各出两名董事,一名是现任央行行长,另一名是本国工商金融界著名人士,其余董事在认股的其他央行行长中推选 7 人,董事会总人数不超过 21人,董事会主席兼任该行总裁。董事会下设经理部、货币经济部、秘书处和法律处等部门。

3)股本和资金来源

2003 年 4 月 1 日起,国际清算银行使用国际货币基金组织特别提款权(SDR)计算股本,共有面值相等的 60 万股(每股面值 5 000SDR),由会员国认缴。

4)国际清算银行的业务活动

(1)国际结算业务

第二次世界大战后,国际清算银行先后成为国际经济合作组织、欧洲支付同盟、欧洲货币合作基金等国际金融业务的代理人,承担着大量的国际结算业务。

(2)为各国中央银行提供服务

接受各国(包括非会员国)中央银行的存款。办理黄金存款,并付给利息,向各国央行提供贷款,代理其买卖黄金、外汇和发行债券,充当各国政府间贷款执行人或受托人同有关国家的中央银行签订特别协议以代办国际清算业务。

（3）协调各国货币金融政策

国际清算银行每月的第一个周末举行西方主要中央银行行长会议，商讨有关国际金融问题，协调有关国家的金融政策，推动国际金融合作。

11.4.3 非洲开发银行

非洲开发银行集团成立于1964年，它由3部分组成：非洲开发银行（AFDB）——母机构，根据23个创始会员国于1963年8月14日在苏丹喀土穆签署的协议（此协议于1964年9月10日生效）成立。该集团包含两个特许融资窗口：一个是非洲开发基金（ADF），由非洲开发银行和13个非洲以外的国家于1972年11月29日成立。另一个是尼日利亚信托基金（NTF），由尼日利亚联邦政府于1976年成立。截至2016年2月底，非洲开发银行集团的成员由54个非洲国家和27个非洲以外的国家组成。中国于1985年5月加入非洲开发银行。要成为非洲开发银行成员，非本地区的国家必须首先成为ADF成员。

非洲开发银行理事会的就职会议于1964年11月4—7日在尼日利亚拉各斯举行，并于1965年3月在科特迪瓦的阿比让设立总部。非洲开发银行自1966年7月1日开始运营。从2003年2月开始，因科特迪瓦发生大规模的政治冲突，非洲开发银行开始在突尼斯首都突尼斯市的临时安置机构（TRA）运营业务，直至2013年年底才开始迁回阿比让总部。截至2015年6月，非洲开发银行1 900多名员工中，已经有1 500多名员工迁回总部。

1）使命与战略

非洲开发银行集团的首要目标是促进本地区会员国的经济可持续发展和社会进步，从而减少贫困。本银行集团通过两种方式达到此目标：调动和分配会员国的投资资源，提供政策建议和技术援助以支持发展工作。在2000年，所有多边发展机构已就一系列目标达成一致，名为千年发展目标（MDG）。它们是：消灭极端贫穷和饥饿，改善孕产妇健康，普及小学教育，抗击艾滋病毒/艾滋病、疟疾和其他疾病，促进两性平等并赋予妇女权力，确保环境可持续性，降低儿童死亡率，建立全球发展伙伴关系。

2）非洲开发银行的组织机构

最高权力机构为理事会，由各会员国委派理事和副理事各一名。理事一般由各国财政部或非洲开发银行经济部部长担任，理事会每年举行一次。理事会的执行机构为董事会，一共9名成员，由理事会选举，任期3年。董事会每月举行一次会议。经常性业务工作由银行行长负责。行长由董事会选举，任期5年，在董事会指导下开展工作。另设副行长一名，协助行长工作。

此外，为满足该行贷款资金的需要，先后设立了以下合办机构。

（1）非洲开发基金

1972年在经济合作与发展组织援助下设立。由该行和22个非洲以外的工业发达国家出资。其宗旨与职能是协助非洲开发银行对非洲 29 个最贫穷的国家贷款,重点是农业、乡村开发、卫生、教育事业等。此项基金对非洲国家提供长达 50 年的无息贷款(包括 10 年宽限期),只收取少量手续费。其业务由非洲开发银行管理,其资金来源于各会员国认缴的股本。

（2）尼日利亚信托基金

成立于 1976 年,由该行和尼日利亚政府共同建立。其主要目的是与其他基金合作,向会员国有关项目提供贷款。期限 25 年,包括最长为 5 年的宽限期。

（3）非洲投资与开发国际金融公司

1970 年 11 月设立,总公司设在瑞士日内瓦。其目的是促进非洲企业生产力的发展。股东是国际金融公司以及美国和欧洲、亚洲各国约 100 家金融和工商业机构。法定资本 5 000 万美元,认缴资本 1 259 万美元。

（4）非洲再保险公司

1976 年 2 月建立,1977 年 1 月开始营业。其宗旨是加速发展非洲保险业,总公司设在拉各斯。法定资本 1 500 万美元,该行出资 10%。

3）资金来源

分为普通资金来源和特别资金来源。

（1）普通资金来源

①核定资本认缴额,最初为 2.5 亿非洲开发银行记账单位,每非洲开发银行记账单位价值 0.888 671 克纯金,核定资本分为 2.5 万股,每股 1 万记账单位。

②自行筹措资金。

③用实收资本或筹措资金发放贷款所获得的还款资金。

④依据该行待缴资本发放贷款或提供担保所获的收入。

⑤不构成该行特别资金来源的其他资金和收入。

（2）特别资金来源

①捐赠的特别资金和受托管理资金。

②为特别资金筹措的专款。

③从任意会员国筹借的该国货币贷款,用途是从贷款国购买商品与劳务,以完成另一会员国境内的工程项目。

④用特别基金发放贷款或提供担保所获偿还资金。

⑤用上述任何一项特别基金或资金从事营业活动获得的收入。

⑥可作为特别基金的其他资金来源。

4）主要业务

向会员国提供贷款(包括普通贷款和特别贷款),以发展公用事业、农业、工业项目及交通运输项目。普通贷款业务包括用该行普通资本基金提供的贷款和担保贷款业务;特别贷款业务是用该行规定专门用途的"特别基金"开展的贷款业务。后一类贷款的条件非常优惠,不计利息,贷款期限最长可达 50 年,主要用于大型工程项目建设。此外,银行还为开发规划或项目建设的筹资和实施提供技术援助。

5）贷款对象

非行贷款的对象是非洲地区会员国，主要用于农业、交通、通信、工业、供水等公共事业上，也包括卫生、教育和私营领域的投资项目。自 1986 年后，非行还支持了一些非项目计划，如结构调整和改革贷款，技术援助和政策咨询方面的投资等。非行贷款的期限一般是在 12～20 年，包括展延还款期 5 年。

11.4.4　美洲开发银行

美洲开发银行（Inter-American Development Bank，IDB）也叫泛美开发银行，成立于 1959 年 12 月 30 日，1960 年 10 月 1 日银行正式开业，行址设在华盛顿。该行的创始会员国是包括美国在内的 21 个国家，包括 20 个拉美国家和美国。截至 2020 年年底，其会员国有 48 个，其中，美洲国家 28 个，欧洲国家 16 个，亚洲国家 4 个。美洲开发银行是世界上成立最早和最大的区域性多边开发银行，该行是美洲国家组织的专门机构，其他地区的国家也可以加入，但非拉美国家不能利用该行资金，只可参加该行组织的项目投标。2009 年 1 月，中国人民银行代表中国加入美洲开发银行。

1）宗旨

其宗旨是：集中各会员国的力量，对拉丁美洲国家的经济、社会发展计划提供资金和技术援助，并协助它们单独、集体地为加速经济发展和社会进步做出贡献。

2）组织机构

美洲开发银行的组织机构：董事会是最高机构，由所有会员国各派 1 名董事和 1 名副董事组成，任期 5 年。董事会讨论银行的重大方针政策问题，每年开会 1 次。执行理事会是执行机构，负责领导银行的日常业务工作。执行理事正副职除美国和加拿大两国单独选派外，其他国家均由数国组成 1 组选派理事和副理事。董事会还选出行长 1 人，银行行长也是执行理事会主席，任期 5 年。执行理事会根据行长推荐，选派银行副行长，协助行长工作。银行董事会和执行理事会的投票权分为两种：一是基本投票权，每个会员国有 135 票；二是按认缴资本额分配。美国认缴资本最多，投票权也最多，其次是阿根廷和巴西。美洲开发银行在拉美各会员国首都都设有办事处，代表银行同当地官方和借款者处理有关事务，并对银行资助的建设项目进行监督，在巴黎、伦敦、马德里、东京也设立了办事机构，以便同区域外会员国和金融市场保持经常联系。

3）银行资本

会员国分摊；发达国家会员国提供；在世界金融市场和有关国家发放债券。该行主要向会员国提供贷款以促进拉美地区的经济发展，帮助会员国发展贸易，为各种开发计划和项目的准备、筹备和执行提供技术合作。1960 年开业时拥有 8.13 亿美元资金。截至 2019 年年底，该行总资产为 1 364 亿美元。认缴股份较多的国家和占比分别为：美国，占 30.006%；阿根廷和巴西，各占 11.354%；墨西哥，占 7.299%；日本，占

5.001%;加拿大,占 4.001%;委内瑞拉,占 3.403%;智利和哥伦比亚,各占 3.119%。各会员国的表决权依其加入股本的多寡而定。按章程规定,拉美国家表决权在任何情况下不得低于 50%。中国在美洲开发银行的投票权为 0.004%,美洲投资公司为 5.01%,多边投资基金为 4.76%。

4)投资机构

①美洲投资公司(Inter-American Investment Corporacion-IDB INVEST)1989 年成立,为美洲开发银行全资附属公司,旨在通过向中小型企业提供融资以促进该地区发展。现有 45 个会员国,26 个为拉美和加勒比地区国家。美洲开发银行于 2013 年在该投资公司基础上成立新公司,并于 2015 年向新公司注资 20.3 亿美元,其中各会员国新注资 13.05 亿美元。

②多边投资基金(Multilateral Investment Fund-MIF)1993 年成立,主要目的是为私营企业创造更好的投资环境,促进其发展,由 39 个会员国集资建立,由美洲开发银行管理。

5)主要活动

提供贷款促进拉美地区的经济发展,帮助会员国发展贸易,为各种开发计划和项目的准备、筹备和执行提供技术合作。银行的一般资金主要用于向拉美国家公、私企业提供贷款,年息通常为 8%,贷款期 10~25 年。特别业务基金主要用于拉美国家的经济发展优惠项目,年息 1%~4%,贷款期 20~40 年。银行还掌管美国、加拿大、德国、英国、挪威、瑞典、瑞士和委内瑞拉等政府及梵蒂冈提供的"拉美开发基金"。

20 世纪 60—70 年代,该行主要为卫生和教育等公共项目提供资金,90 年代起逐渐加大了对私营企业的投资贷款。50 多年来,该行的贷款规模增长迅速。1961 年贷款额为 2.94 亿美元,1998 年增至 100.63 亿美元,2000 年为 52.66 亿美元,2001 年为 79 亿美元,2002 年为 45.5 亿美元,2008 年为 122 亿美元,2014 年为 138.43 亿美元,2015 年为 112.64 亿美元,2016 年为 92.64 亿美元,2018 年为 132.02 亿美元,为促进拉美经济社会发展发挥了重要作用。

美洲开发银行每年都会开年会。2019 年 3 月,原定于在成都市举行的第 60 届年会因故取消。7 月,第 60 届年会在厄瓜多尔瓜亚基尔举行,会议围绕平等包容、第四次工业革命、气候变化和移民等议题展开讨论。9 月,美洲开发银行成立 60 周年执行董事会会议和会员国国家元首和政府首脑会议在美国华盛顿举行。

11.4.5 亚洲基础设施投资银行

1)亚洲基础设施投资银行的建立与宗旨

亚洲基础设施投资银行(简称亚投行,AIIB)是一个政府间性质的亚洲区域多边开发机构。亚投行成立的宗旨是通过在基础设施及其他生产性领域的投资,促进亚洲经济可持续发展,创造财富并改善基础设施互联互通。与其他多边和双边开发机构紧密合作,推进区域合作和伙伴关系,应对发展挑战。亚投行是首个由中国倡议设立的多边金融机构,总部设在北京,法定资本1 000亿美元。截至2019年10月,亚投行成员达到97个。

2014年10月24日,包括中国、印度、新加坡等在内的21个首批意向创始会员国的财长和授权代表在北京签约,共同决定成立投行。2015年12月25日,亚洲基础设施投资银行正式成立。2016年1月16日至18日,亚投行开业仪式暨理事会和董事会成立大会在北京举行。中国财政部部长楼继伟被选举为亚投行首届理事会主席,金立群当选亚投行首任行长。

2)创立背景

在区域层面上,亚投行建立的主要背景是亚洲基础设施落后。亚洲经济占全球经济总量的1/3,是当今世界最具经济活力和增长潜力的地区,拥有全球六成人口。但因建设资金有限,一些国家铁路、公路、桥梁、港口、机场和通信等基础建设严重不足,在一定程度上限制了该区域的经济发展。

在区域层面上,各国要想维持现有的经济增长水平,内部基础设施投资至少需要8万亿美元,平均每年需投资8 000亿美元。8 000亿美元中,68%用于新增基础设施的投资,32%是维护或维修现有基础设施所需资金。现有的多边机构并不能提供如此巨额的资金,亚洲开发银行和世界银行也仅有2 230亿美元。两家银行每年能够提供给亚洲国家的资金大概只有区区200亿美元,没有办法满足这个资金的需求。由于基础设施投资的资金需求量大,实施的周期很长,收入流不确定等因素,私人部门大量投资于基础设施项目是有难度的。

在国家层面上,亚投行建立的主要背景是中国进入"新常态"。中国已成为世界第三大对外投资国,中国对外投资2012年同比增长17.6%,创下了878亿美元的新高。而且,经过30多年的发展和积累,中国在基础设施装备制造方面已经形成了完整的产业链。同时,在公路、桥梁、隧道、铁路等方面的工程建造能力在世界上也是首屈一指的。中国基础设施建设的相关产业期望更快地走向国际。但亚洲经济体之间难以利用各自所具备的高额资本存量优势,缺乏有效的多边合作机制,缺乏把资本转化为基础设施建设的投资。

3)治理结构

亚投行的治理结构分为理事会、董事会、管理层3层。理事会是最高决策机构,可根据亚投行章程授权董事会和管理层一定的权力,每个成员在亚投行有正副理事各1名。董事会有12名董事,其中域内9名,域外3名。管理层由行长和5位副行长组成。董事会由理事会选举的总裁主持,负责对日常事务的管理决策。银行总部下设银行各主要职能部门,包括综合业务部、风险管理部等,分别负责亚投行日常业务的开展。运行后的亚投行将是一个政府间性质的亚洲区域多边开发机构,按照多边开发银行的模式和原则运营,重点支持亚洲地区基础设施建设。

亚投行业务定位为准商业性。初期亚投行将主要向主权国家的基础设施项目提供主权贷款。针对不能提供主权信用担保的项目,引入公私合作伙伴关系模式。亚投行会通过成立一些专门的基金进行投融资进而保证资金规模。亚投行也将考虑设立信托基金,通过亚投行和所在国政府出资,与私营部门合理分担风险和回报,动员主权财富基金、养老金以及私营部门等更多社会资本投入亚洲发展中国家的基础设施建设。

亚投行法定股本为1 000亿美元,域内成员和域外成员的出资比例为75∶25。域内外成员认缴股本参照GDP比重进行分配,并尊重各国的认缴意愿。按照协定规定的原则计算,中国以297.804亿美元的认缴股本和26.06%的投票权,居现阶段亚投行第一大股东和投票权占比最高的国家。印度、俄罗斯分列第二、第三大股东。

4)业务类型

根据协定,亚投行的业务分为普通业务和特别业务。普通业务是指由亚投行普通资本(包括法定股本、授权募集的资金、贷款或担保收回的资金等)提供融资的业务。特别业务是指为服务于自身宗旨,以亚投行所接受的特别基金开展的业务。两种业务可以同时为同一个项目或规划的不同部分提供资金支持,但在财务报表中应分别列出。

5)各方反应

(1)争议

①第一大争议。亚洲已经有了亚洲发展银行(ADB),为什么中国要给亚洲建立一个"新世界银行"?据亚洲开发银行估计,2010—2020年间,亚洲各国要想维持现有的经济增长水平,内部基础设施投资至少需要8万亿美元,平均每年需投资8 000亿美元,仅印度未来几年的基建就需要1万亿美元。8万亿美元中,68%用于新增基础设施的投资,32%是维护或维修现有基础设施所需资金。现有的多边机构并不能提供如此巨额的资金,亚洲开发银行的总资金约为1 600亿美元,世界银行也仅有2 230亿美元。这两家银行目前每年能够提供给亚洲国家的资金大概只有区区200亿美元。因建设资金有限,一些国家铁路、公路、桥梁、港口、机场和通信建设严重不足,这在一定程度上限制了该区域的经济发展。亚投行(AIIB)给亚洲基础设施建设带来了额外的融资资金,这是亚洲急需的"受欢迎的计划"。

②第二大争议。如何管理这家新银行?中国一再重申,新银行将采用世界银行的管理模式来透明运行。美国及其一些亚洲盟友国家仍持怀疑态度,他们宣称,亚投行设立的目的是帮助中国公司走出去,消化国内多余产能,最终将成为中国主导的单边机构。

③第三大争议。可能引发外交争端。美国阻止其盟友加入亚投行,最担心的问题就是中国会借这家银行壮大在亚洲的权力,将对区域平衡带来影响。还有人认为,亚投行的建立会直接挑战1944年开始的布雷顿森林体系。尽管中国是亚洲最大的经济体,但自1966年设立以来的亚开行却由日本掌控着。行长已连续9届由来自日本大藏省、财务省以及日本银行业的高官担任。中国也希望通过增资获得更多亚洲开发银行的投票权,因为日本的投票份额几乎是中国的两倍,但亚开行在2014年5月的年会上搁置了相关议案。在改革无望后,中国只好"自立门户",而美国此时却"不高兴",害怕其在亚洲的影响被边缘化。

(2)多方态度

亚投行虽名为"亚投行",其创始成员却遍及亚洲、欧洲、非洲、南美洲和大洋洲,中国这一倡议获得了全球认可,掀起了一股"亚投行热"。纵观亚投行诞生过程,中美外交"暗战""交锋""对决"等说法,频现于各大媒体。而各方受内政外交因素影响,加入亚投行的决策过程各异。截至 2019 年 10 月,中国倡议推动的亚洲基础设施投资银行"朋友圈"已达 97 个国家。亚投行倡议的成功实现,成为标志性事件。最终结果也显示出各方对中国合作共赢理念的认同。

资料链接 11.5

在国际金融机构贷款中的协议效力

在国际金融机构贷款中,作为贷款人的国际金融机构通常主张其贷款协议具有独立于相关国家国内法的效力,其依据多为国际惯例、意思自治原则(国际贷款协议约定的内容)和国际金融机构制定颁布的贷款协议示范规则(如世界银行于 1985 年 1 月修订颁布的《贷款协议和担保协议通则》,国际开发协会于 1985 年 1 月修订颁布的《国际开发协会开发信贷协议通则》等)。其贷款协议往往指明:"(本)贷款协议规定的银行和借款方的权利和义务,应根据协议的条款生效并必须执行,而不管任何国家或其政府部门的法律有任何相反的规定。银行和借款方都无权在根据本条而采取的任何法律行动中,坚持因为银行协议的任何条款而主张贷款协议的任何条款无效或不能执行。"在实际中,这一主张往往与国际仲裁制度相配合,对政府贷款协议和商业银行贷款协议均具有一定影响。其中,世界银行颁布的《贷款协议和担保协议通则》对各类国际贷款协议的指导作用尤为明显。

11.5 国际金融机构的贷款程序

11.5.1 提出计划,确定项目

在这一阶段,银行主要进行以下几个方面的工作:

1)与借款国开展各个方面的经济调研工作

银行要向借款国派出综合考察组,对借款国的经济、政治、文化方面的情况进行了解,编写借款国家经济考察报告,作为银行总部制定发展战略的依据。在这一过程中,银行也为借款国的经济改革与发展提供技术援助,让借款国了解到获得贷款的前提条件。

2)与借款国商讨贷款计划

银行对借款国提出的项目单子根据其贷款政策和贷款方向进行审查和补充,并与借款国就未来的贷款计划进行协商与达成共识。

3)派出项目鉴定团

银行在对会员国经济进行全面考察的基础上,根据与借款国达成的贷款计划,向借款国派出鉴定团,对双方感兴趣的项目进行实地考察与鉴定。

11.5.2　项目的准备

项目的准备阶段主要是对建设项目的技术应用、组织管理、经济效益、财务计划等进行全面的规划。项目准备工作主要由借款国承担,但应争取银行的密切合作,做好这一阶段工作需要 1～2 年时间。银行在准备阶段主要进行以下几个方面的工作:

1)帮助借款国了解银行的要求和标准

这样可以提高准备工作的效率,保证准备工作的质量。

2)向借款国提供资金和技术援助

一方面,银行将借款国在准备阶段支付的费用可以从所商定的贷款中偿还,或将这笔费用包括在另一个项目的贷款中。此外,银行还与联合国开发计划署、粮农组织、工发组织等合作,为借款国筹集赠款,用于准备阶段的支出。另一方面,银行的专家、工作人员和聘请的专家为项目提供必要的技术援助、人员培训和出国考察,有助于提高借款国项目准备人员的素质。

3)对借款国项目准备中存在的不完全或不充分的方面进行补充

在项目的准备阶段,主要由借款国对项目在技术、经济、财务、组织体制、社会及环境等方面的可能性进行全面、系统的分析。在此过程中,为了保证分析的方法正确,数据和资料全面准确,银行对借款国给予必要的指导和监督。在这一阶段,借款国的主要任务是做好可行性研究,一般包括以下几步。

①机会研究,即鉴别投资机会。这一步的精度要求较低,只要求达到±30%,主要依靠经验进行。

②初步的可行性研究。在这一步进行项目的初步选择,主要对项目方案进行初步的技术和经济分析,以决定项目是否可行。这一步的精度要求为±20%。

③可行性研究。这一步对项目进行深入的技术、经济分析。确定最佳方案,精度要求达到±10%。

④项目可行性研究报告。该报告对项目是否可行做出评定,评定时要从技术、机构、财务、经济、社会与环境 5 个方面论证项目的可行性。

11.5.3　项目的评估

项目的评估是准备工作的重点,是项目周期中的一个关键阶段。这一工作基本上由银行完成。银行要派出评估小组对上一阶段的成果进行评估,在此基础上对项目的可行性进行详细、全面的分析论证,做出独立的评价和结论,写出评估报告。项目的评估一般分为预评估和正式评估两个阶段。如果项目准备难度大,则可能还有后评估阶段。与项目准备阶段的可行性研究一样,在项目评估阶段,银行要对项目在技术、经济、财务、机构、社会与环境 5 个主要方面的可行性进行论证。

1）技术可行性

技术可行性主要分析项目的规模、选址、工艺设备水平是否合理，并对项目的成本进行估算。同时，分析项目的执行计划是否可行。这一部分的关键是审查费用的估算和这种估算依据的工程技术或其他数据，以决定其在一定幅度内是否正确，是否为可能出现的意外情况做了准备。

2）经济可行性

经济可行性是从整个国民经济角度衡量和评价项目对国家开发计划和国民收入增长做出的贡献，分析项目经济效益的大小。分析经济可行性时，采用的是成本效益分析法。在经济可行性研究中，经常用到"影子价格"。"影子价格"一般是在市场上价格受到贸易、税收等原因扭曲时采用，目的是将项目的财务价值转换为经济价值。

3）财务可行性

财务可行性是从项目和项目受益人的角度，衡量项目在财务上的赢利能力和受益人的总体赢利水平、受益人偿还贷款的能力，估算项目投资大小，分项项目所需资金的各种来源。在这一阶段，银行要考察项目的内、外资金来源是否落实。由于银行一般只提供项目全部费用中的外汇部分，落实内部配套资金对项目的顺利实施十分重要。必要时，银行还会协助借款国寻找其他资金来源。另外，银行还根据项目的资产负债表、损益表和现金流量表这三大报表，进行财务比率分析和敏感性分析，以确保项目在各种情况下均有较强的赢利能力。

4）机构可行性

银行主要分析项目执行机构的内部结构与其他部门的协调关系，与项目执行过程中其他合同当事人的关系等，借此判断项目执行机构的管理能力是否与项目目标相适应，是否能胜任执行项目的任务。如果发现机构能力太差，则采取技术援助等措施来提高其能力。

5）社会与环境可行性分析

银行要评估项目可能产生的社会效益和成本，如对妇女社会地位提高的作用、移民问题等，并采取相应措施。另外，还要根据借款国和银行的环保标准，审查环保设施及环境保护行动计划，以保证项目在环保上的可行性。银行的评估组在完成评估后，向银行提出两份报告书：一份是可行性研究的"绿皮报告书"；另一份是"灰皮报告书"，作为同意贷款的通知。

11.5.4 项目的谈判

项目评估结束后，银行与借款国之间就开始进行项目谈判。项目的谈判是以项目评估报告("绿皮报告书")为基础进行的。一方面,就有关的技术问题进行讨论和确认;另一方面,就贷款协定和项目协定的条款进行协商,以进一步明确为保证项目的成功,双方应采取的措施。项目的谈判一般需要 1~2 周,在谈判过程中,由于银行的建议一般是根据专家意见和世界范围的经验做出的,因此借款国一般都尽量采纳。

11.5.5　项目的执行

项目谈判结束后,借款国和项目受益人要对谈判达成的贷款协定和项目协定进行确认,然后交银行执行董事会批准。董事会批准后,银行和借款国的代表即在协定上签字,并送联合国注册登记。在借款国将协定生效的法律文件送交银行后,银行就宣布贷款协议正式生效。从此,项目进入执行阶段。项目的执行阶段一般从项目正式成立开始,到项目贷款发放完毕、项目投产为止。在这一阶段,由借款国负责项目的具体执行和经营,银行则主要负责对项目的监督,以保证项目按协议和计划顺利完成。银行的监督主要包括以下内容:要求借款国定期提供项目执行进度报告;每年到项目现场进行 1~2 次实地检查,以及时发现问题;对借款国的项目执行活动进行审查或审批;每两年对借款国项目总体情况进行 1 次大检查。

11.5.6　项目的总结评价

项目的总结评价也称项目的后评价,一般是在项目贷款发放完毕后 1 年左右进行。其主要目的是通过对项目执行情况进行回顾,总结经验教训,评价项目预期收益的实现程度,为今后的项目贷款业务提供有益的参考。在项目的后评价阶段,由银行和借款国合作准备一份项目完工报告。该报告由 3 个部分组成:第一、第三部分由银行完成;第二部分由借款国完成。项目完工报告完成后,须在提款截止日期结束后的几个月内,交给银行业务评价局局长,并散发给执行董事会的各位董事审阅。项目的后评价对银行和借款国都很重要。对银行而言,可以通过后评价,总结经验教训;对借款国而言,可以借以建立自己的总结评价制度,提高未来开发投资的经济效益。

国际金融组织还要对设备招、投标合同的签订过程进行监督,派出检查团定期检查工程进度,了解是否严格执行了批准的贷款合同,确保资金按计划使用。参加投标的国家仅限于会员国,国际金融组织按工程进度发放贷款,并对贷款的使用进行监督。在建设项目所需物资确已成交后,国际金融组织才能将贷款直接付给供应商或借款者。

资料链接 11.6

亚投行成员"破百"见证"中国方案"磁吸力

2019 年 7 月 13 日,亚投行理事会批准贝宁、吉布提、卢旺达加入亚投行。至此,亚投行成员总数已经达到了 100 个。在全球经济面临不确定性的背景下,亚投行再次扩员,表明它对全球经济治理体系的贡献获得了国际社会的充分认可,见证了"中国方案"的磁吸力。

"德不孤,必有邻"。亚投行的成立,是为了促进亚洲区域的建设互联互通化和经济一体化的进程,并且加强中国及其他亚洲国家和地区的合作。自成立伊始,亚投行就得到了国际社会的广泛支持和积极参与,先后经历了 9 次扩容,成员从 57 个增加到现在的 100 个。而今,亚投行成员主体为发展中国家,同时,吸收了包括英国、法国、德国等国在内的发达国家,其影响力在稳步提升。

秉承"合作共赢,开放包容,求同存异"的精神,亚投行成绩显著。截至目前,亚投行已经批准 18 个成员的 46 个贷款项目,贷款总额 85 亿美元,涉及交通、能源、电信、城市发展等多个领域。与此同时,亚投行顺利获得了联合国大会永久观察员地位。5 月成功发行了总额 25 亿美元的首笔美元全球债,制定了一系列重要的战略和政策,已经成为多边开发体系新的重要一员。

成员"破百",见证"中国方案"磁吸力。亚投行由中国发起,3 年多的实践也让人们看到,中国是一个负责任的大国,"不是为了一己之利,而是为了大家的发展"。亚投行在治理、透明度、国际标准和合作等方面树立了典范。标普、穆迪和惠誉三大国际信用评级机构,2017 年、2018 年均给予亚投行 3A 这一最高信用评级。而今成员总数达到 100 个,更是国际社会为亚投行投下的信任票。

(资料来源:荔枝网,2019-07-15)

本章主要内容概要

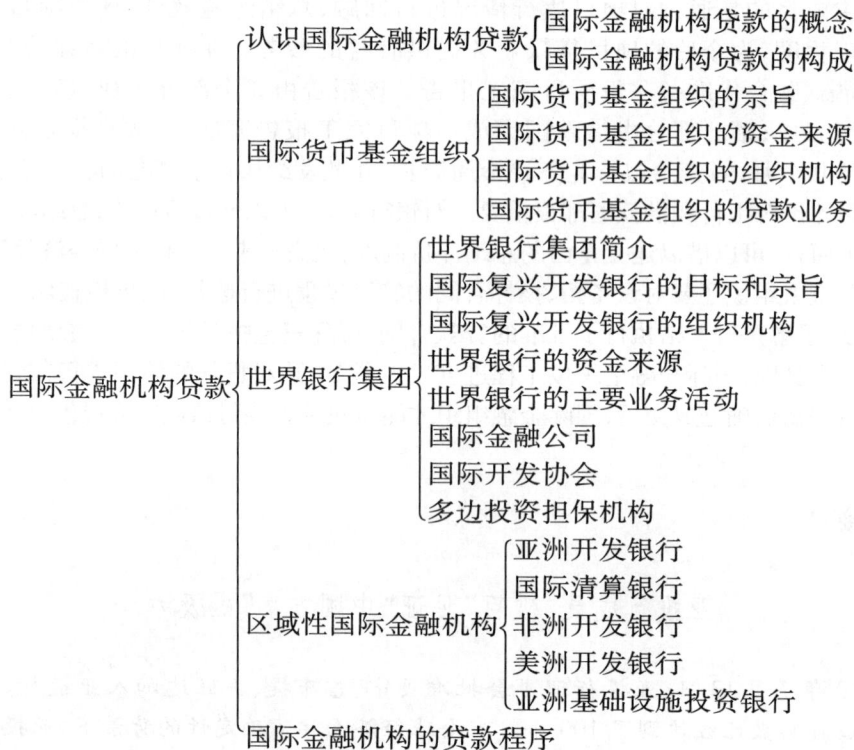

国际金融机构贷款
- 认识国际金融机构贷款
  - 国际金融机构贷款的概念
  - 国际金融机构贷款的构成
- 国际货币基金组织
  - 国际货币基金组织的宗旨
  - 国际货币基金组织的资金来源
  - 国际货币基金组织的组织机构
  - 国际货币基金组织的贷款业务
- 世界银行集团
  - 世界银行集团简介
  - 国际复兴开发银行的目标和宗旨
  - 国际复兴开发银行的组织机构
  - 世界银行的资金来源
  - 世界银行的主要业务活动
  - 国际金融公司
  - 国际开发协会
  - 多边投资担保机构
- 区域性国际金融机构
  - 亚洲开发银行
  - 国际清算银行
  - 非洲开发银行
  - 美洲开发银行
  - 亚洲基础设施投资银行
- 国际金融机构的贷款程序

课后习题与技能训练

课后习题

1. 判断题

(1)会员国从国际货币基金组织所获得的贷款规模与其所缴纳的份额成正比。

（　　　）

(2)IMF 的贷款对象不仅仅是各会员国政府,还包括各会员国工商企业。（　　　）

(3)世界银行的贷款必须专款专用,并接受世界银行的监督。　　　（　　　）

(4)只有亚洲国家才可以加入亚洲开发银行。　　　　　　　　　（　　　）

(5)国际开发协会主要向发达国家提供贷款。　　　　　　　　　（　　　）

(6)世界银行的贷款对象只限于会员国。　　　　　　　　　　　（　　　）

(7)我国是美洲开发银行的会员国,不是非洲开发银行的会员国。　（　　　）

(8)亚投行是首个由中国倡议设立的多边金融机构,总部设在上海。（　　　）

2. 选择题

(1)国际开发协会的贷款对象是(　　　)。

　　A. 发达国家　　　　B. 发展中国家　　　C. 所有国家

(2)亚洲开发银行的总部设在(　　　)。

　　A. 东京　　　　　　B. 马尼拉　　　　　C. 香港　　　　　D. 新加坡

(3)世界银行集团的附属机构有(　　　)。

　　A. 国际开发协会　　　　　　　　B. 国际货币基金组织

　　C. 亚洲开发银行　　　　　　　　D. 国际金融公司

(4)下列哪一种说法是不正确的？(　　　)。

　　A. 世界银行的贷款期限一般不超过 3 年

　　B. 世界银行的贷款对象只限于会员国

　　C. 世界银行的贷款必须专款专用,并接受世界银行的监督

　　D. 世界银行从营业收入中拨出的款项也是国际开发协会的资金来源之一

(5)下列 4 种提法中只有一种是正确的,正确的提法是(　　　)。

　　A. 国际金融公司是国际货币基金组织的附属机构

　　B. 国际开发协会主要向发达国家提供贷款

　　C. 世界银行的贷款对象只限于会员国

　　D. 国际货币基金组织的贷款对象不仅仅是各会员国政府,还包括各会员国
　　　工商企业

(6)亚投行的业务类型有两个,分别为:(　　　)。

　　A. 普通业务　　　B. 特别业务　　　C. 融资业务　　　D. 贷款业务

(7)国际复兴开发银行有两个目标,分别为:(　　　)。

　　A. 消除极端贫困　　　　　　　B. 促进共享繁荣

　　C. 解决会员国的国际收支逆差　D. 维持会员国汇率稳定

案例分析题 1

IMF 拒绝委内瑞拉抗疫援助贷款请求

2020 年 3 月 17 日,委内瑞拉总统尼古拉斯·马杜罗向 IMF 总裁克里斯塔利娜·格奥尔基耶娃致函,请求援助:"委内瑞拉政府正采取多项预防性措施,并竭尽全力执行彻底、严格的控制措施保护委内瑞拉人民。因此,我方请求您的组织评估,能否批准利用快速融资工具的应急基金渠道,授予委内瑞拉 50 亿美元融资。"

IMF 一名发言人发表声明:"可惜,(国际货币)基金无法考虑这一请求。如我们先前所说,IMF 参与各会员国项目必须以国际社会对国家官方政府的承认为依据……当前(委内瑞拉政府所获)承认不清晰。"

马杜罗在 2018 年总统选举后宣布赢得连任,但以时任委内瑞拉国会议长胡安·瓜伊多为首的反对派指认马杜罗阵营舞弊,选举无效。美国以及欧洲、拉丁美洲的部分国家不承认马杜罗政府,支持瓜伊多出任委内瑞拉领导人。美国借经济制裁、外交孤立、军事威胁等手段试图逼迫马杜罗下台。

思考:

IMF 2011 年设立快速融资工具,作为一次性、短期贷款工具,旨在帮助低收入国家纾解自然灾害等突发事件冲击。一国可申请的援助额度以该国给 IMF 缴纳的"份子钱"数额为上限,委内瑞拉的额度大约为 50 亿美元。IMF 拒绝的理由是"当前委内瑞拉政府所获承认不清晰"。你认为还有其他原因吗?

案例分析题 2

阿根廷政府和国际货币基金组织(IMF)达成一项三年期的备用贷款协议

2018 年 6 月 9 日,阿根廷政府和国际货币基金组织(IMF)达成一项三年期的备用贷款协议(SBA)融资协议,总额为 500 亿美元。

对阿根廷来说,这 500 亿美元可谓"救命钱"。2018 年以来,国内脆弱的经济状况叠加美元走强带来的影响,阿根廷比索一泻千里,年内兑美元跌幅达 25%。为了化解危机,阿根廷央行曾在 8 天内连续加息 3 次,将基准利率从 27.25% 升至 40%,并大量抛售美元。暂时稳住阵脚后,阿根廷政府于 5 月 8 日向 IMF 寻求援助。

需要注意的是,500 亿美元协议要正式生效,还需获得 IMF 执行委员会投票通过。阿根廷目前的问题不仅仅是汇率大幅度下跌,同时还有大规模的债务违约,外汇储备很少,贫困人口增多。

思考:

1. 如果你是 IMF 执行委员会成员,你会同意这份协议生效吗?为什么?

2. 如果你同意,会给阿根廷提出什么样的条件呢?

案例分析题 3

改变云南省环境面貌:改善水务基础设施条件,构建可持续未来

1. 挑战

云南地处中国西南,是中国民族多样性最为丰富的省份之一,省内 30 个少数民族约占全省总人口的 40%。云南是中国 GDP 增速最快的省份之一,旅游业是该省经济增长的一大关键动能。几十年来,经济增长推动了城市化进程,城市化对水务和环卫基础设施构成了巨大压力。人口飙升导致了水污染大幅增加。

云南省水污染问题最显著的案例之一是滇池。滇池是该省最大的淡水湖,也是当地居民主要的水源地。20 世纪 80 年代,根据中国 5 类水质评价体系,滇池水质被评为 2 类。到 2005 年前后,滇池水质已恶化至 5 类(最低水质标准,水不适合人类接触或使用)。

2. 方法

云南城市环境项目依托其他类似世界银行贷款项目开展的工作,继续推动该省城市和环境基础设施服务发展。本项目聚焦于改进该省自然资源管理,扩大城市供水、污水以及固废管理服务范围。

本项目重点内容包括城市环境基础设施建设和滇池流域综合管理。具体而言,项目通过建立固废管理服务体系以及污水和供水系统,制定并实施文化遗产管理和河流环境改善措施,开展环境监测和项目管理能力建设,帮助各项目县市建设关键城市环境服务基础设施。此外,项目还对滇池进行管理。项目提供了支持政策实施和监测系统建设的技术援助,以帮助昆明市建立更好的滇池流域综合管理系统。主管滇池的各部门之间加强协调至关重要。为更好地实现数据共享,项目支持建设了数个水质监测和数据管理平台,向滇池主管部门提供了技术援助,制定了《滇池流域综合管理规划》。

3. 成果

2010—2017 年,云南城市环境项目推动取得了以下主要成果。

82.88 万城市居民获得了污水处理服务。

45.5 万城市居民获得了固废管理服务。

50.2 万城市居民获得了供水服务。

每年减排化学需氧量总量达 3 815 吨。

卫生填埋场生活垃圾日处理量达 535 吨。

卫生填埋场生活垃圾日均处理总量(吨)增幅达 114%。

获得污水管理系统服务的人口平均增长 150%。

滇池主管部门建成并使用数据共享平台,滇池流域管理及管理协调因此得以改善,成千上万条水质监测记录因此得以形成。

4. 世界银行集团贡献

世界银行通过两笔国际复兴开发银行贷款向本项目提供了 1.307 亿美元资金支

持。此外,世界银行还带来了全球知识并提供了技术援助,助力云南制定政策行动和建立监测系统。

5. 合作伙伴

世界银行密切协同云南市政府、地市、县级政府以及地方公用事业企业和投资公司,开展项目相关活动。地方环保局协助监督了项目实施工作。

6. 今后工作

项目就制定《滇池流域综合管理规划》提供的支持增强了地方部门管理并恢复滇池的能力。一个专门管理部门得以组建,具体负责制定该规划并整合几个以前相互间不协调的机构。

在经济快速增长的昭通市,项目支持建成了该市首个洪水预警和管理系统(可通过智能手机应用登录)。目前,该应用正被用于向地势低洼地区居民发出突发性洪水预警。

项目也帮助增强了地方项目实施单位的能力。例如,昭通市项目实施单位表示,其为地方政府建立并启用了财务监测系统。

7. 受益人

由于固废管理和污水管理设施条件改善以及清洁水的享用,昆明、丽江、文山三市部分项目地区的城市居民直接受益。

项目为改善城市基础设施条件采取的综合方式惠及了项目区之外的居民。例如,文化遗产管理子项目惠及了狮子山附近居民和到狮子山观光的游客,《滇池流域综合管理规划》的实施显著改善了昆明市的自然环境,休闲娱乐和旅游机会因此得以大幅增加。

思考:

1. 结合案例给出的材料,分析讨论怎样正确全面地评价项目效果。

2. 试分析政府行为在项目中的作用。

参考文献

［1］潘海红.国际金融实务［M］.北京:清华大学出版社,2012.

［2］只井杰.国际金融理论与实务［M］.北京:北京邮电大学出版社,2010.

［3］卢永忠,李翠君.国际金融［M］.2版.重庆:重庆大学出版社,2009.

［4］张宗英,冷静.国际金融实务［M］.北京:对外经济贸易大学出版社,2010.

［5］李敏.国际金融实务［M］.3版.北京:中国金融出版社,2019.

［6］刘玉操,曹华.国际金融实务［M］.6版.大连:东北财经大学出版社,2021.

［7］刘舒年,温晓芳.国际金融［M］.5版.北京:对外经济贸易大学出版社,2017.

［8］李翠君.国际金融实务［M］.5版.重庆:重庆大学出版社,2019.

［9］田文锦,杨桂岑.国际金融实务［M］.3版.北京:机械工业出版社,2019.